Couvertures supérieure et inférieure
en couleur

PAUL BOURGET

Le Disciple

SIXIÈME MILLE

PARIS
ALPHONSE LEMERRE, ÉDITEUR
23-31, PASSAGE CHOISEUL, 23-31

M DCCC LXXXIX

A LA MÊME LIBRAIRIE

ŒUVRES

DE

Paul Bourget

Édition elzévirienne

POÉSIES (1872-1876). *Au bord de la Mer. — La Vie inquiète. Petits Poèmes.* 1 vol. . . . . 6 »
POÉSIES (1876-1882). *Edel. — Les Aveux.* 1 vol. . . . . 6 »
L'IRRÉPARABLE. — *L'Irréparable. — Deuxième Amour. — Profils perdus.* 1 vol. . . . . 6 »
CRUELLE ÉNIGME. 1 vol. . . . . 6 »

Édition in-18

CRITIQUE

ESSAIS DE PSYCHOLOGIE CONTEMPORAINE. *(Baudelaire. — M. Renan. — Flaubert. — M. Taine. — Stendhal.)* 1 vol. 3 50
NOUVEAUX ESSAIS DE PSYCHOLOGIE CONTEMPORAINE. — *(M. Dumas fils. — M. Leconte de Lisle. — MM. de Goncourt. — Tourguéniev. — Amiel.)* 1 vol. . . . 3 50
ÉTUDES ET PORTRAITS. *(I. Portraits d'écrivains. — II. Notes d'esthétique. — III. Études Anglaises. — IV. Fantaisies.)* 2 vol. . . . . 7 »

ROMAN

L'IRRÉPARABLE. — *L'Irréparable. — Deuxième Amour. — Profils perdus.* 1 vol. 3 50
PASTELS *(Dix portraits de femmes).* 1 vol. 3 50
CRUELLE ÉNIGME. 1 vol. 3 50
UN CRIME D'AMOUR. 1 vol. 3 50
ANDRÉ CORNÉLIS. 1 vol. 3 50
MENSONGES. 1 vol. 3 50
LE DISCIPLE. 1 vol. 3 50

Paris. — Imp. A. Lemerre, 25, rue des Grands-Augustins.

Le Disciple

DU MÊME AUTEUR

Édition elzévirienne

POÉSIES (1872-1876). *Au bord de la Mer. — La Vie inquiète. Petits Poèmes.* 1 vol. . . . . 6 f. »
POÉSIES (1876-1882). *Edel. — Les Aveux.* 1 vol. . . . . . 6 »
L'IRRÉPARABLE. — *L'Irréparable. — Deuxième Amour. — Profils perdus.* 1 vol. . . . . 6 »
CRUELLE ÉNIGME. 1 vol. . . . . 6 »

Édition in-18

CRITIQUE

ESSAIS DE PSYCHOLOGIE CONTEMPORAINE. *(Baudelaire. — M. Renan. — Flaubert. — M. Taine. — Stendhal.)* 1 vol. 3 50
NOUVEAUX ESSAIS DE PSYCHOLOGIE CONTEMPORAINE. — *(M. Dumas fils. — M. Leconte de Lisle. — MM. de Goncourt. — Tourguéniev. — Amiel.)* 1 vol. 3 50
ÉTUDES ET PORTRAITS. *(I. Portraits d'écrivains. — II. Notes d'esthétique. — III. Études Anglaises. — IV. Fantaisies.)* 2 vol. . . . . 7 »

ROMAN

L'IRRÉPARABLE. — *L'Irréparable. — Deuxième Amour. — Profils perdus.* 1 vol. 3 50
PASTELS *(Dix portraits de femmes).* 1 vol. 3 50
CRUELLE ÉNIGME. 1 vol. 3 50
UN CRIME D'AMOUR. 1 vol. 3 50
ANDRÉ CORNÉLIS. 1 vol. 3 50
MENSONGES. 1 vol. 3 50
. . . . 3 50

PAUL BOURGET

Le Disciple

PARIS

ALPHONSE LEMERRE, EDITEUR

23-31, PASSAGE CHOISEUL, 23-31

M DCCC LXXXIX

A UN JEUNE HOMME

C'EST à toi que je veux dédier ce livre, jeune homme de mon pays, à toi que je connais si bien quoique je ne sache de toi ni ta ville natale, ni ton nom, ni tes parents, ni ta fortune, ni tes ambitions, — rien sinon que tu as plus de dix-huit ans et moins de vingt-cinq, et que tu vas, cherchant dans nos volumes, à nous tes ainés, des réponses aux questions qui te tourmentent. Et des réponses ainsi rencontrées dans ces volumes, dépend un peu de ta vie morale, un peu de ton âme; et ta vie morale, c'est la vie morale de la France même, —

ton âme, c'est son âme. Dans vingt ans d'ici, toi et tes frères vous aurez en main la fortune de cette vieille patrie, notre mère commune. Vous serez cette patrie elle-même. Qu'auras-tu recueilli, qu'aurez-vous recueilli dans nos ouvrages? Pensant à cela, il n'est pas d'honnête homme de lettres, si chétif soit-il, qui ne doive trembler de responsabilité...

Tu trouveras dans Le Disciple *l'étude d'une de ces responsabilités-là. Puisses-tu y acquérir une preuve que l'ami qui t'écrit ces lignes possède, à défaut d'autre mérite, celui de croire profondément au sérieux de son art. — Puisses-tu trouver dans ces lignes mêmes la preuve qu'il pense à toi bien anxieusement. Oui, il pense à toi, et cela depuis bien longtemps, depuis les jours où tu commençais d'apprendre à lire, alors que nous autres, qui marchons aujourd'hui vers notre quarantième année, nous griffonnions nos premiers vers et notre première page de prose au bruit du canon qui grondait sur Paris. Dans nos chambres d'étudiants on n'était pas gai à cette époque. Les plus âgés d'entre nous venaient de partir pour la guerre, et nous qui devions rester au collège, du fond de nos classes à demi désertes nous sentions peser déjà sur nous le grand devoir du relèvement de la Patrie.*

Nous t'évoquions souvent alors, dans cette fatale année 1871, ô jeune Français de maintenant, — nous tous qui voulions vouer notre effort aux Lettres.

Mes amis et moi, nous répétions les beaux vers de Théodore de Banville :

Vous en qui je salue une nouvelle aurore,
Vous tous qui m'aimerez,
Jeunes hommes des temps qui ne sont pas encore,
O bataillons sacrés !

Cette aurore de demain, nous la voulions aussi rayonnante que notre aurore à nous était mélancolique et embrumée d'une vapeur de sang. Nous souhaitions mériter d'être aimés de vous, nos cadets nés de la veille, en vous laissant de quoi valoir mieux que nous ne valions nous-mêmes. Nous nous disions que notre œuvre à nous était de vous refaire, à vous, une France nouvelle, par notre action privée et publique, par nos actes et par nos paroles, par notre ferveur et par notre exemple, une France rachetée de la défaite, une France reconstruite dans sa vie extérieure et dans sa vie intérieure. Tout jeunes que nous fussions alors, nous savions, pour l'avoir appris dans nos Maîtres, — et ce fut leur meilleur enseignement, — que les triomphes et les défaites du dehors traduisent les qualités et les insuffisances du dedans ; — nous savions que la résurrection de l'Allemagne au début du siècle a été avant tout une œuvre d'âme, *et nous nous rendions compte que l'Ame Française était bien la grande blessée de 1870, celle qu'il fallait aider, panser, guérir. Nous n'étions pas les seuls dans la généreuse naïveté de notre adolescence à comprendre que la crise morale était alors, ce qu'elle est toujours, la grande crise de ce pays-ci, puisqu'en 1873, le plus vaillant de nos chefs de file, Alexandre Dumas, disait dans la préface de* La Femme de Claude, *s'adressant au Français de son âge comme je m'adresse à toi, mon frère plus jeune. « Prends garde, tu traverses des temps difficiles... Tu viens de payer cher, elles ne sont même pas encore toutes payées, tes fautes d'autrefois. Il ne s'agit plus d'être spirituel, léger, libertin, railleur, sceptique et folâtre; en voilà assez pour quelque temps au moins. Le Dieu, la nature, le travail, le mariage, l'amour, l'enfant, tout cela est sérieux, très sérieux, et se dresse devant toi.* Il faut que tout cela vive ou que tu meures. »

De cette génération dont je suis, et que soulevait ce noble espoir de refaire la France, je ne peux pas dire qu'elle ait réussi, ni même qu'elle ait été assez uniquement préoccupée de son œuvre. Ce que je sais, c'est qu'elle a beaucoup travaillé, — oui, beaucoup. Sans trop de méthode, hélas! mais avec une application continue et qui me touche quand je songe au peu qu'ont fait pour elle les hommes au pouvoir, — combien nous avons tous été abandonnés à nous-mêmes, l'indifférence où nous ont tenus ceux qui diri-

geaient les affaires et à qui jamais l'idée n'est venue de nous encourager, de nous appuyer, de nous diriger. Ah! la brave classe moyenne, la solide et vaillante Bourgeoisie que possède encore la France! Qu'elle a fourni, depuis ces vingt ans, d'officiers laborieux, cette bourgeoisie, d'agents diplomatiques habiles et tenaces, de professeurs excellents, d'artistes intègres! J'entends dire parfois : « Quelle vitalité dans ce pays! Il continue d'aller, là où un autre mourrait... » Hé bien! s'il va, en effet, depuis vingt ans, c'est d'abord par la bonne volonté de cette jeune bourgeoisie qui a tout accepté pour servir le pays. Elle a vu des maîtres d'un jour proscrire au nom de la liberté ses plus chères croyances, des politiciens de hasard jouer du suffrage universel comme d'un instrument de règne, et installer leur médiocrité menteuse dans les plus hautes places. Elle l'a subi, ce suffrage universel, la plus monstrueuse et la plus inique des tyrannies, — car la force du nombre est la plus brutale des forces, n'ayant même pas pour elle l'audace et le talent. La jeune bourgeoisie s'est résignée à tout, elle a tout accepté pour avoir le droit de faire la besogne nécessaire. Si nos soldats vont et viennent, si les puissances étrangères nous tiennent en respect, si notre enseignement supérieur se développe, si nos arts et notre littérature continuent d'affirmer le génie national, c'est à elle que nous le devons. Elle n'a pas de *victoire à son actif, cette génération des jeunes gens de la guerre, cela est vrai. Elle n'a pas su établir une forme définitive de gouvernement, ni résoudre les problèmes redoutables de politique étrangère et de socialisme. Pourtant, jeune homme de 1889, ne la méprise pas. Sache rendre justice à tes aînés. Par eux, la France a vécu !*

Comment vivra-t-elle par toi, c'est la question qui tourmente à l'heure actuelle tous ceux de ces aînés qui ont gardé la foi dans le relèvement du pays. Tu n'as plus, toi, pour te soutenir, la vision des cavaliers prussiens galopant victorieux entre les peupliers de la terre natale. Et de l'horrible guerre civile tu ne connais guère que la ruine pittoresque de la Cour des Comptes, où les arbres poussent leur végétation luxuriante parmi les pierres roussies qui prennent de poétiques allures de palais anciens. Nous autres, nous n'avons jamais pu considérer que la paix de 71 eût tout réglé pour toujours... Que je voudrais savoir si tu penses comme nous ! Que je voudrais être sûr que tu n'es pas prêt à renoncer à ce qui fut le rêve secret, l'espérance consolatrice de chacun de nous, même de ceux qui n'en ont jamais parlé ! Mais non, j'en suis sûr, et que tu te sens triste quand tu passes devant l'Arc où les autres *ont passé, même si c'est avec ta maîtresse, et par les beaux soirs d'été. Tu la quitterais gaiement pour aller* là-bas, *— si, demain,* *il le fallait? J'en suis sûr encore. Mais ce n'est pas assez de savoir mourir. Es-tu décidé à savoir vivre? Lorsque tu le vois, cet Arc de triomphe, et que tu te souviens de l'épopée de la Grande Armée, regrettes-tu de n'avoir pas dans tes cheveux le souffle héroïque des conscrits d'alors? Quand tu te souviens de 1830 et des luttes glorieuses du Romantisme, éprouves-tu la nostalgie de n'avoir pas, comme ceux d'*Hernani, *un grand drapeau littéraire à défendre? Sens-tu, quand tu rencontres un des maîtres d'aujourd'hui, un Dumas, un Taine, un Leconte de Lisle, une émotion à penser que tu as là devant toi un des dépositaires du génie de ta race? Quand tu lis des livres, comme ceux que nous devons écrire quand il nous faut peindre les coupables passions et leur martyre, souhaites-tu d'aimer mieux que n'ont aimé les auteurs de ces livres? As-tu de l'Idéal, mon frère, plus d'Idéal que nous, — de la foi, plus de foi que nous, — de l'espérance, plus d'espérance que nous? Si c'est* oui, *donne-moi la main, et laisse-moi te dire : Merci. — Si c'est* non?...

Si c'est non?... — *Il y a deux types de jeunes gens que je vois devant moi à l'heure présente, et qui sont devant toi aussi comme deux formes de tentations, également redoutables et funestes. — L'un est cynique et volontiers jovial. Il a, dès vingt ans, fait le décompte de la vie, et sa religion tient dans un seul mot : jouir, — qui se traduit par cet autre : réussir. Qu'il fasse de la politique ou des affaires, de la littérature ou de l'art, du sport ou de l'industrie, qu'il soit officier, diplomate, ou avocat, il n'a que lui-même pour dieu, pour principe et pour fin. Il a emprunté à la philosophie naturelle de ce temps la grande loi de la concurrence vitale, et il l'applique à l'œuvre de sa fortune avec une ardeur de positivisme qui fait de lui un barbare civilisé, la plus dangereuse des espèces. Alphonse Daudet, qui a su merveilleusement le voir et le définir, ce jeune homme moderne, l'a baptisé le* stuggle-for-lifer, *— et lui-même, ce personnage s'appelle volontiers « fin de siècle. » Il n'estime que le succès, — et dans le succès que l'argent. Il est convaincu, en lisant ce que j'écris ici, — car il me lit comme il lit toutes choses, ne fût-ce que pour être « dans le train, » — que je me moque du public en traçant ce portrait, et que moi-même je lui ressemble. Car il est si profondément nihiliste à sa manière, que l'Idéal lui paraît une comédie chez tout autre, comme il en serait, comme il en est une chez lui — quand il juge à propos, par exemple, de mentir au peuple pour avoir ses votes. — Ce jeune homme-là, c'est un monstre, n'est-ce pas ? Car c'est être un monstre que d'avoir vingt-cinq ans et, pour âme, une machine à calcul au service d'une machine à plaisir !*

Je le redoute moins cependant pour toi que cet autre qui a, lui, toutes les aristocraties des nerfs, toutes celles de l'esprit, et qui est un épicurien intellectuel et raffiné, comme le premier était un épicurien brutal et scientifique. Ce nihiliste délicat, comme il est effrayant à rencontrer et comme il abonde ! A vingt-cinq ans, il a fait le tour de toutes les idées. Son esprit critique, précocement éveillé, a compris les résultats derniers des plus subtiles philosophies de cet âge. Ne lui parle pas d'impiété, de matérialisme. Il sait que le mot matière *n'a pas de sens précis, et il est d'autre part trop intelligent pour ne pas admettre que toutes les religions ont pu être légitimes à leur heure. Seulement, il n'a jamais cru, il ne croira jamais à aucune, pas plus qu'il ne croira jamais à quoi que ce soit, sinon au jeu amusé de son esprit qu'il a transformé en un outil de perversité élégante. Le bien et le mal, la beauté et la laideur, les vices et les vertus lui paraissent des objets de simple curiosité. L'âme humaine tout entière est, pour lui, un mécanisme savant et dont le démontage l'intéresse comme un objet d'expérience. Pour lui, rien n'est vrai, rien n'est faux, rien n'est moral, rien n'est immoral. C'est un égoïste subtil et raffiné dont toute l'ambition, comme l'a dit un remarquable analyste, Maurice Barrès, dans son beau roman de* l'Homme libre, *— ce chef-d'œuvre d'ironie auquel* *il manque seulement une conclusion, — consiste à « adorer son moi, » à le parer de sensations nouvelles. La vie religieuse de l'humanité ne lui est qu'un prétexte à ces sensations-là, comme la vie intellectuelle, comme la vie sentimentale. Sa corruption est autrement profonde que celle du jouisseur barbare ; elle est autrement compliquée, et le beau nom de dilettantisme dont il la pare en dissimule la férocité froide, la sécheresse affreuse. Ah ! nous le connaissons trop bien, ce jeune homme-là ; nous avons tous failli l'être, nous que les paradoxes de maîtres trop éloquents ont trop charmés ; nous l'avons tous été un jour, une heure. Et si j'ai écrit ce livre, c'est pour te montrer, à toi qui ne l'es pas encore, enfant de vingt ans chez qui l'âme est en train de se faire, ce que cet égoïsme-là peut cacher de scélératesse au fond de lui !*

Ne sois ni l'un ni l'autre de ces deux jeunes hommes, toi, mon jeune frère ! Ne sois ni le positiviste brutal qui abuse du monde sensuel, ni le sophiste dédaigneux et précocement gâté qui abuse du monde intellectuel et sentimental. Que ni l'orgueil de la vie ni celui de l'intelligence ne fassent de toi un cynique et un jongleur d'idées ! Dans ces temps de conscience troublée et de doctrines contradictoires, attache-toi, comme à la branche de salut, à la phrase du Christ : « Il faut juger l'arbre par ses fruits. » Il y a une réalité dont tu ne peux pas douter, car tu la possèdes, tu la sens, tu la vis à chaque minute, c'est ton âme. Parmi les idées qui t'assaillent, il en est qui rendent cette âme moins capable d'aimer, moins capable de vouloir. Tiens pour assuré que ces idées sont fausses par un point, si subtiles te semblent-elles, soutenues par les plus beaux noms, parées de la magie des plus beaux talents. Exalte et cultive en toi ces deux grandes vertus, ces deux énergies en dehors desquelles il n'y a que flétrissure présente et qu'agonie finale : l'Amour et la Volonté. — La Science d'aujourd'hui, la sincère, la modeste, reconnait qu'au terme de son analyse s'étend le domaine de l'Inconnaissable. Le vieux Littré, qui fut un saint, a magnifiquement parlé de cet océan de mystère qui bat notre rivage, que nous voyons devant nous, réel, et pour lequel nous n'avons ni barque ni voile. A ceux qui te diront que derrière cet océan il y a le vide, l'abîme du noir et de la mort, aie le courage de répondre. « Vous ne le savez pas... » Et puisque tu sais, puisque tu éprouves qu'une âme est en toi, travaille à ce que cette âme ne meure pas en toi avant toi-même. — Je te le jure, mon enfant, la France a besoin que tu penses cela, et puisse ce livre t'aider à le penser. N'y cherche pas, ce que tu n'y trouverais point, des allusions à de récents événements. Le plan en était tracé, et une partie en était écrite quand deux tragédies, l'une Française et l'autre Européenne, sont venues attester qu'un même trouble d'idées et de sentiments remue, à l'heure présente, de hautes et d'humbles destinées. Fais-moi l'honneur de croire que je n'ai pas spéculé sur des drames qui ont fait souffrir, qui font souffrir trop de personnes. Les moralistes dont c'est le métier de chercher les causes rencontrent parfois des analogies de situation qui leur attestent qu'ils ont vu juste. Ils aimeraient mieux alors s'être trompés. Que je voudrais, moi, pour me citer en exemple, qu'il n'y eût jamais eu dans la vie réelle de personnages semblables, de près ou de loin, au malheureux Disciple *qui donne son nom à ce roman ! Mais s'il n'y en avait pas eu, s'il n'y en avait pas encore, je ne t'aurais pas dit ce que je viens de te dire, ô jeune homme de mon pays, à qui je voudrais tant être bienfaisant, par qui je souhaite si passionnément d'être aimé, — et de le mériter.*

PAUL BOURGET.

Paris, 5 juin 1889.

LE DISCIPLE

I

UN PHILOSOPHE MODERNE

Une légende qui n'a pas été démentie veut que les bourgeois de la ville de Kœnigsberg aient deviné qu'un événement prodigieux bouleversait l'univers civilisé, à voir simplement le philosophe Emmanuel Kant modifier la direction de sa promenade quotidienne. Le célèbre auteur de la *Critique de la Raison pure* avait appris le jour même que la

Révolution française venait d'éclater. Quoique Paris soit peu propice à d'aussi naïfs étonnements, plusieurs habitants de la rue Guy de la Brosse éprouvèrent, par une après-midi de janvier 1887, une stupeur presque pareille à constater la sortie, vers une heure, d'un philosophe moins illustre que le vieux Kant, mais aussi régulier, aussi maniaque dans ses faits et gestes, sans compter qu'il est plus destructif encore dans son analyse, — M. Adrien Sixte, celui que les Anglais appellent volontiers le Spencer français. Il convient d'ajouter tout de suite que cette rue Guy de la Brosse, qui va de la rue de Jussieu à la rue Linné, fait partie d'une véritable petite province bornée par le jardin des Plantes, l'hôpital de la Pitié, l'entrepôt des vins et les premières rampes de la montagne Sainte-Geneviève. C'est dire qu'elle permet ces familières inquisitions du coup d'œil, impossibles dans les grands quartiers de la ville où le va-et-vient de l'existence renouvelle sans cesse le flot des voitures et des passants. Ici ne demeurent que de petits rentiers, de modestes professeurs, des employés au Muséum, des étudiants désireux d'étudier, de tout jeunes gens de lettres qui redoutent autour de leur solitude les tentations du pays Latin. Les boutiques sont achalandées par cette clientèle, fixe comme celle d'un faubourg. Le boulanger, le boucher, l'épicier, la blanchisseuse, le pharmacien, — tous ces noms sont prononcés au singulier par les domestiques qui vont aux emplettes. Il n'y a guère place pour une concurrence dans ce carré de maisons que dessert la ligne des omnibus de la Glacière et qu'orne une fontaine capricieusement chargée d'images d'animaux, en l'honneur du jardin des Plantes. Les visiteurs de ce jardin s'y rendent rarement par la porte qui fait face à l'hôpital; aussi, même dans les belles journées de printemps et quand la foule abonde sous les arbres reverdis de ce parc, asile favori des militaires et des nourrices, la rue Linné demeure calme comme d'habitude, et à plus forte raison les rues avoisinantes. S'il se produit dans ce coin isolé de Paris une affluence inusitée, c'est que les portes de l'hospice de la Pitié s'ouvrent aux visiteurs des malades, et alors se prolonge sur les trottoirs un défilé de figures humbles et tristes. Ces pèlerins de misère arrivent munis des friandises destinées au parent qui souffre derrière les vieux murs grisâtres de l'hôpital, et les habitants des rez-de-chaussée, des loges et des magasins ne s'y méprennent pas. Ils prennent à peine garde à ces promeneurs de hasard et toute leur attention se réserve pour les passants qui apparaissent tous les jours sur les trottoirs et à la même minute. Il y a ainsi, pour les boutiquiers et les concierges, comme pour le chasseur dans la campagne, des signes précis de l'heure et du temps qu'il fera dans les promeneurs de ce quartier, où résonnent parfois les appels sauvages poussés par quelque bête de la ménagerie voisine: un ara qui crie, un éléphant qui barrit, un aigle qui trompette, un tigre qui miaule. En voyant trottiner, sa vieille serviette en cuir verdi sous le bras, le professeur libre qui grignote un croissant d'un sou acheté en hâte, ces espions du trottoir savent que huit heures vont sonner. Quand le garçon du pâtissier-restaurateur sort avec ses plats couverts, ils savent qu'il est onze heures, et que le chef de bataillon retraité qui loge tout seul au cinquième étage de telle maison va déjeuner, — et ainsi de suite pour tous les instants du jour. Un changement dans la toilette des femmes qui promènent ici leurs élégances plus ou moins coquettes est noté, critiqué, interprété par vingt bouches bavardes et peu indulgentes. Enfin, pour employer une formule très pittoresque du centre de la France, les moindres allées et venues des habitués de ces quatre ou cinq rues sont « dans les langues, » et les allées et venues de M. Adrien Sixte plus encore que celles de beaucoup d'autres, on va comprendre pourquoi, par une simple esquisse du personnage. D'ailleurs les détails de la vie menée par cet homme fourniront aux curieux de nature humaine un document authentique sur une espèce sociale assez rare, celle des philosophes de profession. Quelques échantillons nous ont été donnés de cette espèce par les anciens et plus récemment par Colerus à propos de Spinoza, par Darwin et Stuart Mill à propos d'eux-mêmes. Mais Spinoza était un Hollandais du XVIIe siècle. Darwin et Mill grandirent dans l'opulente et active bourgeoisie anglaise, au lieu que M. Sixte vivait sa vie philosophique en plein Paris de la fin du XIXe siècle. J'ai connu dans ma jeunesse, et quand les études de cet ordre m'intéressaient, plusieurs individus aussi emprisonnés que lui dans l'atmosphère des spéculations abstraites. Je n'en ai pas rencontré qui m'ait fait mieux comprendre l'existence d'un Descartes dans son poêle au fond des Pays-Bas, ou celle du penseur de l'*Éthique*, lequel n'avait, comme on sait, d'autres distractions à ses rêveries que de fumer parfois une pipe de tabac et de faire battre des araignées.

Il y avait juste quatorze ans que M. Sixte, au lendemain de la guerre, était venu s'établir dans une des maisons de la rue Guy de la Brosse dont tous les indigènes le connaissaient aujourd'hui. C'était à cette époque déjà lointaine un homme de trente-quatre ans, chez lequel toute physionomie de jeunesse était comme détruite par une si visible absorption de l'esprit dans les idées, que ce visage rasé n'avait plus ni âge ni profession. Des médecins, des prêtres, des policiers et des acteurs offrent au regard, pour des raisons très diverses, de ces faces froides, glabres, à la fois tendues et inexpressives. Un front haut et fuyant, une bouche avancée et volontaire avec des lèvres minces, un teint bilieux, des yeux malades d'avoir trop lu, et cachés sous des lunettes noires, un corps grêle avec de gros os, uniformément vêtu d'une longue redingote en drap pelucheux l'hiver, en drap mince l'été, des souliers noués de cordons, des cheveux trop longs prématurément presque tout blancs et très fins sous un de ces chapeaux dits gibus qui se plient par une mécanique et se déforment tout de suite, — voilà sous quelles apparences se présentait ce savant, dont toutes les actions furent dès le premier mois aussi méticuleusement réglées que celles d'un ecclésiastique. Il occupait un appartement de sept cents francs de loyer, situé au quatrième, et composé d'une chambre à coucher, d'un salon de travail, d'une salle à manger grande comme une cabine de bateau, d'une cuisine, d'une chambre de bonne, le tout donnant sur le plus large horizon. Le philosophe voyait de ses fenêtres toute l'étendue du jardin des Plantes, la colline du Père-La-Chaise très au loin, dans le fond, à gauche, par delà une espèce de creux qui marquait la place de la Seine. La gare d'Orléans et le dôme de la Salpêtrière se dressaient en face de lui, et à droite la masse du cèdre noircissait sur le fouillis vert ou dépouillé, suivant la saison, des arbres du Labyrinthe. Des fumées d'usines se tordaient, sur le ciel gris ou clair, à tous les coins de ce vaste paysage d'où s'échappait une rumeur d'océan lointain, coupée par des sifflements de locomotives ou de bateaux. Sans doute, en choisissant cette thébaïde, M. Sixte avait cédé à une loi générale quoique inexpliquée de la nature méditative. Presque tous les cloîtres ne sont-ils pas bâtis dans des endroits qui permettent d'embrasser du regard une grande quantité d'espace? Peut-être ces vues démesurées et confuses favorisent-elles les concentrations de la pensée que distrairait un détail trop voisin, trop circonstancié? Peut-être les solitaires trouvent-ils une volupté de contraste entre leur inaction songeuse et l'ampleur du champ où se développe l'activité des autres hommes? Quoi qu'il en soit de ce petit problème qui se rattache à cet autre, trop peu étudié: la sensibilité animale des hommes d'intelligence, il est certain que ce paysage mélancolique était depuis quinze ans le compagnon avec qui le silencieux travailleur causait le plus. Son ménage était tenu par une de ces domestiques comme en rêvent tous les vieux garçons, sans se douter que la perfection de certains services suppose chez le maître une régularité correspondante d'existence. Dès son arrivée, le philosophe avait demandé simplement au concierge une femme de charge pour ranger son appartement et un restaurant d'où il fit venir ses repas. Cette demande risquait d'aboutir aux pires contre-temps d'un service fait à la diable et d'une nourriture de hasard. Elle eut ce résultat inattendu d'introduire dans l'intérieur d'Adrien Sixte précisément la personne que rêvaient ses vœux les plus chimériques, si toutefois un abstracteur de quintessences, comme Rabelais appelle cette sorte de songeurs, garde le loisir de former des vœux.

Ce concierge, — d'après les us et coutumes de tous les concierges dans les maisons à petits appartements, — augmentait le revenu trop faible de sa loge au moyen d'un métier. Il était cordonnier « en neuf et en vieux, » disait une pancarte collée à la vitre de la fenêtre sur la rue. Parmi ses clients, le père Carbonnet, — c'était son nom, — comptait un prêtre domicilié rue Cuvier. Ce prêtre, âgé, retiré du monde, avait pour domestique Mlle Mariette Trapenard, une femme de quarante ans environ, habituée depuis des années à tout gouverner chez son maître, avec cela restée très paysanne, sans aucune ambition de jouer à la demi-dame, rude à l'ouvrage, mais qui n'aurait voulu à aucun prix entrer dans une maison où elle se fût heurtée à une autorité féminine. Le vieux prêtre venait de mourir presque subitement dans la semaine qui précéda l'installation du philosophe rue Guy de la Brosse. Le père Carbonnet, sur la feuille de location duquel le nouveau venu s'inscrivit simplement comme rentier, devina sans peine à quelle espèce d'hommes appartenait ce M. Sixte, d'abord à la quantité de volumes qui composaient la bibliothèque du savant, puis à un racontar d'une bonne de la maison, celle d'un professeur au Collège de France domicilié au premier. — Ainsi l'attestaient les affiches blanches posées contre le mur et qui donnaient le programme des cours de ce célèbre établissement. — Dans ces phalanstères du Paris bourgeois tout devient événement. La bonne avait nommé à sa maîtresse le futur voisin du quatrième. La maîtresse l'avait nommé à son mari. Ce dernier en parla aussitôt à table en des termes que la même bonne comprit assez pour démêler que le locataire était « dans les papiers, comme Monsieur. » Carbonnet n'eût pas été digne de tirer le cordon dans une loge parisienne, si sa femme et lui n'eussent éprouvé immédiatement le besoin de mettre en rapports M. Adrien Sixte et Mlle Trapenard, d'autant plus que Mme Carbonnet, vieille et quasi impotente, se trouvait elle-même déjà trop occupée par trois ménages dans la maison pour prendre encore celui-là. Le goût de l'intrigue qui fleurit dans les loges, comme les fuchsias, les géraniums et les basilics, induisit donc ce couple à certifier au savant que les traiteurs du quartier cuisinaient de la gargote, qu'il n'y avait pas une seule femme de charge dont ils pussent répondre dans le voisinage, que la servante de feu M. l'abbé Vayssier était une

« perle » de discrétion, d'ordre, d'économie et de talent culinaire. Bref, le philosophe consentit à voir cette gouvernante modèle. La visible honnêteté de la fille le séduisit et aussi cette réflexion que cet arrangement simplifiait de beaucoup son existence, en le dispensant d'une odieuse corvée, celle de donner lui-même un certain nombre d'ordres positifs. Mlle Trapenard entra donc au service de ce maître, pour n'en plus bouger, au gage de quarante-cinq francs par mois, — gage porté bien vite à soixante. Le savant lui donnait en outre cinquante francs d'étrennes. Il ne vérifiait jamais son livre qu'il réglait, chaque dimanche matin, sans une contestation. C'était elle qui avait affaire à tous les fournisseurs sans qu'aucune remarque de M. Sixte vînt la troubler dans ses combinaisons, d'ailleurs honnêtes. Enfin, elle régnait au logis en maîtresse absolue, situation qui excitait, comme on pense, l'universelle envie du petit monde sans cesse en train d'aller et de venir par l'escalier commun, qu'un frotteur nettoyait tous les lundis.

— « Hein ! mam'zelle Mariette, l'avez-vous mis la main sur le bon numéro, l'avez-vous mis ?... » lui disait Carbonnet quand la bonne du philosophe s'arrêtait une minute à causer avec son introducteur, devenu plus vieux. Il était obligé maintenant de porter des lunettes sur son nez carré, et il ajustait avec peine ses coups de marteau sur les clous qu'il enfonçait dans des talons de bottine, la forme serrée entre ses jambes, le tablier de cuir noué autour de son corps. Depuis quelques années, il élevait chez lui un coq appelé Ferdinand, sans qu'on eût jamais su le motif de ce surnom. Cette bête errait parmi les cuirs, excitant l'admiration de tous les visiteurs par son avidité à happer des boutons de bottine. Dans ses moments de terreur, ce coq familier se réfugiait chez son maître, enfonçait une de ses pattes dans la poche du gilet et cachait sa tête sous le bras du vieux concierge : « Allons, Ferdinand, dites bonjour à mam'zelle Mariette..., » reprenait Carbonnet. Et le coq becquetait doucement la main de la fille, et son maître continuait :

— « Je dis toujours : Ne vous désespérez pas d'une mauvaise année, il en viendra deux tout de suite, et aussi des bonnes ; elles se suivent comme Ferdinand suit les poules, n'est-ce pas, gourgandin ? »

— « Ça, » répondait Mariette, « faut en convenir, pour un brave homme, Monsieur est un brave homme ; quoique, pour la religion, c'est un vrai païen, qui n'est pas allé une fois à la messe depuis ces quinze ans... »

— « Y en a tant qui z'y vont, » répliquait Carbonnet, « que c'est des gaillards qui vous mènent des vies de remplaçant entre quatre et minuit *(catimini)*... »

Ce fragment de conversation peut être donné comme le type de l'opinion que Mlle Mariette nourrissait sur son maître. Mais cette opinion demeurerait inintelligible si l'on ne rappelait ici les travaux du philosophe et l'histoire de sa pensée. Né en 1839 à Nancy, où son père tenait une petite boutique d'horlogerie, et remarqué de bonne heure pour la précocité de son intelligence, Adrien Sixte a laissé parmi ses camarades le souvenir d'un enfant chétif et taciturne, doué d'une force de résistance morale qui a toujours éloigné la familiarité. Il fit des études d'abord très brillantes, puis moyennes, jusqu'à ce que, dans la classe de philosophie, qui portait alors le nom de Logique, il se distinguât par des aptitudes exceptionnelles. Son professeur, frappé de son talent de métaphysicien, voulut le décider à préparer l'examen de l'École normale. Adrien s'y refusa et déclara d'ailleurs à son père que, métier pour métier, il préférait à tous un travail manuel. « Je serai horloger comme toi..., » fut sa seule réponse aux objurgations de ce père qui caressait, comme les innombrables artisans ou commerçants français dont les enfants fréquentent les collèges, le rêve, pour son fils, d'un avenir de fonctionnaire. M. et Mme Sixte, — car Adrien avait encore sa mère, — ne pouvaient d'ailleurs reprocher quoi que ce fût à ce garçon qui ne fumait pas, n'allait pas au café, ne se montrait jamais avec une fille, enfin qui faisait leur orgueil, et aux volontés duquel ils se résignèrent, le cœur navré. Ils renoncèrent à ce qu'il prît aucune carrière, mais ils ne consentirent pas à le mettre en apprentissage; et le jeune homme vécut chez eux sans autre occupation que d'étudier à sa guise. Il employa ainsi dix années à se perfectionner dans l'étude des philosophies anglaises et allemandes, dans les Sciences Naturelles et particulièrement dans la physiologie du cerveau, dans les Sciences Mathématiques; enfin, il se donna, comme l'a dit de lui-même un des grands penseurs de notre époque, cette « violente encéphalite, » cette espèce d'apoplexie de connaissances positives qui fut le procédé d'éducation de Carlyle et de Mill, de M. Taine et de M. Renan, de presque tous les maîtres de la philosophie moderne. En 1868, le fils du petit horloger de Nancy, âgé alors de vingt-neuf ans, publia un gros volume de 500 pages intitulé : *Psychologie de Dieu*, qu'il n'envoya pas à plus de quinze personnes, mais qui eut la fortune inattendue d'un scandaleux retentissement. Ce livre, écrit dans la solitude de la pensée la plus intègre, présentait ce double caractère d'une analyse critique, aiguë jusqu'à la cruauté, et d'une ardeur dans la négation, exaltée jusqu'au fanatisme. Moins poète que M. Taine, incapable d'écrire la magnifique préface de l'*Intelligence* et le morceau sur l'universel phénoménisme; moins desséché que M. Ribot, qui préludait déjà par ses *Psychologues anglais* à la belle série de ses études, la *Psychologie de Dieu* alliait à la fois l'éloquence de l'un à la pénétration de l'autre, et elle avait la chance, non cherchée, de s'attaquer directement au problème le plus passionnant de la métaphysique. Une brochure d'un évêque très en vue, une allusion indignée d'un cardinal dans un discours au Sénat, un article foudroyant du plus brillant critique spiritualiste dans une célèbre Revue, suffirent pour désigner l'ouvrage aux curiosités de la jeunesse, sur laquelle passait un vent de révolution, symptôme avant-coureur des bouleversements futurs. La thèse de l'auteur consistait à démontrer la production nécessaire de « l'hypothèse-Dieu » par le fonctionnement de quelques lois psychologiques, rattachées elles-mêmes à quelques modifications cérébrales d'un ordre tout physique, et cette thèse était établie, appuyée, développée avec une âpreté d'athéisme qui rappelait les fureurs de Lucrèce contre les croyances de son temps. Il arriva donc au solitaire de Nancy que son œuvre, conçue et composée comme dans une cellule, fut du premier coup mêlée d'une manière tapageuse à la bataille des idées contemporaines. On n'avait pas rencontré, depuis des années, une pareille puissance d'idées générales mariée à une telle ampleur d'érudition, ni une si riche abondance de points de vue unie à un si audacieux nihilisme. Mais, tandis que le nom de l'écrivain devenait célèbre à Paris, ses proches, ceux qui l'avaient élevé, demeuraient atterrés de son succès. Quelques articles de journaux catholiques désespéraient Mme Sixte. Le vieil horloger tremblait de perdre sa clientèle dans l'aristocratie nancéenne. Toutes les misères de la province crucifièrent le philosophe, qui allait prendre le parti de quitter sa famille, quand l'invasion allemande et l'épouvantable naufrage national vinrent détourner de lui l'attention de ses compatriotes et de ses parents. Ces derniers moururent au printemps de 1871. Dans l'été de cette même année, Adrien Sixte perdit encore une tante, et c'est ainsi qu'à l'automne de 1872, ayant réglé toute sa fortune, il vint s'établir à Paris. Ses ressources consistaient, grâce à l'héritage de ses parents et à celui de sa tante, dans 8,000 francs de rente placés en viager. Il était résolu à ne pas se marier, à ne jamais aller dans le monde, à n'ambitionner ni honneur, ni places, ni réputation. Toute la formule de sa vie tenait dans ce mot: penser.

Pour mieux définir cet homme d'une qualité si rare que cette esquisse d'après nature risquera de paraître invraisemblable au lecteur peu familiarisé avec la biographie des grands manipulateurs d'idées, il est nécessaire de donner un aperçu des journées de ce puissant travailleur. Été comme hiver, M. Sixte s'asseyait à sa table dès six heures du matin, lesté seulement d'une tasse de café noir. A dix heures, il déjeunait, opération sommaire et qui lui permettait de franchir à dix heures et demie la porte du jardin des Plantes. Il se promenait là jusqu'à midi, poussant quelquefois sa flânerie vers les quais et du côté de Notre-Dame. Un de ses plaisirs favoris consistait dans de longues séances devant les cages des singes et la loge de l'éléphant. Les enfants et les servantes qui le voyaient rire, comme il riait, silencieusement et longuement, devant les férocités et les cynismes des macaques et des ouistitis, ne soupçonnaient guère les misanthropiques pensées que ce spectacle soulevait dans le savant qui comparait en lui-même la comédie humaine à la comédie simiesque, comme il comparait à notre folie habituelle la sagesse de l'animal si noble qui fut le roi du globe avant nous. Vers midi, M. Sixte rentrait, et, de nouveau, il travaillait jusqu'à quatre heures. De quatre à six il recevait, trois fois la semaine, des visiteurs qui étaient presque toujours des étudiants, des maîtres occupés aux mêmes études que lui, des étrangers attirés par une renommée aujourd'hui Européenne. Trois autres fois il sortait et faisait les quelques visites indispensables. A six heures il dînait, sortait encore, allant cette fois le long du jardin fermé jusqu'à la gare d'Orléans. A huit heures il rentrait, réglait sa correspondance ou lisait. A dix heures toute lumière s'éteignait chez lui. Cette existence monastique avait son repos hebdomadaire du lundi, le philosophe ayant observé que le dimanche déverse sur la campagne un flot encombrant de promeneurs. Ces jours-là, il partait de grand matin, montait dans un train de banlieue et ne rentrait que le soir. Il ne s'était pas une fois, durant ces quinze ans, départi de cette régularité absolue. Pas une fois il n'avait accepté une invitation à manger dehors, ni pris place dans une salle de spectacle. Il ne lisait jamais un journal, s'en rapportant pour le service de ses publications à son éditeur, et ne remerciant jamais d'un article. Son indifférence politique était si complète qu'il n'avait jamais retiré sa carte d'électeur. Il convient d'ajouter, pour fixer les traits principaux de cette figure singulière, qu'il avait rompu tout rapport avec sa famille, et que cette rupture se fondait, comme les moindres actes de cette vie, sur une théorie. Il avait écrit dans la préface de son second livre : *Anatomie de la volonté,* cette phrase significative : « Les attaches sociales doivent être « réduites à leur *minimum* pour celui qui veut con« naître et dire la vérité dans le domaine des « sciences psychologiques. » Par un motif semblable, cet homme si doux qu'il n'avait pas fait trois observations à sa servante depuis quinze ans, s'interdisait systématiquement toute charité. Il pensait sur ce point comme Spinoza qui a écrit dans le livre quatrième de l'*Éthique* : « La pitié, « chez un sage qui vit d'après la raison, est mau- « vaise et inutile. » Ce Saint Laïque, comme on l'eût appelé aussi justement que le vénérable Émile Littré, haïssait dans le Christianisme une maladie de l'humanité. Il en donnait ces deux raisons, d'abord que l'hypothèse d'un père céleste et d'un bonheur infini avait développé à l'excès dans l'âme le dégoût du réel et diminué la puissance d'acceptation des lois de la nature, — ensuite qu'en établissant l'ordre social sur l'amour, c'est-à-dire sur la sensibilité, cette religion avait ouvert la voie à tous les caprices des doctrines les plus personnelles. Il ne se doutait point d'ailleurs que sa fidèle domestique lui cousait des médailles bénites dans tous ses gilets, et son inadvertance à l'endroit de l'univers extérieur était si complète qu'il faisait maigre tous les vendredis et autres jours prescrits par l'Église, sans apercevoir cet effort caché de la vieille fille pour assurer le salut d'un maître dont elle disait quelquefois, reproduisant sans le savoir un mot célèbre :

— « Le bon Dieu ne serait pas le bon Dieu, s'il avait le cœur de le damner. »

Ces années d'un labeur continu dans cet ermitage de la rue Guy de la Brosse avaient produit, outre cette *Anatomie de la volonté*, une *Théorie des passions*, en trois volumes, dont la publication aurait été plus scandaleuse encore que celle de la *Psychologie de Dieu*, si l'extrême liberté de la presse et du livre depuis tantôt dix ans n'avait habitué les lecteurs à des audaces de description que la tranquille férocité technique d'un savant ne saurait égaler. Dans ces deux livres se trouvait précisée la doctrine de M. Sixte qu'il est nécessaire de résumer ici, en quelques traits généraux, pour l'intelligence du drame auquel cette courte biographie sert de prologue. Avec l'école critique issue de Kant, l'auteur de ces trois traités admet que l'esprit est impuissant à connaître des causes et des substances, et qu'il doit seulement coordonner des phénomènes. Avec les psychologues anglais, il admet qu'un groupe parmi ces phénomènes, ceux qui sont étiquetés sous le nom d'âme, peut être l'objet d'une connaissance scientifique, à la condition d'être étudié d'après une méthode scientifique. Jusqu'ici, comme on voit, il n'y a rien dans ces théories qui les distingue de celles que MM. Taine, Ribot et leurs disciples ont développées dans leurs principaux travaux. Les deux caractères originaux des recherches de M. Sixte sont ailleurs. Le premier réside dans une analyse négative de ce qu'Herbert Spencer appelle l'Inconnaissable. On sait que le grand penseur anglais admet que toute réalité repose sur un arrière-fonds qu'il est impossible de pénétrer ; par suite il faut, pour employer la formule de Fichte, comprendre cet arrière-fonds comme incompréhensible. Mais, comme l'atteste fortement le début des *Premiers Principes*, pour M. Spencer cet Inconnaissable est réel. Il vit, puisque nous vivons de lui. De là il n'y a qu'un pas à concevoir que cet arrière-fonds de toute réalité enveloppe une pensée, puisque notre pensée en sort, un cœur, puisque notre cœur en dérive. Beaucoup d'excellents esprits entrevoient du moins dès aujourd'hui une réconciliation probable de la science et de la religion sur ce terrain de l'Inconnaissable. Pour M. Sixte c'est là une dernière forme de l'illusion métaphysique et qu'il s'est acharné à détruire avec une énergie d'argumentation que l'on n'avait pas admirée à ce degré depuis Kant. — Son second titre d'honneur, comme psychologue, consiste dans un exposé très nouveau et très ingénieux des origines animales de la sensibilité humaine. Grâce à une lecture immense et à une connaissance minutieuse des Sciences Naturelles, il a pu tenter pour la genèse des formes de la pensée le travail que Darwin a essayé pour la genèse des formes de la vie. Appliquant la loi de l'évolution à tous les faits qui constituent le cœur humain, il a prétendu montrer que nos plus raffinées sensations, nos délicatesses morales les plus subtiles, comme nos plus honteuses déchéances, sont l'aboutissement dernier, la métamorphose suprême d'instincts très simples, transformation eux-mêmes des propriétés de la cellule primitive; en sorte que l'univers moral reproduit exactement l'univers physique et que le premier n'est que la conscience douloureuse ou extatique du second. Cette conclusion, présentée à titre d'hypothèse, à cause de son caractère métaphysique, sert de terme d'arrivée à une merveilleuse série d'analyses, parmi lesquelles il convient de citer deux cents pages sur l'amour, d'une hardiesse presque plaisante sous la plume d'un homme très chaste, sinon vierge. Mais le même Spinoza n'a-t-il pas donné une théorie de la jalousie qu'aucun romancier moderne n'a égalée en brutalité? Et Schopenhauer ne rivalise-t-il pas d'esprit avec Chamfort dans ses boutades contre les femmes? Il est presque inutile d'ajouter que le déterminisme le plus complet circule d'une extrémité à l'autre de ces livres. On doit à M. Sixte quelques phrases qui traduisent avec une extrême énergie cette conviction que tout est nécessaire dans l'âme, — même l'illusion que nous sommes libres: « Tout acte, » a-t-il écrit, « n'est qu'une « addition. Dire qu'il est libre, c'est dire qu'il y a « dans un total plus qu'il n'y a dans les éléments « additionnés. Cela est aussi absurde en psycho-« logie qu'en arithmétique. » Et ailleurs : « Si « nous connaissions vraiment la position relative

« de tous les phénomènes qui constituent l'univers « actuel, — nous pourrions, dès à présent, cal- « culer avec une certitude égale à celle des astro- « nomes le jour, l'heure, la minute où l'Angleterre « par exemple, évacuera les Indes, où l'Europe « aura brûlé son dernier morceau de houille, où « tel criminel, encore à naître, assassinera son « père, où tel poème, encore à concevoir, sera « composé. L'avenir tient dans le présent comme « toutes les propriétés du triangle tiennent dans « sa définition... » Le fatalisme mahométan ne s'est pas exprimé avec une précision plus absolue.

Des spéculations de cet ordre ne semblent guère comporter que la plus affreuse aridité d'imagination. Aussi le mot que M. Sixte disait souvent de lui-même : « Je prends la vie par son côté poétique... » paraissait-il à ceux qui l'entendaient le plus absurde des paradoxes. Et cependant rien de plus exact, eu égard à la nature d'esprit spéciale des philosophes. Ce qui distingue essentiellement un vrai philosophe-né des autres hommes, c'est que les idées, au lieu d'être pour son intelligence des formules plus ou moins nettes, sont vivantes et réelles, comme des êtres. La sensibilité chez lui se modèle sur la pensée au lieu que chez nous tous il s'établit un divorce, plus ou moins complet, entre le cœur et le cerveau. Un prédicateur chrétien a marqué admirablement la nature de ce divorce quand il a prononcé cette phrase étrange et profonde : « Nous *savons* bien que nous mourrons, « mais nous ne le *croyons* pas. » Le philosophe, lui, quand il l'est par passion, par constitution, ne conçoit pas cette dualité, cette vie dispersée entre des sensations et des réflexions contradictoires. Aussi n'était-ce pas pour M. Sixte de simples objets de spéculation que cette universelle nécessité de toutes choses, que cette métamorphose indéfinie et constante des phénomènes les uns dans les autres, que ce colossal travail de la nature sans cesse en train de se faire et se défaire, sans point de départ, sans point d'arrivée, par le seul jeu de la cellule primitive, que ce travail parallèle de l'âme humaine reproduisant sous forme de pensées, d'émotions et de volontés le mouvement de la vie physiologique. Il se plongeait dans la contemplation de ces idées avec une espèce de vertige, il les sentait avec tout son être, en sorte que ce bonhomme assis à sa table, servi par la vieille bonne qui cuisinait à côté, dans un bureau tout garni de rayonnages encombrés, de pauvre mine, les pieds dans sa chancelière, le torse pris dans un paletot râpé, participait en imagination au labeur de tout l'univers. Il vivait la vie de toutes les créatures. Il revêtait toutes les formes, sommeillant avec le minéral, végétant avec la plante, s'animant avec les bêtes rudimentaires, se compliquant avec les organismes supérieurs, homme enfin et s'épanouissant dans les amplitudes d'un esprit capable de refléter le vaste monde. Ce sont ces délices des idées générales, analogues à celles de l'opium, qui rendent ces songeurs indifférents aux menus accidents du monde extérieur, et aussi, pourquoi ne pas le dire? presque absolument étrangers aux affections ordinaires de la vie. Nous ne nous attachons qu'à ce que nous sentons bien réel; or, pour ces têtes singulières, c'est l'abstraction qui est la réalité, et la réalité quotidienne n'est qu'une ombre, qu'une épreuve grossière et dégradée des lois invisibles. Peut-être M. Sixte avait-il aimé sa mère. A coup sûr, là s'était borné son existence sentimentale. S'il était doux et indulgent pour tous les hommes, c'était par le même instinct qui lui faisait, lorsqu'il déplaçait une chaise dans son bureau, prendre ce meuble sans violence. Mais il n'avait jamais éprouvé le besoin d'avoir auprès de lui une chaude et ardente tendresse, une famille, un dévouement, un amour, pas même une amitié. Les quelques savants avec lesquels il était lié lui représentaient des conversations professionnelles, celui-ci sur la chimie, cet autre sur les hautes mathématiques, un troisième sur les maladies du système nerveux. Que ces gens-là fussent mariés, occupés d'élever leurs enfants, soucieux de se pousser dans une carrière, il n'en tenait aucun compte dans ses rapports avec eux. Et si bizarre que doive paraître une telle conclusion après une telle esquisse, il était heureux.

Un pareil homme, un pareil intérieur et une pareille vie étant donnés, que l'on imagine l'effet produit dans ce cabinet de travail de la rue Guy de la Brosse par ces deux faits survenus coup sur coup dans une même après-midi : d'abord une cédule de citation adressée à M. Adrien Sixte, pour qu'il eût à comparaître au cabinet de M. Valette, juge d'instruction, afin d'être interrogé, suivant la formule, « sur les faits et circonstances dont il lui « serait donné connaissance ; » en second lieu, une carte portant le nom de Mme veuve Greslou et demandant que M. Sixte voulût bien la recevoir le lendemain vers quatre heures, « pour l'entretenir du crime dont était accusé à faux son malheureux enfant. » J'ai dit que le philosophe ne lisait jamais aucun journal. S'il en eût seulement ouvert un au hasard depuis quinze jours, il y eût trouvé des allusions à cette histoire du jeune Greslou que de récents procès ont fait oublier. Faute de ce renseignement, la cédule de citation et le billet de la mère ne lui offrirent aucune espèce de sens précis. Cependant, par le rapport entre cette citation et le mot de la mère, il se rendit compte que les deux faits étaient probablement connexes, et il pensa aussitôt qu'il s'agissait d'un jeune homme, d'un certain Robert Greslou, qu'il avait connu, l'année précédente, dans des circonstances d'ailleurs toutes simples. Mais, précisément, ces circonstances contrastaient trop avec toute idée d'un procès criminel, pour que ce souvenir guidât en aucune manière les hypothèses du savant, et il demeura longtemps à regarder cette cédule tour à tour et cette carte, en proie à l'inquiétude presque douloureuse que le moindre événement d'un ordre très inattendu et très obscur inflige aux hommes d'habitude.

Robert Greslou? — M. Sixte avait lu ce nom pour la première fois, voici deux ans, au bas d'un billet qui accompagnait un manuscrit. Ce manuscrit portait comme titre : *Contribution à l'étude de la multiplicité du Moi*, et le billet énonçait modestement le désir que le célèbre écrivain voulût bien jeter un coup d'œil sur ce premier essai d'un tout jeune homme. L'auteur avait ajouté à sa signature: « élève-vétéran de philosophie au lycée de Clermont-Ferrand. » Ce travail d'environ soixante pages révélait une intelligence si prématurément subtile, une connaissance si exacte des théories les plus récentes de la psychologie contemporaine, enfin une telle ingéniosité d'analyse, que M. Sixte avait cru devoir répondre par une longue lettre. Un mot de remerciement était venu aussitôt, dans lequel le jeune homme annonçait qu'obligé d'aller à Paris pour ses examens oraux de l'École normale, il aurait l'honneur de se présenter chez le Maître. Ce dernier avait donc vu entrer une après-midi un garçon d'environ vingt ans avec de beaux yeux noirs vifs et mobiles qui éclairaient un visage un peu trop pâle. C'était le seul détail de physionomie qui fût demeuré dans la mémoire du philosophe. Semblable sur ce point à tous les spéculatifs, il ne recevait du monde visible qu'une impression flottante et il n'en gardait qu'une réminiscence vague comme cette impression. Mais sa mémoire des idées était surprenante, et il se rappelait jusqu'au moindre détail son entretien avec ce Robert Greslou. Parmi les jeunes gens que sa renommée attirait chez lui, aucun ne l'avait étonné davantage par la précocité vraiment extraordinaire de l'érudition et du raisonnement. Sans doute il flottait dans l'esprit de cet adolescent bien de l'à peu près, l'effervescence d'une pensée qui s'est assimilé, trop vite, trop de connaissances diverses; mais quelle merveilleuse facilité de déduction! Quelle éloquence naturelle, et aussi quelle visible sincérité d'enthousiasme! Le savant le revoyait, au cours de cette conversation, gesticulant un peu et lui disant: « Non, monsieur, vous ne savez pas ce que vous êtes pour nous, ni ce que nous éprouvons à lire vos livres... Vous êtes celui qui accepte toute la vérité, celui en qui on peut croire... Tenez, dans votre *Théorie des passions*, l'analyse de l'amour, mais c'est notre bréviaire à tous... Au lycée, on défend le livre. Je l'avais chez moi, et deux de mes camarades venaient copier ces chapitres, à la maison, les jours de sortie... » Et comme il se cache une vanité d'auteur dans l'âme de tout homme qui a fait imprimer de sa prose, fût-il aussi absolument sincère que M. Adrien Sixte, ce culte d'un groupe d'écoliers, naïvement exprimé par l'un d'eux, avait flatté particulièrement le philosophe. Robert Greslou avait sollicité l'honneur d'une seconde visite, et là, tout en avouant un échec à l'École normale, il s'était un peu ouvert sur ses projets. M. Sixte, lui, s'était laissé aller, contre toutes ses habitudes, à l'interroger sur des détails tout intimes. Il avait appris ainsi que le jeune homme était le fils unique d'un ingénieur mort sans fortune, et que la mère l'avait élevé à force de sacrifices. « Mais je n'en accepterai plus, » disait Robert, « mon intention est de passer ma licence dès cette année, puis je demande une chaire de philosophie aussitôt dans un collège, et je travaille à un grand ouvrage sur les variations de la personnalité, dont l'essai que je vous ai soumis forme l'embryon... » Les yeux du jeune psychologue s'étaient faits plus brillants pour formuler ce programme de vie. Ces deux visites dataient du mois d'août 1885, on était en février 1887, et, depuis lors, M. Sixte avait reçu cinq ou six lettres de son jeune disciple. La dernière lui annonçait l'entrée de Robert Greslou comme précepteur dans une famille noble, qui passait les mois d'été dans un château situé près d'un des jolis lacs des montagnes d'Auvergne : celui d'Aydat. Un simple détail donnera la mesure de la préoccupation où M. Sixte fut jeté par la coïncidence entre la lettre émanée du cabinet du juge et la carte de Mme Greslou. Quoiqu'il eût sur sa table les épreuves à revoir d'un long article pour la *Revue philosophique,* il se mit à rechercher cette correspondance avec le jeune homme le soir même. Il la trouva tout de suite dans le cartonnier où il rangeait méticuleusement ses moindres papiers. Elle était classée, avec d'autres du même genre, sous la rubrique : « Documents contemporains sur la formation des esprits. » Elle formait environ trente pages que le savant lut avec un soin particulier, sans y rencontrer rien que des réflexions d'un ordre tout intellectuel, des questions sur des lectures à suivre, et l'énoncé de quelques projets de mémoires. Quel fil pouvait bien rattacher de pareilles préoccupations au procès criminel dont parlait la mère? Ce procès était-il la cause de cette citation en témoignage, inexplicable autrement? Il fallait que ce garçon, vu deux fois à peine, eût beaucoup frappé le philosophe, car la pensée que le mystère dissimulé derrière cet appel au Palais de Justice était le même que celui qui motivait cette visite subite d'une mère au désespoir le tint éveillé une partie de la nuit. Pour la première fois depuis des années, il brusqua Mlle Trapenard à cause d'une petite négligence de service, et quand il passa devant la loge à une heure de l'après-midi, son visage, d'ordinaire très calme, exprimait un si visible souci que le père Carbonnet, déjà mis en éveil par la lettre de convocation arrivée ouverte, suivant une coutume assez barbare, et qu'il avait lue, comme de juste, fit cette confidence à sa femme, — il en avait déjà parlé dans tout le quartier :

— « Je ne suis pas curieux des affaires des autres, mais je donnerais bien vingt ans de la vie de la propriétaire pour savoir ce que la justice peut vouloir à ce pauvre M. Sixte, qu'il est là qui dévale à cette heure-ci comme un *abohifou*... »

— « Tiens, M. Sixte a changé son heure de promenade, » disait à sa mère la jeune fille, assise au comptoir dans la boutique de la boulangerie, « il paraît qu'il va avoir un procès pour un héritage ? »

— « Pige-moi donc le père Sixte, se défile-t-il, ce zèbre-là !... Il paraît que la justice le chicane, » racontait à son camarade un des deux élèves en pharmacie ; « ces vieux, ça n'a l'air de rien, et puis on découvre des tas d'histoires de petites filles dans des coins... Au fond, c'est tous des canailles... »

— « Il est encore plus ours que d'habitude. Il ne nous saluera seulement pas. » C'était la femme du professeur au Collège de France établi dans la même maison que le célèbre philosophe et qui se croisait avec lui. « Tant mieux, d'ailleurs, on prétend qu'on va poursuivre ses livres. Ce n'est pas dommage... »

Et voilà comment les plus modestes des hommes, et qui se croient les plus ignorés, ne peuvent bouger d'un pas sans encourir les commentaires lancés par d'innombrables bouches, du moment qu'ils habitent ce que l'on est convenu d'appeler à Paris un quartier paisible. Ajoutons que M. Sixte se fût soucié de cette curiosité, s'il l'eût soupçonnée, comme d'un volume de philosophie officielle. C'était pour lui le dernier terme du mépris.

II

L'AFFAIRE GRESLOU

Le célèbre philosophe était, en toute chose, d'une ponctualité méthodique. Parmi les maximes adoptées, à l'imitation de Descartes, dans le début de sa vie, se trouvait celle-ci : « L'ordre affranchit la pensée. » Il arrivait donc au Palais de Justice cinq minutes avant le moment fixé sur la cédule. Il dut attendre une demi-heure dans le corridor avant que le juge le fît appeler. Dans ce long couloir, aux longs murs nus et blancs, meublé de quelques chaises et de tables pour les garçons de service, les voix se faisaient basses comme dans toutes les antichambres officielles. Il s'y trouvait six à sept personnes. Le savant avait pour voisin un honnête bourgeois et sa femme, commerçants de quartier, appelés pour une autre affaire, et très désorientés par cette rencontre avec la justice. La vue de ce personnage à la face rasée, aux yeux cachés par les verres sombres et ronds de ses lunettes, avec sa longue redingote et sa physionomie inexplicable, inquiéta ces gens au point de leur faire quitter la place où ils chuchotaient:

— « Il est de la police, » dit le mari à sa femme.

— « Tu crois? » reprit la femme en regardant l'énigmatique et immobile figure avec terreur. « Dieu! qu'il a l'air faux!... »

Pendant que se jouait cette scène, profondément comique, sans que l'observateur professionnel du cœur humain se doutât une seule minute de l'effet qu'il produisait, ni même qu'il y eût quelqu'un à côté de lui, le juge d'instruction causait avec un ami dans une petite pièce attenante à son cabinet. Embellie par les autographes et les portraits de quelques malfaiteurs fameux, cette pièce servait en même temps à M. Valette de chambre à toilette, de fumoir et aussi de *retiro*, quand il voulait bavarder hors de l'inévitable présence de son commis-greffier. Ce juge était un homme de moins de quarante ans, avec un joli profil, des vêtements coupés à la mode, des bagues aux doigts, enfin un magistrat de la nouvelle école. Dans la rue, avec son ruban de chevalier et son chapeau luisant comme un sabre, vous l'eussiez pris pour un boursier décoré à propos d'une émission. Il tenait à la main le papier sur lequel le savant avait écrit son nom, d'une écriture claire et toute liée, et il montrait cette signature à son ami, un simple homme de plaisir celui-là, et qui présentait cette physionomie à la fois effacée et nerveuse, comme il ne s'en rencontre qu'à Paris. Essayez d'y déchiffrer des goûts, des habitudes, un caractère? C'est impossible, tant il a passé sur ce visage de sensations multiples et contradictoires. Ce viveur appartenait à l'espèce de ceux qui suivent les premières représentations, visitent les ateliers des peintres, assistent aux procès sensationnels, enfin qui se piquent d'être au courant, « dans le train, » comme on dit aujourd'hui. Après avoir lu le nom d'Adrien Sixte, il s'écria :

— « Hein ! mon vieux Valette, en as-tu de la chance d'avoir à causer avec cet homme-là ! Tu connais son chapitre sur l'amour dans je ne sais plus quel bouquin ?... En voilà un lascar qui connaît les femmes... Mais sur quoi diable as-tu à l'interroger ? »

— « Sur cette affaire Greslou, » dit le juge ; « il a beaucoup reçu le jeune homme, et la défense l'a cité comme témoin à décharge. On a lancé une commission rogatoire rien que pour cela. »

— « Quel dommage que je ne puisse pas le voir! » dit l'autre.

— « Ça te ferait plaisir? Rien de plus facile... Je vais le faire introduire... Tu t'en iras comme il entrera... En tout cas, c'est convenu, pour ce soir à huit heures, chez Durand, Gladys y sera? »

— « Convenu... Tu sais son dernier mot, à Gladys, comme nous reprochions devant elle à Christine de tromper Jacques : « Mais il faut bien « qu'elle ait deux amants, puisqu'elle dépense par « an le double de ce que chacun d'eux lui « donne!... »

— « Ma foi, » dit Valette, « je crois que celle-là en remontrerait sur la philosophie de l'amour à tous les Sixtes du monde et du demi-monde... »

Les deux amis rirent gaiement, puis le juge donna l'ordre qu'on appelât le philosophe. Le curieux, tout en prenant congé de Valette par une poignée de main et un nouveau : « A ce soir, huit heures très précises, » cligna de l'œil derrière son monocle afin de mieux dévisager l'illustre écrivain qu'il connaissait pour avoir lu des extraits piquants de la *Théorie des passions* dans des articles de journaux. L'apparition du bonhomme à la fois excentrique et timide qui entrait dans le cabinet du juge avec la plus visible gêne, démentait si fort l'idée du misanthrope mordant, cruel et désabusé, ébauchée dans leur imagination, que les deux hommes, le boulevardier et le magistrat, échangèrent un regard de stupeur. Un sourire leur vint irrésistiblement aux lèvres, mais cela ne dura qu'une seconde. Déjà l'ami était parti. L'autre fit signe au témoin de s'asseoir sur un des fauteuils de velours vert dont était meublée cette pièce, — luxe complété, à la manière administrative, par un tapis d'une moquette verte aussi et par un bureau d'acajou. La physionomie du juge d'instruction s'était remise au grave. Ces passages d'une attitude à une autre sont beaucoup plus sincères que ne l'imaginent ceux qui constatent ces contrastes de tenue entre l'homme privé et le fonctionnaire. Le parfait comédien social, et qui considère son métier avec un entier mépris, est un monstre heureusement très rare. Nous n'avons pas cette force de scepticisme au service de nos hypocrisies. Le spirituel M. Valette, si goûté dans le demi-monde, ami des hommes de cercle et de sport, émule des journalistes en plaisanteries, et qui tout à l'heure commentait joyeusement le mot d'une impure avec laquelle il devait dîner le soir, n'avait eu besoin d'aucun effort pour céder la place à l'investigateur sévère et froidement habile qui a mission de chercher la vérité au nom de la loi. De sa prunelle devenue soudainement aiguë, il essaya de pénétrer jusqu'au fond la conscience du nouveau venu. Dans ces premières minutes d'entretien avec quelqu'un qu'il s'agit de faire parler, même s'il ne le veut pas, les magistrats de race ont en eux une espèce d'éveil de toute leur nature militante, comme les escrimeurs qui tâtent le jeu d'un adversaire inconnu, afin d'y entrer. Le philosophe, lui, constata que ses pressentiments ne l'avaient pas trompé, car il lut, écrits en grosses lettres sur la liasse de papiers que prit M. Valette, ces mots qui le firent involontairement tressaillir : *Affaire Greslou*. Un silence régnait dans cette pièce, coupé par le bruit de papiers froissés et par le craquement de la plume du greffier. Ce dernier se préparait à noter l'interrogatoire avec l'impersonnelle indifférence qui distingue les hommes habitués à jouer le rôle de machines dans les drames de la vie judiciaire. Un procès pour eux ne se distingue pas plus d'un autre que pour un employé des pompes funèbres un mort ne se distingue d'un mort, ou pour un garçon d'hôpital un malade d'un malade.

— « Je vous épargnerai, monsieur, » dit enfin le juge, « les questions habituelles... Il y a des noms et des hommes qu'il n'est pas permis d'ignorer... » Le philosophe ne s'inclina même pas sous le compliment. — « Pas d'usage du monde, » pensa le magistrat, « ce sera un de ces hommes de lettres qui croient devoir nous mépriser, » et tout haut : « J'arrive au fait qui a motivé la citation que j'ai dû vous adresser... Vous connaissez le crime dont est accusé le jeune Robert Greslou. »

— « Pardon, monsieur, » interrompit le philosophe en quittant la position qu'il avait prise instinctivement pour écouter le juge, le coude sur le fauteuil, le menton sur sa main et l'index sur sa joue, comme dans les minutes de ses grandes méditations solitaires, « je n'en ai pas la moindre notion. »

— « Tous les journaux l'ont cependant rapporté... avec une exactitude à laquelle ces messieurs de la presse ne nous ont guère habitués, » répondit le juge qui crut devoir répondre au dédain de la littérature pour la robe diagnostiqué chez le témoin par un peu de persiflage ; et à part lui : « Il dissimule... Pourquoi ?... Pour jouer au plus fin ?... Comme c'est bête ! »

— « Pardon, monsieur, » dit encore le philosophe, « je ne lis jamais aucun journal. »

Le juge regarda son interlocuteur en faisant un « Ah ! » où il entrait plus d'ironie que d'étonnement. « Bon, » pensa-t-il, « tu veux me faire poser, toi, attends un peu... » Ce fut avec une certaine irritation dans la voix qu'il reprit :

— « Hé bien, monsieur, je vous résumerai donc l'accusation en quelques mots, tout en regrettant que vous ne soyez pas plus au courant d'une affaire qui peut intéresser gravement, très gravement, sinon votre responsabilité légale, au moins votre responsabilité morale... » Ici le philosophe dressa la tête avec une inquiétude qui réjouit le cœur du juge : « Attrape, mon bonhomme, » se dit-il ; et à haute voix : « Vous savez, en tout cas, monsieur, qui était Robert Greslou et la situation qu'il occupait chez M. le marquis de Jussat-Randon... J'ai là, dans le dossier, copie de plusieurs lettres que vous lui avez adressées au château de Jussat et qui témoignent que vous étiez, — comment dirai-je ? — le directeur intellectuel du prévenu. » — Le philosophe eut un nouveau mouvement de tête. — « Je vous demanderai tout à l'heure de vouloir bien déclarer si ce jeune homme vous a parlé de l'intérieur de cette famille, et dans quels termes... Je ne vous apprends sans doute rien en vous rappelant qu'elle se composait du père, de la mère, d'un fils qui est capitaine de dragons, actuellement en garnison à Lunéville, d'un second fils qui était l'élève de Greslou et d'une jeune fille de dix-neuf ans, Mlle Charlotte. Cette dernière était fiancée au baron de Plane, un officier du même régiment que son frère. Le mariage avait dû être retardé, de quelques mois, pour des raisons de famille qui n'ont rien à voir au procès. Il avait été définitivement fixé au 15 décembre dernier. Or, un matin de la semaine qui précédait l'arrivée du fiancé et du comte André, le frère de Mlle de Jussat, la femme de chambre de cette jeune fille, en entrant chez elle à l'heure accoutumée, la trouva morte dans son lit... »

Le magistrat fit une pause, et, tout en continuant à feuilleter son dossier, il guigna de l'œil le témoin. La stupeur qui se peignit sur le visage du philosophe manifesta une telle sincérité, que le juge en demeura lui-même tout étonné. « Il ne savait rien, » se dit-il, « voilà qui est bien étrange... » Il étudia de nouveau, sans quitter son air à la fois préoccupé et indifférent, la physionomie de l'homme célèbre. Mais il manquait des données qui lui eussent rendu intelligible ce personnage abstrait, rencontre d'un cerveau tout puissant dans le domaine des idées et d'un naïf, d'un timide, presque d'un comique dans le domaine des faits. Il continua de n'y rien comprendre, et il reprit son récit : « Quoique le médecin appelé à la hâte ne fût qu'un modeste praticien de campagne, il n'hésita pas une minute à reconnaître que l'aspect du cadavre démentait toute idée d'une mort naturelle. Le visage était livide, les dents serrées, les pupilles dilatées extraordinairement, et le corps, courbé en arc de cercle, reposait sur la nuque et sur les talons. Bref, c'étaient tous les signes de l'empoisonnement par la strychnine. Un verre, placé sur la table de nuit, contenait les dernières gouttes d'une potion que Mlle de Jussat-Randon avait dû prendre la veille au soir ou pendant la nuit, comme c'était son habitude, pour combattre l'insomnie. Elle souffrait depuis un an à peu près d'une maladie nerveuse. Le docteur analysa ces gouttes et il y trouva des traces de noix vomique. C'est, comme vous savez, une des formes sous laquelle le terrible poison se débite dans la médecine actuelle. Une petite bouteille sans étiquette, contenant, elle aussi, quelques gouttes de couleur sombre, fut ramassée presque aussitôt par un jardinier, sous les fenêtres de la chambre. On avait dû la jeter pour qu'elle se brisât, mais elle était tombée sur de la terre meuble, dans une platebande fraîchement remuée. Ces gouttes brunâtres étaient aussi des gouttes de noix vomique. Plus de doute : Mlle de Jussat était morte empoisonnée. L'autopsie acheva de le démontrer. Était-on en présence d'un suicide ou d'un meurtre ?... Un suicide ? Mais quel motif cette jeune fille, sur le point de se marier à un homme charmant et qu'elle avait agréé, pouvait-elle avoir eu de se tuer ? Et de quelle manière, sans un mot d'explication, sans une lettre d'adieu à ses parents !... D'autre part, comment s'était-elle procuré le poison ? Précisément cette recherche mit la justice sur la trace de l'accusation qui nous occupe aujourd'hui. Interrogé, le pharmacien du village déposa que, six semaines auparavant, le précepteur du château lui avait demandé de la noix vomique pour soigner une maladie d'estomac. Or ce précepteur était parti pour Clermont, sous prétexte d'aller voir sa mère malade, le matin même du jour où l'on avait découvert le cadavre, soi-disant appelé par une dépêche. Il fut établi, coup sur coup, que cette dépêche n'avait jamais été reçue, que la nuit même du crime un domestique avait vu Robert Greslou sortir de la chambre de Mlle Charlotte; enfin que le flacon de poison, acheté chez le pharmacien et que l'on retrouva chez le jeune homme, avait été vidé à moitié, puis rempli de nouveau, pour combler le vide ainsi laissé, avec de l'eau simple, — afin d'éviter les soupçons. D'autres témoignages vinrent rapporter que Robert Greslou avait été très assidu auprès de la jeune fille, à l'insu de ses parents. On découvrit même une lettre qu'il lui avait adressée, datant de onze mois déjà, mais qui correspondait très bien à un habile effort vers un commencement de cour. Les domestiques et l'élève même du précepteur déposèrent encore que depuis huit jours les relations entre Mlle de Jussat et le jeune homme étaient devenues extrêmement tendues, de familières qu'elles avaient été. A peine si elle répondait à son salut. On tira de ces divers signes l'hypothèse suivante: Robert Greslou, devenu amoureux de cette jeune fille, l'avait courtisée sans espoir, puis il l'avait empoisonnée pour empêcher son mariage avec un autre. Cette hypothèse emprunta une force singulière aux mensonges dont le jeune homme se rendit coupable dès qu'on l'interrogea. Il nia avoir jamais écrit à Mlle de Jussat ; on lui produisit sa lettre et on put même retrouver dans la cheminée de la victime, parmi des débris qui décelaient qu'on y avait brûlé beaucoup de papiers la nuit de la mort, une moitié d'enveloppe à l'écriture du prévenu. Il nia être allé cette nuit-là dans la chambre de Mlle Charlotte, et on le mit en face du valet de pied qui l'avait vu en sortir et qui soutint son dire avec d'autant plus d'énergie qu'il confessa être entré lui-même à cette heure-là dans la chambre d'une fille de service dont il était l'amant. Greslou ne put d'ailleurs expliquer la raison pour laquelle il avait acheté la noix vomique, abusant ainsi de la confiance du pharmacien avec lequel il était lié. Il fut démontré que jamais auparavant il ne s'était plaint de maux d'estomac. Il n'expliqua pas davantage l'invention du faux télégramme, son départ précipité, ni surtout le trouble effroyable où l'avait jeté la nouvelle de la découverte de l'empoisonnement. D'ailleurs aucun autre mobile que celui d'une vengeance d'amoureux éconduit n'était admissible, par ce simple fait que la victime avait tous ses bijoux, tout l'argent de son porte-monnaie et que son corps ne portait la trace d'aucune espèce de violence. On reconstruisit ainsi la scène : Greslou s'était introduit dans la chambre de Mlle de Jussat-Randon, sachant qu'elle dormait généralement jusqu'à deux heures, puis qu'à ce moment elle se réveillait toutes les nuits pour prendre sa potion. Il avait mélangé à cette potion une dose de noix vomique suffisante pour foudroyer la jeune fille, qui n'avait eu que le temps de reposer le verre sans pouvoir appeler. Puis, il avait eu peur que son émotion ne le trahît, et il était parti précipitamment avant la découverte du corps. La bouteille vide et retrouvée sur la terre de la platebande, il avait dû la jeter par la fenêtre de la chambre d'étude qui ouvrait juste au-dessus de celle de Mlle Charlotte. L'autre bouteille, il avait dû la remplir d'eau par une de ces ruses compliquées et maladroites auxquelles se reconnaissent les apprentis criminels. Bref, Greslou est aujourd'hui détenu dans la maison d'arrêt de Riom et doit comparaître aux assises de cette ville, dans la session de février, ou aux premiers jours de mars, comme accusé d'avoir empoisonné Mlle de Jussat-Randon. Les charges qui pèsent sur lui sont rendues plus accablantes par son attitude depuis son arrestation. Il se renferme dans un silence absolu, depuis que ses mensonges ont été confondus, et il refuse de répondre à toutes les questions qu'on lui pose, disant qu'il est innocent et qu'il n'a pas à se défendre. Il a refusé de constituer un avocat, et il vit dans un état de tristesse sombre qui achève de faire croire qu'il est hanté par d'affreux remords. Il lit et il écrit beaucoup, mais, détail qui est bien bizarre et qui montre la force de la comédie chez ce garçon de vingt et un ans, des choses de pure philosophie, sans doute afin de combattre la mauvaise impression produite par sa tristesse et de prouver sa pleine liberté d'esprit... La nature des occupations du prévenu m'amène, monsieur, après ce long récit, à la raison pour laquelle votre témoignage a pu être réclamé dans cette affaire par la mère de ce jeune homme qui se révolte contre l'évidence, comme il est naturel, et qui meurt de douleur, mais sans arriver à vaincre l'obstination de son fils à se taire. Vos livres sont, avec ceux de quelques psychologues anglais, les seuls que le prévenu ait demandés. J'ajouterai que sur les rayons de sa bibliothèque on a trouvé tous vos volumes dans des conditions qui prouvent la lecture la plus assidue, interfoliés de pages sur lesquelles il avait écrit un commentaire parfois plus développé que le texte... Vous en jugerez vous-même... »

Tout en parlant, M. Valette tendait au philosophe un exemplaire de la *Psychologie de Dieu* que ce dernier ouvrit machinalement. Il put voir en effet qu'à chacune des pages imprimées correspondait une feuille toute noircie de caractères d'une écriture assez analogue à la sienne, mais plus confuse, plus fébrile. Dans la tendance des lignes à tomber, un graphologue eût deviné une propension aux découragements rapides. Cette analogie d'écritures saisit le savant pour la première fois, et ce lui fut une sensation singulièrement pénible. Il referma le livre qu'il rendit au juge en disant :

— « Je suis douloureusement surpris, monsieur, des révélations que vous venez de me faire sur ce malheureux jeune homme ; mais j'avoue ne pas comprendre quelle sorte de relation existe entre ce crime et mes livres ou ma personne, ni quelle nature de témoignage je peux bien être appelé à donner ? »

— « C'est pourtant très simple, » reprit le juge. « Si grandes que soient les charges qui pèsent sur Robert Greslou, elles reposent sur des hypothèses. Il y a contre lui des présomptions terribles, il n'y a pas une certitude absolue. Vous voyez donc, monsieur, pour employer le langage de la Science où vous excellez, qu'une question de psychologie dominera tout le débat. Quelles étaient les idées, quel était le caractère de ce jeune homme ? Il est évident que s'il s'occupait avec beaucoup d'intérêt d'études très abstraites, les chances de sa culpabilité diminuent... » En prononçant cette phrase où le savant ne devina pas un piège, Valette semblait de plus en plus indifférent. Il n'ajoutait pas que précisément un des arguments de l'accusation, mis en avant par le vieux marquis de Jussat, consistait à prétendre que Robert Greslou avait été corrompu par ses lectures. Il s'agissait d'amener M. Sixte à bien caractériser le genre de principes dont le jeune homme avait été imprégné.

— « Interrogez, monsieur, » répondit le savant.

— « Voulez-vous que nous commencions par le commencement ? » dit le juge. « Dans quelles circonstances et à quelle date avez-vous fait la connaissance de Robert Greslou ? »

— « Il y a deux ans, » dit le philosophe, « et à propos d'un travail d'ordre purement spéculatif sur la personnalité humaine, qu'il vint me soumettre de lui-même. »

— « Et l'avez-vous vu souvent ? »

— « Deux fois seulement. »

— « Quelle impression vous produisit-il ? »

— « Celle d'un jeune homme admirablement doué pour les travaux psychologiques, » répliqua le philosophe en pesant ses mots. Le juge put sentir à cet accent la conscience de quelqu'un qui veut voir et dire la vérité : « si bien doué même que je fus presque effrayé de cette précocité. »

— « Il ne vous a pas entretenu de sa vie privée ? »

— « Fort peu, » dit le philosophe ; « il m'a seulement raconté qu'il vivait avec sa mère, et que son intention était de faire sa carrière dans le professorat, en même temps qu'il travaillerait à quelques livres. »

— « En effet, » reprit le juge, « c'était un des articles inscrits dans une espèce de programme d'existence que l'on a trouvé dans les papiers du prévenu, parmi ceux qui restent. — Car, et c'est là encore une des charges qui pèsent sur lui, entre son premier interrogatoire et son arrestation, il en a détruit le plus grand nombre. — Pourriez-vous, » ajouta-t-il, « donner quelques explications sur une des phrases de ce programme, assez obscure pour les profanes qui ne sont plus au courant de la philosophie moderne ? Voici cette phrase..., » et, prenant une feuille entre les autres : « Multiplier le plus possible les expériences psychologiques... Que pensez-vous que Robert Greslou entendît par là ? »

— « Je suis très embarrassé de vous répondre, monsieur, » dit M. Sixte après un silence ; mais le juge commençait à voir qu'il était inutile de ruser avec un homme aussi simple, et il comprit que ce silence indiquait simplement la recherche d'une expression rigoureusement exacte à donner à la pensée. « Je sais seulement le sens que j'attacherais, moi, à cette formule, et probablement ce jeune homme était trop instruit des travaux de la psychologie pour ne pas penser de même... Il est évident que dans les autres sciences d'observation, telles que la physique ou la chimie, la contre-épreuve d'une loi quelconque exige une application positive et concrète de cette loi. Quand j'ai décomposé l'eau, par exemple, en ses éléments, je dois pouvoir, toutes conditions égales d'ailleurs, reconstituer de l'eau avec ces mêmes éléments. C'est là une expérience des plus vulgaires, mais qui suffit à résumer toute la méthode des sciences modernes. Connaître d'une connaissance expérimentale, c'est pouvoir reproduire à volonté tel ou tel phénomène, en reproduisant ses conditions... Avec les phénomènes moraux, un tel procédé est-il admissible? Je crois, pour ma part, que oui, et en définitive ce que l'on appelle l'éducation n'est pas autre chose qu'une expérience psychologique plus ou moins bien instituée, puisqu'elle se résume ainsi : étant donné tel phénomène, — qui s'appelle tantôt une vertu, la patience, la prudence, la sincérité; tantôt une aptitude intellectuelle, une langue morte ou vivante, l'orthographe, le calcul, — trouver les conditions où ce phénomène se produira le plus aisément... Mais ce champ est bien borné, car si je voulais, je suppose, les conditions exactes de la naissance de telle passion une fois connues, produire à volonté cette passion chez un sujet, je me heurterais tout de suite à d'insolubles difficultés de code et de mœurs. Il viendra peut-être un temps où de telles expérimentations seront possibles. Mon avis est que, pour le moment, nous n'avons, nous autres psychologues, qu'à nous en tenir aux expériences instituées par la nature et le hasard. Avec des mémoires, avec des œuvres de littérature ou d'art, avec des statistiques, avec des dossiers de procès, des notes de médecine légale, nous possédons un monde de faits à notre service. Robert Greslou avait en effet discuté avec moi ce *desideratum* de notre science. Je m'en souviens, il regrettait que les condamnés a mort ne pussent pas être placés dans des conditions spéciales, qui permettraient d'expérimenter sur eux certains phénomènes moraux. C'était là une opinion simplement hypothétique, d'un esprit très jeune et qui ne se rend pas compte que, pour travailler utilement dans cet ordre d'idées, il est nécessaire d'étudier un cas durant un temps très long... C'est sur les enfants que l'on pourrait opérer le mieux, » ajouta le savant poussant ses propres idées, « mais comment ferait-on comprendre qu'il pourrait être utile à la science de leur donner systématiquement, par exemple, certains défauts ou certains vices? »

— « Des vices!... » fit le juge abasourdi par la tranquillité avec laquelle le philosophe avait prononcé cette phrase.

— « Je parlais en psychologue, » répondit le savant qui sourit à son tour de l'exclamation du juge; « voilà justement pourquoi, monsieur, notre science n'est pas susceptible de certains progrès.

Votre exclamation m'en donnerait une preuve, s'il en était besoin. La société ne peut pas se passer de la théorie du Bien et du Mal qui pour nous n'a d'autre sens que de marquer un ensemble de conventions quelquefois utiles, quelquefois puériles. »

— « Vous admettez cependant qu'il y a des actions bonnes et des actions mauvaises, » fit M. Valette; puis le magistrat reprenant le dessus et utilisant tout de suite cette disqussion générale au profit de son enquête : « Cet empoisonnement de Mlle de Jussat, » insinua-t-il, « par exemple, vous conviendrez que c'est un crime... »

— « Au point de vue social, » répondit M. Sixte, « sans aucun doute. Mais pour le philosophe il n'y a ni crime, ni vertu. Nos volitions sont des faits d'un certain ordre régis par certaines lois, voilà tout. Mais, monsieur, » et ici la naïve vanité de l'écrivain apparut, « vous trouverez de ces théories une démonstration, que j'ose croire définitive, dans mon *Anatomie de la volonté*. »

— « Avez-vous quelquefois abordé ces sujets avec Robert Greslou? » demanda le juge, « et croyez-vous qu'il partageât vos idées? »

— « Très probablement, » dit le philosophe.

— « Savez-vous, monsieur, » reprit le magistrat démasquant ses batteries, que vous venez presque de justifier les accusations de M. le marquis de Jussat, qui prétend que les doctrines des matérialistes contemporains ont détruit tout sens moral chez ce jeune homme et l'ont rendu capable de ce meurtre? »

— « Je ne sais pas ce que c'est que la matière, » fit M. Sixte, « je ne suis donc pas matérialiste. Quant à rejeter sur une doctrine la responsabilité de l'interprétation absurde qu'un cerveau mal équilibré donne à cette doctrine, c'est à peu près comme si on reprochait au chimiste qui a découvert la dynamite les attentats auxquels cette substance est employée. C'est un argument qui ne compte pas... » Le ton avec lequel le philosophe prononça cette phrase révélait la force invincible de résistance spirituelle que donne la foi profonde, — comme une timidité presque enfantine devant les tracas de la vie matérielle se révéla dans l'accent avec lequel il demanda tout d'un coup : « Croyez-vous que je serai obligé d'aller à Riom pour déposer? »

— « Je ne le pense pas, monsieur, » dit le juge qui ne put s'empêcher de remarquer avec un étonnement nouveau le contraste entre la fermeté du penseur dans la première partie de son discours et l'anxiété avec laquelle avait été prononcée cette dernière phrase, « car je constate que vos rapports avec le prévenu ont été beaucoup plus superficiels que ne le croyait sa mère elle-même, si vraiment ils se bornent à ces deux visites et à une correspondance qui paraît avoir été exclusivement philosophique. Mais, j'y reviens, vous n'avez jamais reçu de confidences relatives à son existence chez les Jussat? »

— « Jamais; d'ailleurs il cessa de m'écrire presque aussitôt après son entrée dans cette famille. »

— « Et dans ses toutes dernières lettres, il n'y avait pas trace d'aspirations nouvelles, d'une inquiétude, d'une curiosité de sensations inconnues? »

— « Je n'ai rien remarqué de semblable, » dit le philosophe.

— « Hé bien! monsieur, » reprit M. Valette après un nouveau silence durant lequel il étudia de nouveau ce bizarre témoin, « je ne veux pas vous retenir plus longtemps. Vos heures sont trop précieuses. Permettez-moi de résumer à mon greffier les quelques réponses que vous m'avez faites... Il n'est pas habitué à des interrogatoires qui portent sur des matières aussi élevées... Vous signerez ensuite... »

Tandis que le magistrat dictait à son commis ce qu'il croyait pouvoir intéresser la justice dans la déposition du savant, ce dernier, que la révélation foudroyante du crime de Robert Greslou et l'entretien avec le juge avaient évidemment bouleversé, écoutait sans faire de remarques, sans presque comprendre même, tant la nouveauté de l'événement auquel il se trouvait mêlé de loin désorientait en lui le méditatif. Il signa sans même regarder, après que M. Valette la lui eut relue à haute voix, la page où ses réponses se trouvaient consignées, et, encore une fois, avant de prendre congé :

— « Alors, je peux être bien sûr que je ne serai pas obligé d'aller là-bas ? »

— « J'espère que non, » dit le juge en le reconduisant; et il ajouta : « En tout cas, ce ne serait que pour un jour ou deux..., » éprouvant cette fois un secret plaisir à l'angoisse enfantine qui se peignit sur la figure du bonhomme. Puis, quand M. Sixte fut sorti de son cabinet : « En voilà des fous que l'on ferait bien d'enfermer, » dit-il à son greffier, qui opina de la tête. « C'est avec des idées comme celles de ce toqué sur le crime que les jeunes gens se perdent... Avec cela qu'il a l'air de bonne foi. Il serait moins dangereux, canaille... Savez-vous qu'il pourrait bien faire couper le cou à son disciple avec ses paradoxes ?... Mais ça paraît lui être fort égal. Il ne s'inquiète que de savoir s'il ira à Riom... Quel maniaque ! » Et le juge et le greffier se mirent à rire en haussant les épaules. Puis le premier, après avoir, dans une rêverie de quelques minutes, repassé en esprit les impressions diverses qu'il venait de traverser à l'endroit de cet être, pour lui absolument énigmatique, ajouta : « Ma foi, si je m'attendais à ce que le fameux Adrien Sixte ressemblât à ça... C'est inconcevable ! »

III

SIMPLE DOULEUR

L'ÉPITHÈTE par laquelle le juge d'instruction condamnait l'impassibilité du savant eût été plus énergique encore si le magistrat avait pu suivre M. Sixte et lire dans cette pensée de philosophe durant le peu de temps qui séparait cet interrogatoire du rendez-vous fixé par la malheureuse mère de Robert Greslou. Arrivé dans la grande cour du Palais de Justice, celui que M. Valette traitait à cet instant même de maniaque regarda tout d'abord le cadran de l'horloge, comme il convenait à un travailleur aussi minutieusement régulier : « Deux heures un quart, » songea-t-il, « je ne serai pas chez moi avant trois heures. Mme Greslou doit venir à quatre... Il n'y a pas moyen que je me remette au travail... Voilà qui est bien désagréable... » Et il prit sur-le-champ la résolution de placer à ce moment sa promenade quotidienne, d'autant plus qu'il pouvait gagner le jardin des Plantes le long du fleuve et par la Cité, dont il aimait la physionomie vieillie, la paisible douceur. Le ciel était bleu, de son bleu clair des jours de gelée, vaguement teinté de violet à l'horizon. La Seine coulait sous les ponts, verte et gaiement laborieuse, avec ses bateaux chargés où fume la cheminée d'une petite maison de bois aux vitres garnies de plantes familières. Sur le pavé sec les chevaux trottaient allègrement. Si le philosophe perçut tous ces détails, dans le temps qu'il mit à gagner le trottoir du quai avec les précautions d'un provincial effrayé des voitures, ce fut pour lui une sensation plus inconsciente encore que d'habitude. Il continuait de penser à la révélation surprenante que le juge venait de lui faire. Mais la tête d'un philosophe est une machine si particulière que les événements n'y produisent pas l'impression directe et simple qui semble naturelle aux autres personnes. Celui-ci était composé de trois individus comme emboîtés les uns dans les autres : il y avait en lui le bonhomme Sixte, vieux garçon asservi aux soins méticuleux de sa servante et soucieux d'abord de sa tranquillité matérielle.

Il y avait ensuite le polémiste philosophique, l'auteur, pour tout dire, animé, à son insu, du féroce amour-propre commun à tous les écrivains. Il y avait enfin le grand psychologue, passionnément attaché aux problèmes de la vie intérieure, et il fallait, pour qu'une idée eût accompli sa pleine action sur cet esprit, qu'elle eût traversé ces trois compartiments.

Du Palais de Justice jusqu'aux premiers pas au bord de la Seine, ce fut le bourgeois qui raisonna : « Oui, » se disait M. Sixte, répétant le mot que la vue de l'horloge lui avait arraché, « voilà qui est bien désagréable. Une journée tout entière perdue, et pourquoi ?... Je vous demande un peu ce que j'avais à faire avec toute cette histoire d'assassinat et ce que mon témoignage a dû apporter à l'instruction !... » Il ne se doutait pas qu'entre les mains d'un avocat habile ses théories sur le crime et la responsabilité pouvaient devenir contre Greslou la plus redoutable des armes. « C'était bien la peine, » continuait-il, « de me déranger. Mais ces gens ne se doutent pas de ce qu'est la vie d'un homme qui travaille... Quel *minus habens* que ce juge avec ses questions imbéciles !... Pourvu qu'en effet je ne sois pas obligé d'aller comparaître à Riom devant quelques autres individus de même sottise ?... » Le tableau d'un départ se peignit de nouveau devant sa rêverie avec les caractères d'odieuse bousculade qu'un dérangement de cet ordre représente à un homme de cabinet que l'action désoriente et pour qui le moindre ennui physique devient un malheur véritable. Les grandes intelligences abstraites subissent de ces puérilités. Le philosophe aperçut dans un éclair d'angoisse sa malle ouverte, son linge emballé, les papiers nécessaires à ses travaux actuels mis auprès de ses chemises, sa montée en fiacre, le tumulte de la gare, le wagon et les grossières promiscuités du voisinage, l'arrivée dans une ville inconnue, les détresses de la chambre d'hôtel sans les soins de Mlle Trapenard qui lui étaient devenus nécessaires, quoiqu'il l'ignorât, comme à un enfant. Ce penseur si héroïquement indépendant qu'il eût marché au martyre, à une autre époque, pour ses convictions, avec la fermeté d'un Bruno ou d'un Vanini, se sentit, devant l'image d'aussi médiocres tracas, saisi d'une sorte de détresse animale. Il se vit introduit dans la salle d'assises, contraint de répondre aux questions d'un président, en présence d'une foule attentive, et cela sans avoir, contre sa timidité native, un point d'appui dans une idée, — c'est la seule racine d'énergie pour les spéculatifs purs. — « Je ne recevrai plus aucun jeune homme, » conclut-il, profondément troublé par ces prévisions, « oui, je condamnerai ma porte dorénavant... Mais ne devançons pas les faits... Peut-être n'aurai-je pas à traverser cette corvée et tout est-il fini... »

« Fini ?... » Et déjà le bourgeois casanier cédait la place dans ce monologue intérieur au second des trois personnages cachés dans le philosophe, à l'écrivain d'ouvrages discutés avec passion par le public. « Fini ?... Envers le moi qui va et qui vient, qui habite rue Guy de la Brosse et que cela ennuierait ferme de partir comme cela pour l'Auvergne en hiver et si bêtement, soit... Mais envers mes livres et mes idées ?... Quelle étrange chose que cette haine instinctive des ignorants pour des systèmes qu'ils ne peuvent même pas comprendre !... Un jeune homme jaloux tue une jeune fille pour empêcher qu'elle n'en épouse un autre. Ce jeune homme a été en correspondance avec un philosophe dont il étudie les ouvrages. C'est le philosophe qui est le coupable. Et me voilà devenu matérialiste, moi qui ai démontré la non-existence de la matière !... » Il haussa les épaules, puis une nouvelle image traversa son souvenir, celle de Marius Dumoulin, le jeune suppléant au Collège de France, l'homme qu'il détestait le plus au monde. Il vit en même temps, comme si elles eussent été là, écrites, devant lui, dans une revue bien pensante, quelques-unes des formules chères à ce défenseur attitré du spiritualisme : « Les funestes doctrines... Le poison intellectuel distillé par des plumes que l'on voudrait croire inconscientes... Le scandaleux étalage d'une psychologie de réclame et de corruption... » — « Oui, » se dit Adrien Sixte avec amertume, « si celui-là ne relevait pas ce hasard qui fait d'un de mes élèves un assassin, il ne serait pas lui !... C'est la psychologie qui aura tout fait... » Il convient d'ajouter que Marius Dumoulin avait, lors de l'apparition de l'*Anatomie de la volonté,* signalé dans ce livre une grave erreur. Adrien Sixte avait fondé un de ses plus ingénieux chapitres sur une soi-disant découverte d'un physiologiste allemand, admise par lui comme vraie, et qui venait d'être démontrée inexacte. Peut-être Dumoulin dans sa critique de l'ouvrage soulignait-il cette inadvertance du grand analyste avec une âpreté d'ironie par trop irrévérencieuse. Toujours est-il que Sixte, qui ne répondait jamais aux critiques, avait voulu répondre à celle-là. Tout en avouant la surprise de sa bonne foi, il n'avait établi sans peine que ce point de détail n'intéressait pas l'ensemble de sa thèse. Seulement il avait gardé contre le spiritualiste une inexpiable rancune de savant, et d'autant plus forte qu'il pouvait la mettre sur le compte du mépris pour un triste caractère, Dumoulin ayant compromis la sincérité de ses doctrines par de basses ambitions d'honneurs académiques et de grosses places. « C'est comme si je l'entendais !... » songea Sixte. « Ce qu'il peut dire de mes livres, ce n'est rien encore, mais la psychologie ? La psychologie !... C'est pourtant la science d'où dépend l'avenir de ce pays-ci... » Comme on voit, le philosophe était arrivé, semblable sur ce point aux autres systématiques, à faire de ses doctrines le centre du monde. Il raisonnait à peu près ainsi : Étant donné un fait historique, quelle en est la cause principale ? Un état général des esprits. Cet état des esprits dérive lui-même des idées en cours. La Révolution française, par exemple, procède tout entière d'une conception fausse de l'homme qui découle de la philosophie cartésienne et du *Discours de la Méthode*. Il en concluait que pour modifier la marche des événements, il fallait d'abord modifier les notions reçues sur l'âme humaine, et installer à leur place des données précises d'où résulteraient une éducation et une politique nouvelles. Aussi, en s'indignant contre Dumoulin, croyait-il de bonne foi s'indigner contre un obstacle au bien public. Il eut quelques mauvaises minutes à se figurer ainsi cet adversaire détesté prenant texte de la mort de Mlle de Jussat pour une vigoureuse sortie contre la science moderne de l'esprit. « Faudra-t-il lui répondre encore ? » demanda Sixte pour qui déjà l'attaque de son rival ne faisait plus doute, tant les passions se ressemblent toutes par leur puissance à considérer comme réel ce qu'elles imaginent. « Oui, » insista-t-il, et cette fois à voix haute, « je lui répondrai, et de ma meilleure encre !... »

Il se trouvait derrière le chevet de Notre-Dame, et il s'arrêta pour considérer l'architecture de ce monument. L'antique cathédrale lui symbolisait d'habitude le caractère touffu de l'esprit germanique, qu'il opposait en pensée à la simplicité de l'esprit hellénique, représentée pour lui par une photographie du Parthénon contemplée autrefois pendant de longues séances dans la bibliothèque de Nancy. Telle était sa manière de sentir les arts. Le souvenir de l'Allemagne subitement rappelé changea pour une seconde le cours de sa pensée. Il évoqua presque malgré lui Hegel, puis la doctrine de l'identité des contradictoires, puis la théorie de l'évolution qui en est sortie. Cette dernière idée se rejoignit à celles qui venaient de l'agiter, et, tout en reprenant sa marche, il commença d'argumenter en lui-même contre les objections prévues de Dumoulin sur le cas du jeune Greslou. Pour la première fois depuis le début de l'entretien avec le magistrat, le drame du château de Jussat-Randon faisait réalité devant son intelligence, car il y pensait avec la portion la plus réelle de sa nature, sa faculté de psychologue. Il oublia aussi bien Dumoulin que les inconvénients possibles du voyage à Riom, et sa tête fut absorbée tout entière par le problème moral que posait ce crime. La première question aurait dû être celle-ci : « Robert Greslou a-t-il vraiment assassiné Mlle de Jussat ? » Le philosophe n'y songea même point, s'abandonnant sans s'en rendre compte à ce défaut des esprits généralisateurs qui ne vérifient jamais qu'à demi les données sur lesquelles ils spéculent. Les faits ne sont pour eux qu'une matière à exploitation théorique, et ils les déforment volontiers pour mieux échafauder leurs systèmes. Celui-ci reprit la formule par laquelle il s'était résumé ce drame à lui-même : « Un jeune homme qui devient jaloux et qui tue, voilà une preuve de plus à l'appui de ma thèse que l'instinct de la destruction et celui de l'amour s'éveillent ensemble chez le mâle... » Il s'était servi de ce principe pour écrire dans sa *Théorie des passions* un chapitre d'une extraordinaire audace sur les aberrations du sens génésique. « La réapparition de l'animalité féroce chez le civilisé suffirait seule à expliquer cet acte... Il faudrait aussi étudier l'hérédité personnelle de l'assassin... » Il s'efforça de se représenter Robert Greslou, sans parvenir à ressusciter de cette image d'autres traits que ceux qui confirmaient l'hypothèse déjà ébauchée dans sa tête. « Ces yeux noirs très brillants, ces gestes trop vifs, cette manière brusque d'entrer en relations avec moi, ces enthousiasmes en me parlant, il y avait du détraquement nerveux dans ce garçon... Le père est mort jeune? Si l'on établissait qu'il y a de l'alcoolisme dans cette famille, peut-être aurait-on là un beau cas de ce que Legrand Du Saulle appelle l'épilepsie larvée. Nous expliquerions ainsi le mutisme de ce jeune homme, et ses dénégations pourraient être de bonne foi. C'est la différence essentielle que Du Saulle indique entre l'épileptique et l'aliéné. Ce dernier se souvient de ses actes. L'épileptique les oublie... Serait-ce donc un épileptique larvé?... » Parvenu à ce point de sa rêverie, le philosophe eut un moment de véritable joie. Il venait, suivant une habitude chère à ceux de sa race, de fabriquer une construction d'idées qu'il prenait pour une explication. Il considéra cette hypothèse de plusieurs côtés, se remémorant divers exemples cités par son auteur dans son beau traité de médecine légale, tant et si bien qu'il arriva jusqu'au jardin des Plantes, où il pénétra par la grande porte du quai Saint-Bernard. Il tourna sur sa droite par une allée plantée d'arbres anciens dont les fûts se contorsionnent, blindés de fer et recrépis de plâtre. Il flottait dans l'air devenu très vif un sauvage relent émané des bêtes fauves qui tournent dans leurs cages grillées, près de là. Le philosophe fut distrait de sa méditation par cette odeur, et il se prit à contempler un grand vieux sanglier, de hure énorme, qui, debout sur ses pattes minces, tendait son mufle, mobile et avide, entre ses défenses.

— « Et dire, » songea le savant, « que nous ne nous connaissons guère plus que cet animal ne se connaît? Ce que nous appelons notre personne, c'est une conscience si vague, si trouble des opérations qui s'accomplissent en nous, » et revenant à Robert Greslou : « Qui sait? Ce jeune homme était si préoccupé par la multiplicité du moi? N'avait-il pas un sentiment obscur qu'il portait en lui deux états très distincts, comme une condition première et une condition seconde, — deux êtres enfin, un, lucide, intelligent, honnête, amoureux des travaux de l'esprit, celui que j'ai connu; et un autre, ténébreux, cruel, impulsif, celui qui a tué... Évidemment c'est un cas... Je suis bien heureux de l'avoir rencontré... » Il oubliait qu'en sortant du Palais de Justice il déplorait ses rapports avec l'accusé de Riom. « Ce sera une bonne fortune que d'étudier la mère à présent. Elle me fournira des documents exacts sur les ascendants... Cela manque tant à notre psychologie : de bonnes monographies faites *de visu* sur la structure mentale des grands hommes et des criminels... J'essaierai de dresser celle-ci... » Toute passion sincère est égoïste, les intellectuelles comme les autres. Ainsi le philosophe, qui n'aurait pas, comme on dit, fait du mal à une mouche, marchait d'un pas plus allègre en s'acheminant vers la porte de la rue Cuvier d'où il gagnerait la rue de Jussieu, puis la rue Guy de la Brosse, et il allait avoir une entrevue avec une mère au désespoir qui venait sans doute le supplier qu'il l'aidât à sauver la tête d'un fils, peut-être innocent! Mais l'innocence possible du prévenu, la douleur de la mère, l'action qu'il serait lui-même appelé à jouer dans cette nouvelle scène, tout s'effaçait devant l'idée fixe de la note à prendre, du petit fait significatif à collectionner. Quatre heures sonnaient quand ce singulier songeur, et qui ne soupçonnait pas plus sa propre férocité qu'un médecin charmé par une belle autopsie, déboucha sur son trottoir et arriva devant sa maison. Sur le seuil de la porte cochère se tenaient deux hommes : le père Carbonnet et le commissionnaire habituellement installé au coin de la rue. Le dos tourné au côté par où venait Adrien Sixte, ils regardaient en riant les titubations d'un ivrogne égaré sur le trottoir d'en face, et ils échangeaient les propos qu'un pareil spectacle suggère aux gens du peuple. Le coq Ferdinand, à leurs pieds, sautelait, brun et lustré, et il picotait l'entre-deux du pavé :

— « En voilà un qui a bu un coup de trop, pour sûr de sûr, » disait le commissionnaire.

— « Et si je vous disais, moi, » répondait Carbonnet, « que s'il est comme ça, c'est qu'il n'a pas bu assez? Car s'il avait bu davantage, il serait tombé chez le marchand de vins... Il ne serait pas à faire le *lent j'y vas malhabile j'y cours* le long des murs... Bon! le voilà qui butte sur la dame en noir... »

Les deux interlocuteurs, qui ne voyaient pas

venir le philosophe, lui barraient la porte. Ce dernier, avec l'aménité habituelle de ses manières, hésita une minute à les déranger. Machinalement il suivit, lui aussi, l'ivrogne du regard. C'était un malheureux en haillons bourgeois, le chef coiffé d'un chapeau de haute forme délavé par d'innombrables averses, les pieds dansant dans des bottines crevées. Il s'était heurté à une personne en grand deuil qui se tenait debout sur le trottoir de la rue Guy de la Brosse, à l'angle de la rue Linné. Sans doute cette personn . épiait du côté de cette dernière rue une arrivée qui l'intéressait beaucoup, car elle ne se retourna pas au premier moment. L'homme en haillons, avec l'insistance des gens ivres, commença de faire des excuses à cette femme, qui finit par s'apercevoir de cette présence. Elle s'écarta en faisant un geste de dégoût. L'ivrogne eut alors un accès subit de colère, et, appuyé au mur, lança quelques phrases injurieuses; il se fit autour d'eux un attroupement de plusieurs enfants qui jouaient. Le commissionnaire se prit à rire, Carbonnet de même. Puis, comme il se retournait pour chercher son coq, grommelant: — « Où est-il encore allé cadencer, ce futé-là ?... » il aperçut Adrien Sixte, derrière lequel Ferdinand s'était réfugié, et qui s'attardait, lui aussi, à suivre des yeux la scène entre l'ivrogne et l'inconnue:

— « Ah! monsieur Sixte, » fit le concierge, « justement cette dame en noir vient de vous demander deux fois depuis un quart d'heure... Elle a dit que vous l'attendiez. »

— « Allez la chercher, » répondit le savant; et, en lui-même: « C'est la mère, » songea-t-il. Son premier mouvement fut de rentrer aussitôt; puis une espèce de timidité le retint, et il demeura là sur le pas de la porte, tandis que le concierge, coiffé de sa casquette un peu haute, son tablier de cuir autour du corps, courait, suivi de son coq qui se hâtait derrière lui, jusqu'au groupe amassé au coin de la rue. La femme n'eut pas plutôt entendu la phrase du père Carbonnet qu'elle se dirigea, laissant là le maître de Ferdinand gourmander l'ivrogne, vers la maison du philosophe. Ce dernier, continuant d'instinct les raisonnements de sa promenade, remarqua tout de suite une ressemblance singulière entre la personne mystérieuse qui venait à lui et le jeune homme sur lequel il avait été interrogé. C'était le même regard brillant, dans un visage très pâle, et la même coupe d'un maigre visage. Cette fois, il n'eut plus le moindre doute, et tout de suite l'implacable psychologue, curieux seulement du cas à étudier, céda la place au bonhomme gauche, malhabile à la vie pratique, embarrassé de son long corps et gêné, jusqu'au supplice, de la première phrase à prononcer. Mme Greslou, — c'était elle en effet, — lui rendit le service de lui dire aussitôt, en l'abordant:

— « Je suis, monsieur, la personne qui vous a écrit hier. »

— « Très honoré, madame, » balbutia le philosophe; « je regrette de n'avoir pas été chez moi plus tôt... Mais votre lettre disait quatre heures... Et puis, je sors justement de chez le juge d'instruction où j'ai été appelé pour témoigner à l'occasion de ce malheureux enfant... »

— « Ah! monsieur..., » dit la mère en appuyant sa main sur le bras d'Adrien Sixte pour arrêter sa phrase, et lui montrant du regard le commissionnaire qui restait dans l'angle de la porte à tendre l'oreille.

— « Pardon, » fit le savant, qui comprit la cruauté de sa distraction. « Si vous voulez me permettre de passer devant vous pour vous montrer le chemin? »

Il s'engagea sous la voûte, afin de cacher la rougeur dont il se sentait couvert. Il commença de monter l'escalier qu'envahissait l'obscurité par cette fin d'une après-midi d'hiver. Il allait doucement, afin de ménager la lassitude de sa compagne qui se tenait à la rampe, comme si elle gardait à peine assez d'énergie physique pour suffire à l'effort de gravir ces quatre étages. Un souffle court et qui s'entendait dans le silence provincial de cette maison vide, trahissait trop la faiblesse de la misérable femme. Si peu sensible aux impressions du monde extérieur que fût le philosophe, il demeura saisi d'une obscure pitié quand, une fois entré dans son cabinet aux volets clos, qu'éclairaient doucement le feu et la lampe allumés déjà par sa servante, il regarda sa visiteuse bien en face. Les rides creusées au coin de la bouche et le long des ailes du nez, les lèvres sèches de fièvre, le pli des sourcils contractés, les meurtrissures des paupières, l'énervement des mains gantées de noir qui maniaient un rouleau de papier, sans doute quelque mémoire justificatif, tous les détails enfin de cette physionomie révélaient les tortures de l'idée fixe ; et à peine tombée plutôt qu'assise sur le fauteuil, elle dit d'une voix brisée :

— « Mon Dieu ! mon Dieu !... je suis donc arrivée trop tard... Je voulais vous parler, monsieur, avant votre entretien avec le juge... Mais vous l'avez défendu, n'est-ce pas ?... Vous avez dit que ce n'était pas possible ; qu'il n'avait pas commis ce dont on l'accuse ?... Vous ne le croyez pas coupable, vous, monsieur, qu'il appelait son maître, vous qu'il aimait tant ?... »

— « Je n'ai pas eu à le défendre, madame, » dit le philosophe ; « on m'a demandé quelles avaient été mes relations avec lui, et comme je ne l'ai vu que deux fois, et qu'il ne m'a jamais parlé que de ses études... »

— « Ah ! » interrompit la mère avec un profond accent d'angoisse ; et elle répéta : « Je suis

arrivée trop tard. Mais non..., » insista-t-elle en joignant ses mains qui tremblaient. « Vous viendrez, monsieur, pour déposer devant la cour d'assises qu'il ne peut pas être coupable, que vous savez qu'il ne le peut pas? On ne devient pas ainsi un assassin, un empoisonneur, d'un jour à l'autre. La jeunesse des criminels annonce leur crime... Ce sont des mauvais sujets, des joueurs, des coureurs de café... Mais lui, monsieur, depuis qu'il était tout enfant, avec son pauvre père, toujours dans les livres... C'était moi qui lui disais :
— « Allons, Robert, sors, il faut sortir, prendre « l'air, te distraire... » Si vous aviez vu quelle douce petite vie nous faisions, lui et moi, avant qu'il n'entrât dans cette famille maudite. Ft c'est à cause de moi, c'est pour ne plus rien me coûter qu'il y est entré, et continuer ses études... Il aurait été agrégé dans trois ou quatre ans, puis il aurait pris une place dans un lycée, à Clermont peut-être... Je l'aurais marié. J'avais en vue pour lui un beau parti... Je serais restée là, moi, dans un coin, à soigner ses enfants. Ah! monsieur! » et elle cherchait dans les yeux du philosophe une réponse en accord avec son passionné désir; « dites si c'est possible qu'un fils qui avait ces idées-là ait fait ce qu'ils racontent? C'est une infamie; n'est-ce pas, monsieur, que c'est une infamie?... »

— « Calmez-vous, madame, calmez-vous. »

C'étaient les seuls mots qu'Adrien Sixte sût répondre à cette mère qui pleurait devant lui, d'un accent si déchirant, la ruine de ses plus intimes espérances. D'autre part, placé encore sous l'impression de son entretien avec le juge, elle lui paraissait si follement égarée hors de la vérité, en proie à des illusions si aveugles qu'il en demeurait stupéfié; — et aussi, pourquoi ne pas l'avouer? la nouvelle perspective du voyage à Riom l'épouvantait autant que cette douleur humaine le saisissait. Ces diverses impressions se traduisirent dans son regard par une incertitude, une absence de chaleur à laquelle la mère ne se trompa point. Les souffrances extrêmes ont les intuitions infaillibles de l'instinct. Cette femme comprit que le philosophe ne croyait pas à l'innocence de son fils, et dans un geste d'accablement, se reculant de lui comme avec horreur, elle gémit:

— « Comment, vous aussi, monsieur..., vous êtes avec ses ennemis... Vous... Vous?... »

— « Non, madame, non, » répondit doucement Adrien Sixte, « je ne suis pas un ennemi. Je ne demande pas mieux que de croire ce que vous croyez. Mais vous me permettrez de vous parler en toute franchise?... Les faits sont les faits, et ils sont terribles contre ce malheureux enfant. Ce poison acheté clandestinement, cette bouteille jetée par la fenêtre, cette autre bouteille vidée à moitié, puis remplie d'eau, cette sortie de la chambre de la jeune fille, la nuit de la mort; cette fausse dépêche, ce départ subit, ces lettres brûlées et puis ces dénégations... »

— « Mais il n'y a pas une preuve dans tout cela, monsieur, » interrompit la mère, « pas une... Ce départ subit? Il voulait quitter sa place depuis plus d'un mois, j'ai ses lettres où il m'annonce ce projet, et d'ailleurs la fin de son engagement approchait. Il s'est imaginé qu'on voudrait le garder et il en avait assez de cette vie de précepteur, et puis, comme il est timide, il a donné un faux prétexte et inventé cette malheureuse dépêche, voilà tout... Le poison? Mais il ne l'a pas acheté secrètement. Il avait souffert de l'estomac, voici des années. Il avait tant étudié après ses repas!... Cette sortie, la nuit? Mais qui l'a vu? Un domestique? Et si ce domestique est payé, pour accuser mon fils, par le véritable assassin?... Est-ce que je connais les intrigues qu'avait cette jeune fille et qui a pu avoir intérêt à la tuer?... Cette bouteille jetée, cette autre à moitié remplie, ces lettres brûlées? Mais est-ce que vous ne voyez pas que c'est la suite d'un plan pour faire tomber les soupçons sur lui? Comment? Pourquoi? Ça se découvrira un jour, allez... Ce que je sais, moi, c'est que mon fils n'est pas coupable. Je le jure sur la mémoire de son père... Ah! croyez-vous que je le défendrais comme cela si je le sentais criminel ? Je demanderais pitié, je sangloterais, je prierais, au lieu que, maintenant, je crie justice, justice... Non, ces gens-là n'avaient pas le droit de l'accuser, comme ils ont fait, de le jeter en prison, de déshonorer notre nom, pour rien, pour rien. Car enfin, monsieur, je vous l'ai démontré, il n'y a pas une preuve. »

— « S'il est innocent, alors, pourquoi cette obstination à se taire ?... » dit le philosophe, qui pensa en lui-même que la pauvre femme ne lui avait rien démontré, sinon son acharnement à lutter contre l'évidence.

— « Hé ! s'il était coupable, il parlerait, » s'écria Mme Greslou, « il se défendrait, il mentirait ! Non, » ajouta-t-elle d'une voix plus sourde, « il y a un mystère. Il sait quelque chose, cela, j'en suis sûre, qu'il ne veut pas dire. Il a quelque raison de ne pas parler. Pourquoi ? Peut-être pour ne pas la déshonorer, cette jeune fille, puisqu'ils prétendent qu'il l'aimait ?... Ah ! monsieur, » fit-elle en joignant les mains, « si j'ai voulu à tout prix vous voir, si j'ai quitté Riom pour deux jours, c'était aussi pour cela. Il n'y a que vous qui puissiez le faire parler, obtenir de lui qu'il se défende, qu'il se justifie, qu'il dise. Il faut que vous me promettiez de lui écrire, de venir là-bas. Vous me devez bien cela, » insista-t-elle d'une voix dure. « Vous m'avez tant fait souffrir. »

— « Moi ? » interrogea le philosophe.

— « Oui, vous, » reprit-elle âprement, et, tandis qu'elle parlait, son visage exprimait la sombre énergie d'anciennes rancunes; « s'il a perdu la foi, à qui la faute? A vous, monsieur, à vos livres... Mon Dieu! Que je vous ai haï à cette époque!... Je le vois encore, et sa figure, quand il m'a dit qu'il ne communierait pas le jour des Morts,... parce qu'il avait des doutes. — « Et ton père? » lui ai-je dit. « Un jour des Morts!... » — Il m'a répondu: « Laisse-moi, je ne crois plus, « c'est fini. » Il était assis à sa table et il avait un volume devant lui qu'il ferma en me parlant. Je me souviens. Je lus le nom de l'auteur, là, machinalement. C'était le vôtre, monsieur. Je ne discutai pas avec lui, ce jour-là; c'était un grand savant déjà, et moi une pauvre ignorante... Mais le lendemain, pendant qu'il était à son collège, j'amenai M. l'abbé Martel, qui l'avait élevé, dans la chambre de travail pour lui montrer la bibliothèque. J'avais le pressentiment que c'étaient ces lectures qui avaient perdu mon fils. Votre livre, monsieur, était encore sur la table, M. l'abbé Martel le prit et il me dit: « Celui-là, c'est le pire « de tous... » Monsieur, pardon si je vous blesse, pardon, mais, voyez-vous, si mon fils était encore le chrétien qu'il a été, j'irais supplier son confesseur qu'il lui ordonnât de parler. Vous lui avez pris la foi, monsieur, je ne vous le reproche plus, je ne vous en veux plus; mais ce que j'aurais demandé au prêtre, je viens vous le demander... Si vous l'aviez entendu, quand il est revenu de Paris! Il me disait de vous: « Tu ne le connais pas, maman, « tu le vénérerais, c'est un saint. » Ah! promettez-moi de le faire parler. Qu'il parle, qu'il parle, pour moi, pour son père, pour ceux qui l'aiment, pour vous, monsieur, qui ne pouvez pas avoir eu pour élève un assassin. Car c'est votre élève, vous êtes son maître; il vous doit de se défendre, comme à moi, sa mère... »

— « Madame, » dit le savant avec un sérieux profond, « je vous promets de faire tout ce que je pourrai. » C'était la seconde fois de la journée que cette responsabilité de maître à élève se dressait devant lui. Elle l'avait trouvé, devant le juge, tendu dans la résistance du penseur qui repousse avec dédain un reproche insensé. Les paroles de cette femme âgée, frémissante de cette douleur humaine à laquelle sa vie d'ermite intellectuel l'avait si peu habitué, touchaient en lui des fibres tout autres que celles de l'orgueil. Il fut plus étrangement remué encore quand Mme Greslou, lui saisissant la main, reprit avec une douceur qui démentait l'âpreté de son accent de tout à l'heure :

— « Il m'avait bien dit que vous étiez bon, très bon... Je suis venue encore, » continua-t-elle en essuyant ses larmes, « pour m'acquitter d'une commission dont ce pauvre enfant m'a chargée. Et voyez si ce n'est pas encore une preuve qu'il est innocent. Dans sa prison, depuis deux mois, il a mis au net tout un long travail de philosophie. Il y tient, m'a-t-il dit, beaucoup, c'est son principal ouvrage, et je me suis chargée de vous le remettre. » Elle tendit au savant le rouleau de papier qu'elle tenait sur ses genoux. « Il est tel qu'il me l'a donné... On le laisse écrire là-bas tant qu'il veut, tout le monde l'aime... On me permet de lui parler ailleurs que dans cet affreux parloir, où il y avait toujours le gardien entre nous. Je le vois maintenant dans la chambre des avocats... Mais comment ne pas l'aimer quand on le connaît?... Voulez-vous regarder? » insista-t-elle; et d'une voix altérée : « Il ne m'a jamais menti, et je crois que c'est ce qu'il m'a dit... Si pourtant il avait pensé à vous écrire ce qu'il ne veut confier à personne?... »

— « Je verrai cela tout de suite, » dit Adrien Sixte, qui déplia le rouleau. Il jeta les yeux sur la première page du cahier et il put y lire les mots : « Psychologie moderne, » puis sur la seconde feuille un autre titre, « Mémoire sur moi-même, » et au-dessous étaient les lignes suivantes : « Je prie mon cher maître, M. Adrien Sixte, de se considérer comme engagé de parole à garder pour lui seul les pages qui suivent. S'il ne lui convient pas de prendre cet engagement vis-à-vis de son malheureux élève, je lui demande de détruire ce cahier, me fiant à son honneur pour ne pas livrer ce mémoire à qui que ce soit, même pour sauver ma tête. » Et le jeune homme avait signé simplement de ses initiales.

— « Hé bien ? » demanda la mère, tandis que le philosophe feuilletait le cahier, en proie à une anxiété profonde.

— « Hé bien ! » répondit-il en refermant le cahier et tendant la première page aux yeux inquisiteurs de Mme Greslou, « ce n'est qu'un travail de philosophie, comme il vous l'avait annoncé. Voyez... »

La mère eut une question sur la bouche, une défiance dans les prunelles tandis qu'elle lisait cette formule technique inintelligible pour son pauvre esprit. Elle avait vu l'hésitation d'Adrien Sixte. Puis elle n'osa pas, et elle se leva en disant :

— « Vous m'excuserez de vous avoir retenu si longtemps, monsieur. J'ai mis ma dernière espérance en vous, et vous ne tromperez pas le cœur d'une mère. J'emporte votre promesse. »

— « Tout ce qu'il me sera possible de faire pour que la vérité soit connue, » dit gravement le philosophe, « je le ferai, madame, je vous le promets encore une fois. »

Lorsqu'il eut reconduit la malheureuse femme, et qu'il se trouva seul dans son cabinet, Adrien Sixte demeura longtemps plongé dans ses réflexions. Prenant ensuite le manuscrit remis par Mme Greslou, il lut et relut la phrase écrite par le jeune homme, et repoussant le cahier tentateur, il se mit à se promener dans la pièce, indéfiniment. Par deux fois, il saisit ces feuillets, et s'approcha du feu, puis il ne les lança pas dans les flammes. Un combat se livrait dans sa tête, entre la curiosité dévorante que cette confession de son disciple éveillait en lui, et des appréhensions d'ordre très divers. Il le sentait : contracter l'engagement que cette lecture lui imposait et apprendre ce qu'il pouvait apprendre par ces pages le jetterait dans une situation peut-être horrible. S'il allait tenir entre ses mains la preuve de l'innocence du jeune homme sans avoir le droit de la donner, ou, ce qu'il redoutait plus encore, de sa culpabilité? Sans qu'il s'en rendît compte, il tremblait aussi, dans le fond le plus intime de lui-même, de retrouver à travers ce mémoire, s'il y avait crime, la trace de son influence, à lui, et la cruelle accusation, déjà formulée deux fois, que ses livres étaient mêlés à cette sinistre histoire. D'autre part, son égoïsme inconscient d'homme d'études et qui avait en horreur tout tracas lui faisait souhaiter de ne pas entrer plus avant dans un drame auquel en définitive il n'avait pas à se mêler. « Non, » conclut-il, « je ne lirai pas ce mémoire; j'écrirai à ce garçon comme j'ai promis à la mère, puis ce sera fini. » L'heure de son dîner était venue parmi ses réflexions. Il mangea seul, comme toujours, assis au coin d'un poêle de faïence, — très frileux, le chauffage était son unique confort,

— et devant une table ronde, toute petite, couverte d'une toile cirée. La lampe qui servait à ses travaux éclairait son frugal repas, composé, ce soir-là, suivant l'habitude, d'un potage et d'un seul plat de légumes, avec quelques raisins secs pour dessert, et pour boisson, simplement de l'eau. D'ordinaire, il prenait au hasard un des livres qui garnissaient une bibliothèque, exilée dans cette chambre, afin d'éviter l'encombrement, ou bien il écoutait Mlle Trapenard lui exposer les détails du ménage. Ce soir-là, il ne chercha pas de livre, et sa gouvernante essaya en vain de savoir si la visite de la dame et la citation chez le juge avaient le moindre rapport. Le vent se levait, un vent d'hiver dont la plainte mourait doucement contre les volets, à travers le sombre espace vide. Assis dans son fauteuil, après son dîner, au lieu de sortir, et devant le manuscrit de Robert Greslou, le savant écouta longtemps cette plainte monotone. Ses hésitations le reprirent. Puis la psychologie l'emporta sur tous les scrupules, et quand plus tard Mariette vint pour annoncer à son maître que sa couverture était faite et chercher la lampe, il lui ordonna d'aller se coucher. Deux heures sonnaient qu'il était encore à lire l'étrange morceau d'analyse que Robert avait appelé mémoire sur lui-même, et dont le vrai titre eût été : « Confession d'un jeune homme d'aujourd'hui. »

IV

CONFESSION D'UN JEUNE HOMME D'AUJOURD'HUI

Maison d'arrêt de Riom. Janvier 1887.

Je vous écris, monsieur, ce mémoire sur moi-même que j'ai refusé à l'avocat, malgré les supplications de ma mère. Je vous l'écris, à vous qui me connaissez si peu dans les faits, — et à quel moment de ma vie! — pour la même raison qui m'a fait vous apporter mon premier travail. Il existe de vous, le maître illustre, à moi votre élève, accusé du crime le plus infâme, un lien que les hommes ne sauraient comprendre, que vous ignorez vous-même, et que je sens, moi, aussi étroit qu'imbrisable. J'ai vécu avec votre pensée et de votre pensée si passionnément, si complètement, à l'époque la plus décisive de mon existence! Maintenant et dans la détresse de mon agonie intellectuelle, c'est vers vous que je me tourne comme vers le seul être de qui je puisse attendre, espérer, implorer une aide. Ah! ne me méconnaissez pas, monsieur et vénéré maître, et croyez que les troubles terribles où je me débats ne sont point causés par le vain appareil de justice qui m'environne. Je ne serais pas digne du nom de philosophe si je n'avais, dès longtemps, appris à considérer ma pensée comme la seule réalité avec quoi j'aie à compter, le monde extérieur comme une indifférente et fatale succession d'apparences. Dès ma dix-septième année, j'avais adopté pour règle de me répéter, dans les heures de contrariétés petites ou grandes, la formule de notre cher Spinoza : « La force par laquelle l'homme per« sévère dans l'existence est bornée, et celle des « causes extérieures la surpasse infiniment. » Je serais condamné à mort dans six semaines, pour ce crime dont je suis innocent et dont je ne puis me justifier, — vous comprendrez pourquoi après avoir lu ces pages, — que j'irais à l'échafaud sans trembler. Je supporterais cet événement avec le même effort de sang-froid que si un médecin me diagnostiquait, après m'avoir ausculté, une maladie avancée du cœur. Condamné, j'aurais à vaincre la révolte de l'animal d'abord et ensuite à supporter le contre-coup du désespoir de ma mère. J'ai appris, par vos livres, le remède contre de telles épreuves, et en opposant à l'image de la mort prochaine le sentiment de l'inéluctable nécessité, en diminuant la vision de la douleur de ma mère par le rappel précis des lois psychologiques qui gouvernent les consolations, j'arriverais au calme relatif. Certaines phrases de vous y suffiraient, celle par exemple du cinquième chapitre du second livre dans votre *Anatomie de la volonté*, que je sais par cœur : « L'universel entrelacement des phé« nomènes fait que sur chacun d'eux porte le « poids de tous les autres, en sorte que chaque « parcelle de l'univers et à chaque seconde peut « être considérée comme un résumé de tout ce « qui fut, de tout ce qui est, de tout ce qui sera. « C'est en ce sens qu'il est permis de dire que le « monde est éternel dans son détail aussi bien que « dans son ensemble. » Quelle phrase, et comme elle enveloppe, comme elle affirme et démontre l'idée que tout est nécessaire en nous comme autour de nous, puisque nous sommes, nous aussi, une parcelle et un moment de ce monde éternel !... Hélas ! pourquoi faut-il que cette idée, si lucide au regard de mon esprit, lorsque je raisonne comme on doit raisonner, avec ma tête, et à laquelle j'acquiesce de toute la force de mon être, ne puisse détruire en moi une espèce de souffrance si particulière qui envahit mon cœur, lorsque je me souviens du drame que j'ai traversé, de certaines actions que j'ai voulues, d'autres dont je suis l'auteur, bien qu'indirect? Pour tout vous dire d'un mot, mon cher maître, quoique, encore une fois, je n'aie pas tué Mlle de Jussat, j'ai été mêlé de la manière la plus étroite au drame de son empoisonnement, et j'ai des remords, quand les doctrines auxquelles je crois, les vérités que je sais, les convictions qui forment l'essence même de mon intelligence, me font considérer le remords comme la plus niaise des illusions humaines. Ces convictions se trouvent impuissantes à me procurer cette paix de la certitude qui était la mienne. Je doute avec mon cœur de ce que mon esprit reconnaît comme vrai. Je ne pense pas que pour un homme dont toute la jeunesse fut consumée de passions intellectuelles, il y ait un supplice plus affreux que celui-là. Mais pourquoi essayer de vous traduire avec des phrases littéraires un état mental que je veux justement vous exposer par son détail, à vous le grand connaisseur des maladies de l'âme, pour que vous me donniez le seul secours qui puisse m'être bienfaisant : une parole qui m'explique à moi-même ce qui m'est inexplicable, qui m'atteste que je ne suis pas un monstre, qui me soutienne dans le désarroi de mes croyances, qui me prouve que je ne me suis pas trompé depuis des années, en adhérant à la foi nouvelle avec toute l'énergie d'une créature sincère. Enfin, mon cher maître, je suis très misérable, et j'ai besoin de dire toute ma misère. A qui m'adresser, sinon à vous, puisque je ne saurais espérer d'être intelligible à qui que ce fût, hors du psychologue dont je suis l'élève ? Depuis deux mois tantôt que je vis dans cette prison, l'instant où j'ai pris cette résolution de vous écrire ce mémoire a été le seul où je me sois retrouvé tel que je fus avant ces terribles événements. J'avais essayé de m'absorber dans quelques travaux d'ordre tout abstrait, je n'avais pas pu. J'y aurai du moins gagné de pouvoir vous écrire ces pages sans que l'on s'occupe de me surveiller. Voici quatre jours que je ne songe qu'à cela, et, grâces vous en soient déjà rendues, la force de la pensée me revient. J'ai trouvé même un peu du plaisir qui était le mien autrefois quand j'écrivais mes premiers essais à reprendre, pour ce travail, la froide sévérité de ma méthode, — de votre méthode. J'ai jeté hier sur le papier un plan de cette monographie de mon moi actuel, en pratiquant la division par paragraphes que vous avez adoptée dans vos travaux. Je me suis prouvé la vigueur persistante de ma réflexion en reconstruisant ma vie depuis son origine, comme je résoudrais un problème de géométrie par synthèse. Je vois distinctement à l'heure présente que la crise dont je souffre a pour facteurs mes hérédités d'abord, ensuite un milieu d'idées, celui où j'ai grandi, puis un milieu de faits, celui où j'ai été transplanté par mon entrée chez les Jussat-Randon. La crise elle-même et les questions qu'elle soulève en moi seront la matière des derniers fragments d'une étude que je débarrasserai du parasitisme des souvenirs insignifiants pour la réduire à ce qu'un maître de notre temps appelle les *génératrices*. A tout le moins je vous aurai fourni un document exact sur les façons de sentir que j'ai crues autrefois très précieuses et très rares, et je vous aurai prouvé deux fois, par ma confiance dans votre absolue discrétion et par mon appel à votre appui philosophique, ce que vous avez été pour celui qui vous écrit ces lignes et qui, vous demandant pardon de ce trop long préambule, commence aussitôt sa dissection. Je saurai bien vous la faire tenir, une fois finie.

§ I. — *Mes hérédités.*

« Aussi loin que je remonte en arrière dans mon passé, je constate que ma faculté dominante, celle qui s'est trouvée présente à travers toutes les crises de ma vie, petites ou grandes, comme elle se retrouve présente aujourd'hui, a été la faculté, j'entends le pouvoir et le besoin du dédoublement. Il y a toujours eu en moi comme deux personnes distinctes : une qui allait, venait, agissait, sentait, et une autre qui regardait la première aller, venir, agir, sentir, avec une impassible curiosité. A l'heure actuelle et tout en sachant que je suis là en prison, accusé d'un crime capital, perdu d'honneur et aussi accablé de tristesse, que c'est bien moi, Robert Greslou, né à Clermont le 5 septembre 1865..., et non pas un autre, — je pense à cette situation comme à un spectacle auquel je demeure étranger. Même est-il juste de dire *je?* Non, évidemment. Car mon véritable moi n'est, à proprement parler, ni celui qui souffre ni celui qui regarde. Il est composé des deux, et j'ai eu de cette dualité une perception très nette, bien que je ne fusse pas capable alors de comprendre cette disposition psychologique exagérée jusqu'à l'anomalie, dès mon enfance, — cette enfance que je veux évoquer d'abord en essayant de tout abolir de l'heure présente et avec l'impartialité d'un historien désintéressé.

« Mes premiers souvenirs me représentent cette ville de Clermont-Ferrand, et dans cette ville une maison qui donnait sur une promenade aujourd'hui bien changée par la récente construction de l'école d'artillerie : le cours Sablon. La maison était bâtie, comme toutes celles de cette ville, en pierre de Volvic, une pierre grisâtre dans sa nouveauté, puis noirâtre, qui donne aux rues tortueuses une physionomie de cité du moyen-âge. Mon père, que j'ai perdu tout jeune, était d'origine lorraine. Il occupait à Clermont la place d'ingénieur des ponts et chaussées. C'était un homme chétif, de santé faible, avec un visage à la barbe rare, tout empreint d'une sérénité mélancolique et qui m'attendrit, quand j'y songe, après des années. Je le revois dans son cabinet de travail, par les fenêtres duquel s'apercevait la plaine immense de la Limagne avec la gracieuse éminence du puy de Crouël tout auprès, et tout au loin la ligne sombre des montagnes du Forez. La gare était voisine de notre maison, et le sifflement des trains arrivait sans cesse jusqu'à ce cabinet paisible. J'étais sur le tapis, au coin du feu, à jouer sans bruit, et cet appel strident produisait dès lors sur mes nerfs une étrange impression de mystère, d'éloignement, d'une fuite de l'heure et de la vie. Mon père traçait à la craie sur un tableau noir des signes énigmatiques, figures de géométrie ou formules d'algèbre, avec cette netteté dans les lignes des courbes ou les lettres des polynomes qui révélait l'habituelle méthode de tout son être. D'autres fois, il écrivait, debout, à une table d'architecte qu'il préférait à son bureau, — table composée simplement d'une large planche en bois blanc placée sur deux tréteaux. Les grands livres de mathématiques rangés avec minutie dans la bibliothèque, les figures froides des savants dont les portraits gravés en taille-douce et sous verre étaient les seuls objets d'art dont se décorassent les murs, la pendule qui représentait un globe du monde, deux cartes astronomiques pendues au-dessus du bureau, et, sur ce bureau, la règle à calculs avec ses chiffres et son coulant de cuivre, les équerres, les compas, la règle plate en forme de T, — j'évoque à mon gré les moindres détails de cette pièce où tout n'était que pensée, et ces images m'aident à comprendre comment dès ma lointaine enfance le rêve d'une existence purement idéale et contemplative s'élabora en moi, favorisé sans doute par l'hérédité. Mes réflexions postérieures m'ont fait reconnaître dans plusieurs traits de mon caractère le résultat, transmis sous forme instinctive, de l'existence toute en études abstraites menée par mon père. J'ai constamment éprouvé, par exemple, une horreur singulière pour l'action, si faible fût-elle, au point que de faire une simple visite me causait autrefois un battement de cœur, que les plus légers exercices physiques m'étaient intolérables, que d'entrer en lutte ouverte avec une autre personne, même pour discuter mes idées les plus chères, m'apparaît, encore aujourd'hui, chose presque impossible. Cette horreur d'agir s'explique par l'excès du travail cérébral qui, trop poussé, isole l'homme au milieu des réalités qu'il supporte mal, parce qu'il n'est pas habituellement en contact avec elles. Je le sens bien, cette difficulté d'adaptation au fait me vient de ce pauvre père; de lui aussi cette faculté de généraliser, qui est la puissance, mais en même temps la manie de ma pensée; et c'est son œuvre encore qu'une prédominance morbide du système nerveux qui a rendu ma volonté si folle à de certaines heures. Mon père, qui devait mourir très jeune, n'avait jamais été robuste. Il avait dû, à l'âge de la croissance, subir cette épreuve de la préparation à l'École polytechnique, meurtrière aux meilleures santés. Avec ses épaules étroites, avec ses membres appauvris par les longues séances de méditations sédentaires, ce savant aux mains transparentes semblait avoir dans les veines, au lieu des rouges globules d'un sang généreux, un peu de la poussière de cette craie qu'il a tant maniée. Il ne m'a pas légué des muscles capables de contre-balancer l'excitabilité de mes nerfs, en sorte que je lui dois, avec cette faculté d'abstraction qui me rend la moindre activité difficile, une espèce d'effrénée intempérance du désir. Chaque fois que j'ai souhaité ardemment, il m'a été impossible de réprimer cette convoitise. — C'est une hypothèse qui m'est souvent venue lorsque je m'analysais moi-même, que les natures abstraites sont plus incapables que les autres de résister à la passion, lorsque cette passion s'éveille, peut-être parce que le rapport quotidien entre l'action et la pensée est brisé en elles. Les fanatiques en seraient la preuve la plus éclatante. J'ai vu ainsi mon père, d'habitude extrêmement patient et doux, s'emporter en des colères d'une violence folle qui le faisaient presque s'évanouir. Sur ce point aussi je suis bien son fils, et à travers lui le descendant d'un grand-père peu équilibré, sorte d'homme de génie primitif, demi-paysan parvenu à force d'inventions mécaniques à une demi-fortune d'ingénieur civil, puis ruiné par des procès. De ce côté-là de ma race, il y a toujours eu un élément dangereux, quelque chose de déchaîné par instants, à côté d'une intellectualité constante. J'ai considéré jadis comme un état supérieur cette double nature : l'ardeur possible de la passion jointe à cette énergie continue de pensée abstraite. J'ai eu pour rêve d'être à la fois fiévreux et lucide, le sujet et l'objet, comme disent les Allemands, de mon analyse, le sujet qui s'étudie lui-même et trouve dans cette étude un moyen d'exaltation à la fois et de développement scientifique. Hélas ! Où cette chimère m'a-t-elle mené ? Mais ce n'est pas l'heure de parler des effets, nous n'en sommes encore qu'aux causes.

« Parmi les circonstances qui agirent sur moi durant mon enfance, je crois que voici une des plus importantes : chaque dimanche matin, et aussitôt que je pus lire, ma mère commença de m'emmener avec elle à la messe. Cette messe se célébrait à huit heures dans l'église des Capucins, assez nouvellement bâtie sur un boulevard planté de platanes, qui monte du cours Sablon à la place du Taureau, en longeant le jardin des Plantes. A la porte de cette église se tenait assise, devant une boutique volante, une marchande de gâteaux, appelée la mère Girard, que je connaissais bien, pour lui acheter au printemps de petits bâtons auxquels quatre ou cinq cerises pendaient, attachées par du fil blanc. C'étaient les premiers de ces fruits que je mangeasse dans la saison. Cette friandise aigre et fraîche fut une des sensualités de ces jours d'enfance, et ç'aurait pu devenir, pour quelqu'un qui m'eût observé, l'occasion de signaler en moi cette frénésie du désir dont je vous parlais. J'avais presque la fièvre quand je m'acheminais vers cette boutique. Ce n'était pas la seule raison qui me fît préférer cette église des Capucins, avec son architecture très simple, aux cryptes souterraines de Notre-Dame-du-Port et aux voûtes de la cathédrale soutenues par de si élégantes colonnes à faisceaux. Chez les Capucins, le chœur était fermé. Durant les offices, d'invisibles bouches chantaient, derrière les grilles, des cantiques qui remuaient étrangement mon imagination d'enfant; ils me semblaient venir de si loin, comme d'un abîme ou d'un tombeau. Je regardais ma mère prier à côté de moi avec l'ardeur contenue qui se manifeste dans ses moindres actions, et je songeais que mon père n'était pas là, qu'il ne venait jamais à l'église. Ma tête d'enfant se tourmentait de cette absence au point que j'avais un jour demandé :

— « Pourquoi papa ne vient-il pas à la messe avec nous? »

« Avec mes yeux inquisiteurs d'enfant, je n'avais pas eu de peine à démêler l'embarras où ma question jetait ma mère. Elle s'en tira pourtant avec une réponse analogue à des centaines d'autres que m'ont faites depuis ses lèvres de femme essentiellement éprise de principes fixes et d'obéissance :

— « Il va à une autre messe, à son heure; et puis, je t'ai déjà dit que les enfants ne doivent jamais demander pourquoi leurs parents font telle ou telle chose... »

« Toute la différence d'âme qui nous a séparés, ma mère et moi, tenait déjà dans cette phrase qu'elle prononçait par un froid matin d'hiver, en nous en revenant sous les arbres du cours Sablon. Je vois encore sa pèlerine, ses mains dans son manchon doublé de soie brune d'où sortait à moitié son livre, et la sincérité de son visage même dans son pieux mensonge, et tandis qu'elle disait : « Il ne faut jamais demander pourquoi... » Je vois ses yeux qui, tant de fois depuis lors, m'ont regardé d'un regard qui ne me comprenait pas, et, dès cette époque, elle ne soupçonnait en rien ma nature d'enfant méditatif pour lequel penser c'était déjà se demander toujours et à propos de toutes choses : Pourquoi ?... Oui, pourquoi ma mère m'avait-elle trompé ? Car je savais que mon père n'allait à aucune espèce d'office ? Et pourquoi n'y allait-il pas ?... Tandis que les graves et tristes accents des moines cachés entonnaient les répons de la messe, je me perdais dans cette question. Je savais, sans bien apprécier les motifs de cette supériorité, que mon père comptait parmi les premiers de la ville. Que de fois, à la promenade, étions-nous, lui et moi, arrêtés par quelque ami, qui, tapotant ma joue, me disait : « Hé bien, nous deviendrons un grand savant comme le père ?... » Quand ma mère prenait son avis, c'était pour l'écouter avec la soumission d'un intime respect. Elle trouvait donc naturel qu'il n'accomplît pas certaines actions qui, pour nous, étaient obligatoires. Nous n'avions pas les mêmes devoirs, lui et nous. Cette idée ne se formulait pas dès lors dans mon cerveau d'enfant avec cette netteté, mais elle y déposait le germe de ce qui allait être plus tard une des convictions de ma jeunesse, à savoir que les mêmes règles ne gouvernent pas les hommes très intelligents et les autres. Ce fut là, dans cette petite église, et docilement penché sur mon paroissien, que le grand principe de ma vie a pris naissance : — ne pas considérer comme une loi, pour nous autres qui pensons, ce qui est et doit être une loi pour ceux qui ne pensent pas ; — de même que j'ai reçu de mes conversations avec mon père, à ce même âge, durant nos promenades, le premier germe de ma vue scientifique du monde.

« La campagne autour de Clermont est merveilleuse, et quoique je sois, au rebours du poète, un homme pour qui le monde extérieur existe très peu, j'ai gardé à jamais au fond de ma mémoire l'image des horizons qui ont entouré ces promenades. Tandis que la ville d'un côté regarde vers la plaine de la Limagne, elle s'adosse de l'autre aux derniers contreforts de la chaîne des Dômes. L'échancrure des cratères éteints, la boursouflure des éruptions calmées, les coulées de lave refroidie donnent aux lignes de ces montagnes volcaniques une ressemblance avec les paysages que le télescope découvre dans ce cadavre de planète qui est la lune. C'est donc, là-bas, un sauvage et grandiose souvenir des plus terribles convulsions du globe, et, ici, la plus jolie rusticité de chemins pierreux entre des vignes, de ruisseaux murmurant sous des saules et parmi des châtaigniers. Les grands bonheurs de mon enfance ont consisté dans d'interminables vagabondages avec mon père dans tous les sentiers qui vont ainsi du puy de Crouël à Gergovie, de

Royat à Durtol, de Beaumont à Gravenoire. Rien qu'à écrire ces noms, ma mémoire rajeunit mon cœur. Me revoici le petit garçon qu'un portrait conservé me montre avec ses longs cheveux, avec ses jambes serrées dans des guêtres de drap, qui chemine en tenant la main de son père. D'où lui venait ce goût des champs, à lui, le savant mathématicien, l'homme de cabinet et de réflexion abstraite? J'y ai souvent songé depuis, et je crois avoir découvert à son occasion une loi peu connue du développement des esprits: — nos goûts de jeunesse persistent même quand nous nous sommes développés dans un sens contraire à eux, et nous continuons de les pratiquer, en les justifiant par des raisons intellectuelles qui les excluraient. — Je m'explique. Mon père aimait la campagne naturellement parce qu'il avait été élevé dans un village, que tout petit il avait passé des journées entières au bord des ruisseaux, parmi les insectes et les fleurs. Au lieu de s'abandonner à ces goûts d'une manière toute simple, il y mélangeait ses préoccupations actuelles de savant. Il ne se serait point pardonné d'aller dans la montagne sans y étudier la formation du terrain; de regarder une fleur sans en déterminer les caractères et sans en découvrir le nom; de ramasser un insecte sans se rappeler sa famille et ses mœurs. Grâce à la rigueur de sa méthode en tout travail, il était arrivé ainsi à une connaissance très complète de la contrée; et, quand nous marchions ensemble, cette connaissance faisait la matière unique de notre entretien. Le paysage des montagnes lui devenait un prétexte pour m'expliquer les révolutions de la terre; il passait de là, sans efforts, avec une clarté de parole qui me rendait de telles idées perceptibles, à l'hypothèse de Laplace sur la nébuleuse, et j'apercevais distinctement en imagination les protubérances planétaires s'échappant du noyau enflammé, de ce torride soleil en rotation. Le ciel de la nuit, par les beaux mois d'été, devenait une espèce de carte qu'il déchiffrait pour mes yeux de dix ans, et où je distinguais l'Étoile polaire, les sept étoiles du Chariot, Véga de la Lyre, Sirius, tous ces univers inaccessibles et formidables dont la science connaît le volume, la position et jusqu'aux métaux. Il en était de même des fleurs qu'il me dressait à ranger déjà dans un herbier, des cailloux que je cassais sous sa direction avec un petit marteau en fer, des insectes que je nourrissais ou que je piquais, suivant les cas. Bien avant que l'on ne pratiquât dans les collèges les leçons de choses, mon père appliquait à mon éducation première sa grande maxime : « Ne rien rencontrer que l'on ne s'en rende « compte scientifiquement, » conciliant ainsi la paysannerie de ses premières impressions avec la précision acquise dans ses études mathématiques. J'attribue à cet enseignement le précoce esprit d'analyse qui se développa en moi dès cette première adolescence, et qui se serait sans doute tourné vers les études positives, si mon père avait vécu. Mais il ne devait pas achever cette éducation entreprise d'après un plan raisonné dont j'ai retrouvé depuis la trace dans ses papiers. Justement au cours d'une de ses promenades, et durant une des plus chaudes journées dans l'été de ma dixième année, nous fûmes surpris, lui et moi, par un orage qui nous mouilla l'un et l'autre jusqu'aux os. Pendant le temps que nous mîmes à revenir avec nos vêtements ainsi trempés, mon père eut-il froid? Le soir il se plaignit d'un frisson. Deux jours après, une fluxion de poitrine se déclarait, et la semaine suivante il était mort.

« Comme je veux, dans cette indication sommaire des diverses causes qui m'ont formé mon âme de jeune homme, éviter à tout prix ce que je hais le plus au monde, l'étalage de la sentimentalité subjective, je ne vous raconterai pas, mon cher maître, d'autres détails sur cette mort. Il y en eut de navrants, mais je ne sentis leur tristesse qu'à distance et que plus tard. Je me rappelle, quoique je fusse un garçon déjà grand et remarquablement développé, avoir éprouvé plus d'étonnement que d'affliction. C'est aujourd'hui que je regrette vraiment mon père, que je comprends ce que j'ai perdu en le perdant. Je crois vous avoir nettement marqué ce que je lui dois :

le goût et la facilité de l'abstraction, l'amour de la vie intellectuelle, la foi dans la science et le précoce maniement de la méthode, voilà pour l'esprit; pour le caractère, la première divination de l'orgueil de penser, et aussi un élément un peu morbide, cette difficulté d'agir qui a pour conséquence la difficulté de résister aux passions, lorsqu'elles vous entraînent. — Je voudrais marquer aussi nettement ce que je crois devoir à ma mère. Et tout d'abord j'aperçois ce fait que cette seconde influence agit sur moi par réaction, tandis que la première avait agi directement. A vrai dire, cette réaction ne commença qu'au jour où, devenue veuve, elle voulut s'occuper de me diriger elle-même. Jusque-là, elle m'avait abandonné tout entier à l'éducation paternelle. Cela peut sembler étrange que, demeurés seuls en ce monde, elle et moi, elle si énergique, si dévouée, et moi si jeune, nous n'ayons pas vécu, au moins durant ces années-là, en complète communion du cœur. Il existe, en effet, une psychologie rudimentaire pour laquelle ces mots : mère et fils, sont synonymes d'absolue tendresse, d'entente intime des âmes. Peut-être en est-il ainsi dans les familles de tradition ancienne, quoique en nature humaine je ne croie guère à ce qui suppose une simplicité entière des rapports entre personnes d'âge et de sexe différents. En tout cas, les familles modernes présentent sous les étiquettes conventionnelles les plus cruels phénomènes de divorce secret, de mésintelligence foncière, quelquefois de haine, qui se comprennent trop quand on pense à leurs origines. Il se fait depuis cent ans des mélanges de province à province et de race à race qui ont chargé notre sang, à presque tous, d'hérédités contradictoires. Des gens se trouvent être, nominalement, de même famille, qui n'ont pas un trait commun dans la structure mentale et morale : par suite l'intimité quotidienne entre ces êtres devient une cause de conflits quotidiens, ou de dissimulation constante. Ma mère et moi, nous en sommes un exemple que je qualifierais d'excellent, si le plaisir de rencontrer la preuve très nette d'une loi psychologique ne s'accompagnait du cuisant regret d'en avoir été la victime.

« Mon père, je vous l'ai dit, était un ancien élève de l'École polytechnique, et fils d'un ingénieur civil. Je vous ai dit aussi qu'ils étaient tous deux de race lorraine. Il y a un proverbe qui dit : « Lorrain, traître à son roi et à Dieu même. » Cette épigramme exprime, sous une forme inique, cette observation très juste qu'il flotte quelque chose de très complexe dans l'âme de cette population de frontière. Les Lorrains ont toujours vécu sur le bord de deux races et de deux existences, la germanique et la française. Qu'est-ce que le goût de la traîtrise, d'ailleurs, sinon la dépravation d'un autre goût, admirable au point de vue intellectuel, celui de la complication sentimentale? Pour ma part, j'attribue à cet atavisme le pouvoir de dédoublement dont je vous parlais en commençant cette analyse. Je dois ajouter que j'ai souvent éprouvé, quand j'étais enfant, d'étranges plaisirs de simulation désintéressée qui procédaient évidemment du même principe. Il m'est arrivé de raconter à mes camarades toutes sortes de détails inexacts sur moi-même, sur mon endroit de naissance, sur l'endroit de naissance de mon père, sur telle promenade que je venais de faire, et non pas pour me vanter, mais pour *être un autre,* simplement. J'ai goûté plus tard des voluptés singulières à étaler les opinions les plus opposées à celles que je considérais comme la vérité, pour le même bizarre motif. Jouer un rôle à côté de ma vraie nature m'apparaissait comme un enrichissement de ma personne, tant j'avais d'instinct le sentiment que se déterminer dans un caractère, une croyance, une passion, c'est se limiter. Ma mère, elle, est une femme du Midi, absolument rebelle à toute complexité, pour qui les idées de choses sont seules intelligibles. Dans son imagination les formes de la vie se reproduisent, concrètes, précises et simples. Quand elle pense à la religion, elle voit son église, son confessionnal, la nappe de la communion, les quelques prêtres qu'elle a connus, le livre de catéchisme où elle a étudié petite fille. Quand elle pense à une carrière, elle en voit l'activité positive et les bénéfices. Le professorat, par exemple, où elle a désiré que j'entrasse, c'était pour elle M. Limasset, le professeur de mathématiques, ami de mon père, et elle me voyait pareil à lui, traversant la ville deux fois le jour, en jaquette d'alpaga et en panama l'été, les pieds protégés, l'hiver, par des socques et le corps pris dans un paletot fourré, avec un traitement fixe, les revenants-bon des répétitions et la douce assurance d'une retraite. J'ai pu étudier à propos d'elle combien cette nature d'imagination rend ceux qu'elle domine incapables de se figurer l'intérieur des autres âmes. On dit souvent de ces gens-là qu'ils sont despotiques et personnels, ou qu'ils ont un mauvais caractère. En réalité, ils sont, devant ceux qu'ils fréquentent, comme un enfant devant une montre. Il voit marcher les aiguilles, il ne sait rien du rouage caché qui les fait mouvoir. De là, quand ces aiguilles ne vont pas à sa fantaisie, à les violenter et à fausser les ressorts de la montre, il y a juste l'épaisseur d'une impatience.

« Ma pauvre mère fut ainsi avec moi, et cela dès la semaine qui suivit notre commun désastre. Je me sentis presque aussitôt tomber vis-à-vis d'elle dans un état de malaise indéfinissable, mais sans qu'un fait précis eût donné corps à ce malaise. La première circonstance qui m'éclaira sur le divorce commencé dès lors entre nous deux, — dans la mesure où ma tête d'enfant pouvait être ainsi éclairée, — date d'une après-midi d'automne, quatre mois environ après la mort de mon père. L'impression reçue fut si forte que je me la rappelle comme si elle datait d'hier. Nous avions dû changer d'appartement, et nous avions loué le troisième étage d'une maison, toute en hauteur, dans la rue du Billard, ruelle étroite qui contourne les ombrages de la place des Petits-Arbres, devant le palais de la Préfecture. Ma mère avait été déterminée à ce choix par l'existence d'un balcon où j'étais justement en train de jouer durant cette belle après-midi. Mon jeu, — vous y reconnaîtrez le tour scientifique imprimé par mon père à mon imagination, — consistait à conduire un caillou, qui me représentait un grand explorateur, d'un bout à l'autre de ce balcon et parmi d'autres pierres prises dans les pots de fleurs. Ces autres pierres me figuraient, les unes des villes, les autres des animaux curieux dont j'avais lu la description. Une des fenêtres du salon donnait sur ce balcon. Elle était entr'ouverte et mon jeu m'ayant amené jusque-là, j'entendis que ma mère parlait de moi avec une visiteuse. Je ne pus me retenir d'écouter avec ce battement de cœur que m'a longtemps donné l'idée de ma personnalité jugée par les autres. Plus tard j'ai compris qu'entre notre être véritable et l'impression produite sur nos proches et même sur nos amis, il n'y a pas plus de rapports qu'entre la couleur exacte de notre visage et la couleur de son reflet dans une glace bleue, verte ou jaune.

— « Peut-être, » disait la visiteuse, « vous trompez-vous sur le compte de ce pauvre Robert, à dix ans on est si peu formé... »

— « Dieu vous entende, » reprenait ma mère, « mais je tremble qu'il n'ait aucune espèce de cœur Vous n'imaginez pas comme il a été dur lors de la mort de son père... Le lendemain, il avait l'air de n'y plus penser... Et depuis, jamais un mot... Vous savez, un de ces mots qui font voir que l'on se souvient de quelqu'un... Quand je lui en parle, il me répond à peine... On dirait qu'il n'a jamais connu ce cher homme qui était si bon pour lui... »

« J'ai lu quelque part que Mérimée, tout enfant, avait été grondé, puis chassé d'une chambre par sa mère qui, lui à peine sorti, éclata de rire. L'enfant entendit ce rire, il constata comme on lui avait joué la comédie de l'irritation, et il sentit se creuser sur son cœur un pli de défiance qui ne s'effaça jamais. Cette anecdote me frappa beaucoup lorsque je la rencontrai. L'impression du célèbre écrivain m'offrait une analogie saisissante avec l'effet que produisit sur moi le fragment de causerie ainsi entendu sur le balcon. C'était bien vrai que je ne parlais jamais de mon père, mais c'était si faux que je l'eusse oublié! J'y pensais au contraire sans cesse. Je ne longeais pas un trottoir, je ne traversais pas une rue, je ne regardais pas un de nos meubles, sans que le souvenir du mort ne s'éveillât en moi, avec une obsession qui me faisait mal. Mais à cette obsession se mêlait un étonnement épouvanté qu'il eût disparu pour toujours, et le tout se confondait dans une espèce d'appréhension anxieuse qui me fermait la bouche quand on m'entretenait de lui. Je me rends si bien compte maintenant que ce travail de ma pensée ne pouvait pas être connu de ma mère. Sur le moment, et quand je l'entendis condamner ainsi mon cœur, j'éprouvai une humiliation profonde. Il me sembla qu'en parlant de la sorte, elle n'agissait pas avec moi comme elle aurait dû. Je la sentis injuste, et, par une timidité de petit garçon encore farouche et mal apprivoisé, au lieu de la ramener sur mon compte, je me crispai là, sur place, contre cette injustice. A partir de cette minute, une impossibilité de me montrer jamais à elle était née en moi. Je sentis cela aussi, et que lorsque ses yeux se poseraient sur les miens pour y chercher mes émotions, j'éprouverais un irrésistible besoin de lui cacher mon être intime.

« Ce fut là une première scène, — ce rien peut-il même s'appeler de ce gros nom? — bientôt suivie d'une seconde que je note encore malgré son insignifiance apparente. Les enfants ne seraient pas des enfants si les événements importants de leur sensibilité n'étaient pas puérils. J'étais, à cette époque déjà, passionné de lecture, et le hasard m'avait mis entre les mains des volumes bien différents de ceux qui se donnent en prix dans les distributions. Voici comment : quoique mon père, en sa qualité de mathématicien, eût peu de lettres, il aimait quelques auteurs, qu'il comprenait à sa manière; et, en retrouvant plus tard quelques-unes de ses notes intimes sur ces auteurs, j'ai pu apprécier à quel degré la sensation des littératures est chose personnelle, irréductible, incommensurable, pour emprunter un mot à sa science favorite, c'est-à-dire, qu'il n'y a pas de commune mesure entre les raisons pour lesquelles deux esprits goûtent ou repoussent un même écrivain. Entre autres ouvrages, mon père possédait dans sa bibliothèque une traduction de Shakespeare en deux volumes sur lesquels on m'asseyait pour hausser ma chaise devant la table quand le temps fut venu de quitter mon siège de bébé. On me laissait ensuite, et sans y prendre garde, manier ces volumes illustrés de gravures qui incitèrent bientôt ma curiosité à lire des morceaux du texte. C'était une lady Macbeth se frottant les doigts sous le regard terrifié du médecin et d'une servante, un Othello entrant le poignard à la main dans la chambre de Desdémone et penchant sa face noire sur la blanche forme endormie, un roi Lear déchirant ses vêtements sous les zigzags des éclairs, un Richard III couché dans sa tente et environné de spectres. Et, du texte qu'accompagnaient ces gravures, je lus tant et tant de fragments que je finis par me familiariser avant ma dixième année avec tous ces drames qui exaltaient mon imagination dans ce que j'en pouvais saisir, sans doute parce qu'ils ont été composés pour des spectateurs populaires et qu'ils comportent un élément de poésie primitive et un grossissement enfantin. J'aimais ces rois qui défilaient, joyeux ou désespérés, à la tête de leur armée, qui perdaient ou gagnaient des batailles en quelques instants, ces tueries accompagnées de fanfares parmi les drapeaux déployés et les apparitions, ces rapides passages d'un pays à un autre et cette géographie chimérique. Enfin tout ce qu'il y a de très abrégé, de presque rudimentaire dans les drames et particulièrement dans les chroniques me séduisait au point que, resté tout seul, il m'arrivait de les jouer avec des chaises qui devenaient ainsi York ou Lancastre, Warwick ou Glocester. O naïveté!... Mon père, lui, dont les répugnances de géomètre à l'égard des réalités douloureuses de la vie étaient extrêmes, avait goûté dans Shakespeare les côtés touchants et purs, les profils de femme d'une délicatesse achevée; Imogène et Desdémone, Cordélie et Rosalinde lui avaient plu, quoique de tels rapprochements puissent sembler étranges, pour les mêmes raisons que les romans de Dickens, ceux de Topffer et jusqu'aux enfantillages de Florian et de Berquin! Voilà des contrastes qui prouvent l'incohérence des jugements artistiques uniquement fondés sur l'impression sentimentale. Tous ces livres, je les lisais aussi, et par surcroît ceux de Walter Scott, de même que les récits champêtres de George Sand, dans une autre édition illustrée. Il est certain qu'il eût mieux valu pour moi ne pas nourrir mon imagination d'éléments aussi disparates, et quelques-uns dangereux. Mais mon âge ne me permettait guère de comprendre que le quart des phrases, et d'ailleurs, tandis que mon père peinait à son tableau noir, en train de combiner ses formules, je crois bien que la foudre serait tombée sur la maison sans qu'il y prît garde, emporté qu'il était sur les ailes du tout puissant démon de l'abstraction. Ma mère, à qui ce démon-là est aussi étranger que la bête de l'Apocalypse, ne resta pas longtemps, sitôt les premières heures de notre découragement passées, sans fureter dans la pièce où je travaillais à mes devoirs; et, par-dessous un thème commencé, elle découvrit un grand volume ouvert, c'était l'*Ivanhoe* de Scott.

— « Qu'est-ce que c'est que ce livre? » demanda-t-elle, « qui t'a permis de le prendre?... »

— « Mais je l'ai déjà lu une fois, » répondis-je.

— « Et ceux-là?... » continua-t-elle en inspectant la petite bibliothèque qui, à côté de mes bouquins d'écolier, enfermait, outre le Shakespeare, les *Nouvelles Genevoises* et *Nicolas Nickleby*, *Rob-Roy* et la *Mare au Diable*. « Ce n'est pas de ton âge, » insista-t-elle, « et tu vas me faire le plaisir d'emporter tous ces livres avec moi dans le salon, pour les enfermer dans la bibliothèque de ton père. »

« Je me vois encore transbordant, trois par trois, les volumes, dont quelques-uns étaient très lourds pour mes petits bras, dans la froide pièce garnie de housses qui donnait sur le balcon, — cette même pièce où j'avais entendu ma mère, pas beaucoup de jours auparavant, juger si sévèrement mon cœur. De ses doigts qui sortaient tout blancs de leurs mitaines noires, elle prenait les volumes, les rangeait à côté des gros traités de mathématiques. Elle ferma la porte vitrée du meuble et en détacha la clef qui prit place, parmi beaucoup d'autres, dans le trousseau qu'elle portait toujours avec elle. Puis elle ajouta sévèrement :

— « Quand tu voudras un livre, tu me le demanderas. »

« Moi, lui demander un de ces livres, mais lequel? Je savais si bien qu'elle me refuserait tous ceux que j'aurais eu envie de relire et dont je venais regarder les titres à travers le vitrage ! Je me rendais déjà trop compte que nous ne pensions de la même manière sur aucun point. Je lui en voulus d'avoir arrêté mes plus vifs plaisirs de lecture, moins peut-être à cause de cette défense que pour la raison qu'elle m'en donna. Car elle crut devoir me répéter à cette occasion, et sur le danger des romans, des phrases empruntées sans doute à quelque manuel de piété qui, dès lors, me parurent exprimer exactement le contraire de ce que j'avais éprouvé par moi-même. Elle prit aussi prétexte des dangers que j'avais courus dans ces lectures inconsidérées pour s'occuper plus attentivement de mes études et diriger mon éducation. C'était son devoir, mais le contraste fut trop grand entre les idées auxquelles mon père m'avait initié précocement et la misère de sa pensée à elle, meublée d'impressions positives, mesquines et bourgeoises. J'allais avec elle maintenant à la promenade, et elle causait avec moi. Sa conversation portait uniquement sur des remarques de tenue, sur mes manières bonnes ou mauvaises, sur mes petits camarades et sur leurs parents. Mon intelligence, trop tôt dressée au plaisir de penser, se sentait alors étouffée, comme opprimée. Le paysage immobile des volcans éteints me rappelait les convulsions grandioses du drame terrestre que mon père me retraçait autrefois. Les fleurs que je cueillais, ma mère les prenait pour quelques minutes, puis elle les laissait tomber sans presque les regarder. Elle ignorait leur nom, de même qu'elle ignorait celui des insectes qu'elle me forçait à rejeter sitôt ramassés, comme malpropres et venimeux. Les chemins entre les vignes, que nous suivions ensemble, ne s'en allaient plus vers cette découverte du vaste monde à laquelle la parole fécondante du mort m'avait convié. Ils prolongeaient les rues de la ville et la misère des devoirs quotidiens. Je cherche des mots pour traduire la vague et bizarre sensation d'ennui, d'esprit mutilé, d'atmosphère raréfiée que m'infligeaient ces promenades, et je n'en trouve pas de précis Le langage a été créé par des hommes faits pour exprimer des idées et des sentiments d'hommes faits. Les termes manquent qui correspondent aux perceptions inachevées des enfants, à leur pénombre d'âme. Comment raconter des souffrances qui ne se comprennent pas elles-mêmes et dont la révélation n'a lieu qu'une fois passées, celles, par exemple, qui furent les miennes, d'une tête où fermentent des conceptions hautes et larges, d'un cerveau sur le bord du grand horizon intellectuel et qui subit la tyrannie inconsciente d'un autre cerveau rétréci, chétif, étranger à toute idée générale, à toute vue ample ou profonde? Aujourd'hui que j'ai traversé cette période d'une adolescence refoulée et contrariée, j'en interprète les moindres épisodes par les lois de constitution des esprits, et je me rends compte que le sort, en confiant l'éducation de l'enfant que j'étais à la femme qu'était ma mère, avait associé deux formes de pensée aussi irréductibles l'une à l'autre que deux espèces différentes. C'est par milliers que les détails me reviennent où je retrouve la preuve de cette antithèse constitutive entre nos deux natures. Je vous en ai dit assez pour que je me contente de noter avec précision le résultat de ce heurt silencieux de nos âmes, et, pour emprunter des formules au style philosophique, je crois apercevoir que deux germes furent disposés en moi par cette éducation à contre-sens de mon être ; le germe d'un sentiment et le germe d'une faculté : — le sentiment fut celui de la solitude du Moi, la faculté fut celle de l'analyse intérieure.

« Je vous ai dit que dans l'ordre de la sensibilité comme dans celui de la pensée, j'avais subi presque aussitôt l'impression de ne pouvoir pas me montrer à ma mère tout entier. J'apprenais ainsi, à peine né à la vie intellectuelle, qu'il y a en nous un obscur élément incommunicable. Ce fut d'abord chez moi une timidité. Cela devint par la suite un orgueil. Mais tous les orgueils n'ont-ils pas une origine analogue ? Ne pas oser se montrer, c'est s'isoler ; et s'isoler, c'est bien vite se préférer. J'ai retrouvé depuis, dans quelques philosophes nouveaux, M. Renan, par exemple, mais transformé en un dédain triomphant et transcendantal, ce sentiment de la solitude de l'âme; je l'ai retrouvé transformé en maladie et en sécheresse dans l'*Adolphe* de Benjamin Constant, agressif et ironique dans Beyle. Chez un pauvre petit collégien d'un lycée de province qui trottait, son cartable sous le bras, les mains gourdes d'engelures et les pieds dans des galoches, par les rues glacées de sa ville de montagnes, l'hiver, ce n'était qu'un obscur et douloureux instinct. Mais cet instinct, après s'être appliqué à ma mère, grandissait, grandissait, s'appliquant à mes camarades et à mes maîtres. Je me sentais différent d'eux, d'une différence que je résumerai d'un mot : je croyais les comprendre tout entiers et je ne croyais pas qu'ils me comprissent. La réflexion m'enseigne maintenant à croire que je ne les comprenais pas plus qu'ils ne me comprenaient; mais je vois aussi qu'il y avait en effet entre nous cette différence qu'ils acceptaient et leur personne et la mienne, simplement, bonnement, bravement, au lieu que je commençais déjà de me compliquer en pensant trop à moi-même. Si j'ai de très bonne heure senti qu'au rebours de la parole du Christ, je n'avais pas de prochain, c'est que je me suis habitué, de très bonne heure, à exaspérer la conscience de ma propre âme et par suite à faire de moi un exemplaire, sans analogue, d'excessive sensibilité individuelle. Mon père m'avait doué d'une curiosité prématurée d'intelligence. N'étant plus là pour me tourner vers le monde des connaissances positives, cette curiosité sans emploi retomba sur moi-même. L'esprit est une créature vivante, comme les autres, et chez qui toute puissance s'accompagne, comme chez les autres, d'un besoin. Il faudrait retourner le vieux proverbe et dire : Pouvoir, c'est vouloir. Une faculté aboutit toujours chez nous à la volonté de l'exercer. L'hérédité mentale et ma première éducation avaient fait de moi un intellectuel avant le temps. Je continuai de l'être, mais toute mon intelligence s'appliquant à mes propres émotions, faute d'un maître semblable à celui que j'avais perdu, je devins auprès de ma mère, qui ne le soupçonna jamais, un *égotiste* absolu d'une extraordinaire énergie de dédain à l'égard de tous. Ces traits de mon caractère ne devaient d'ailleurs apparaître que plus tard et sous l'influence des crises d'idées que j'ai traversées et dont je vous dois maintenant l'histoire.

§ II. — *Mon milieu d'idées.*

« Les influences diverses que je viens de résumer un peu abstraitement, mais dans des termes que vous comprendrez, vous, mon cher maître, eurent ce premier résultat, inattendu, de faire de moi, entre ma onzième et ma quinzième année, un enfant très pieux. Vraisemblablement, si j'avais été mis au collège comme interne, j'aurais grandi, pareil à ceux de mes camarades que j'ai pu étudier depuis et pour lesquels la crise religieuse n'a pas existé. A l'époque dont je parle, et qui marqua l'avènement définitif du parti démocratique en France, une grande vague de libre-pensée roula de Paris sur toute la province ; mais j'étais le fils d'une femme très dévote, et je fus soumis à toutes les pratiques de la religion la plus sévère. Je trouve une preuve de ce que je vous ai raconté sur mon goût précoce de la dissection intime dans ce fait que je me sentis, au rebours de tous mes compagnons du catéchisme, séduit d'une manière presque passionnée par la confession. Oui, je peux dire que durant les quatre années de ma crise mystique d'adolescent, de 1876 à 1880, les grands événements de ma vie furent ces longues séances dans l'étroite guérite en bois de l'église des Minimes, notre paroisse, où j'allais, tous les quinze jours, m'agenouiller et parler à voix basse, le cœur battant, de ce qui se passait en moi. L'approche de ma première communion marque la naissance de cette sensation du confessionnal, toute mélangée d'éléments contradictoires. Je croyais, et par suite mes petits péchés m'apparaissaient comme de vrais crimes, et de les avouer me faisait honte. Je me repentais, et j'avais la certitude que je me relèverais pardonné, avec le délice d'une conscience lavée de toutes ses taches. J'étais un enfant imaginatif et nerveux, il y avait donc pour moi, dans le décor du sacrement, dans le silence froid de l'église, dans cette odeur de caveau et d'encens qui la remplissait, dans le balbutiement de ma propre voix disant « mon père, » dans le chuchotement de la voix du prêtre répondant « mon fils, » par derrière le grillage, une poésie de mystère que je percevais sans la comprendre encore. Il s'y joignait aussi une singulière impression d'effroi qui dérivait de l'enseignement donné par l'abbé Martel, le prêtre chargé de nous préparer à cette première communion. C'était un homme petit et court, de face apoplectique, avec un regard sombre et d'un bleu dur dans ce large et rouge visage, qui avait été élevé dans un séminaire de province, encore pénétré de jansénisme. Ses yeux, quand il nous parlait de l'enfer, dans la tribune des Minimes où il nous réunissait, avec leurs prunelles brillantes et soudain fixes, avaient des visions d'épouvante, et cette épouvante, il nous la communiquait. J'en arrive à me réjouir qu'il soit mort. car je le verrais entrer dans ma prison, et qui sait ? Peut-être subirais-je une récurrence des émotions de terreur que sa présence m'infligeait dans cette salle aux murs blanchis à la chaux, meublée de bancs de bois et d'une p tite chaire en bois peint. Le thème habituel de ses discours était le petit nombre des élus et la vengeance divine. « Qui empêcherait Dieu, » disait ce prêtre, « puisqu'il est tout puissant, de contraindre l'âme de celui qui meurt à rester près du corps dont elle se sépare?... L'âme serait là, dans la chambre mortuaire, entendant les sanglots, voyant les larmes des proches et il lui serait défendu de les consoler... Elle serait emprisonnée dans le cercueil, et là, obligée pendant des jours et des jours, des nuits et des nuits, d'assister à la corruption de cette chair qui fut la sienne, parmi les vers et la pourriture... » Des images pareilles et de cette férocité d'invention abondaient sur sa bouche amère; elles me poursuivaient dans mon sommeil. La peur de l'enfer s'exaltait en moi jusqu'à la folie. D'autre part l'abbé Martel déployait la même éloquence à nous célébrer l'importance décisive qu'aurait pour notre salut cette approche de la sainte table, et, par suite, ma crainte des supplices éternels aboutissait à des examens de conscience d'un scrupule infini. Bientôt ces reploiements intimes, ce regard jeté à la loupe sur mes moindres détours de pensée, cette scrutation continue de mon être le plus caché, m'intéressèrent à un degré tel que l'attrait de n'importe quel jeu devint nul à côté. J'avais trouvé, pour la première fois depuis la disparition de mon père, un emploi à ce pouvoir d'analyse déjà définitif, presque constitutif en moi.

« Le développement donné ainsi à mon sens aigu de la vie intérieure aurait dû produire une amélioration de mon être moral. Il eut au contraire pour conséquence une subtilité qui par elle seule était déjà une corruption, du moins au point de vue de la stricte discipline catholique. Je devins en effet, au cours de ces examens de conscience, où il entra vite plus de plaisir que de repentir, extrêmement ingénieux à découvrir des motifs singuliers derrière mes actions les plus simples. L'abbé Martel n'était pas un psychologue assez fin pour discerner cette nuance et pour comprendre que de me déchiqueter ainsi l'âme me conduisait droit à préférer aux simplicités de la vertu les fuyantes complications du péché. Il n'y reconnaissait que le zèle d'un enfant très fervent. Par exemple, au matin de ma première communion, il me vit arriver auprès de lui tout en larmes et je lui demandai à me confesser une fois encore. En tournant et retournant le fonds et le tréfonds de ma mémoire, je m'étais découvert un bizarre péché de respect humain. J'avais, six semaines auparavant, entendu deux de mes camarades bafouer, à la porte du lycée, une vieille dame qui entrait dans l'église des Carmes, juste en face. J'avais ri de leurs propos au lieu de les relever. La vieille dame allait à la messe; s'en moquer, c'était donc se moquer d'une action pieuse. J'avais ri, pourquoi? par fausse honte de protester contre ce scandale. Donc j'y avais participé. N'était-il pas de mon devoir d'aller trouver les deux moqueurs et de leur rappeler leur impiété, en les engageant à s'en repentir? Je ne l'avais pas fait. Pourquoi? Par fausse honte encore; par respect humain, d'après les définitions mêmes du catéchisme. Je passai toute la nuit qui précéda le grand jour de la première communion à me demander avec agonie si je pourrais rejoindre M. l'abbé Martel, le lendemain, assez à temps pour lui dire ce péché. Je me souviens du sourire avec lequel il tapota ma joue après m'avoir donné l'absolution, pour me calmer. J'entends le ton de sa voix devenue douce et me disant : « Puisse-tu rester toujours pareil!... » Il ne se doutait pas que ce scrupule puéril était le signe d'une réflexion maladivement exagérée, ni que cette réflexion allait m'empoisonner les délices ardemment souhaitées de l'Eucharistie. Je ne m'étais pas contenté, au cours des semaines précédentes, de m'analyser la conscience jusqu'aux moindres fibres, je m'étais abandonné à cette imagination anticipée du sentiment qui est la conséquence forcée de cet esprit d'analyse. Je m'étais donc figuré avec une précision extrême les sentiments que j'éprouverais en recevant l'hostie sur mes lèvres. Je m'avançai vers la grille de l'autel drapée d'une nappe blanche avec une tension de tout mon être que je n'ai jamais retrouvée depuis, et j'éprouvai, en communiant, une espèce de déception glaçante, une défaillance devant l'extase dont je ne peux pas traduire le malaise. J'ai raconté plus tard cette impression sans analogue à un camarade resté très chrétien qui m'a dit : « Tu n'étais pas assez simple. » Sa piété lui avait donné le coup d'œil d'un profond observateur. C'était trop vrai. Mais qu'y pouvais-je ?...

« Le grand événement de mon adolescence, qui fut la perte de ma foi, ne date pourtant pas de cette déception. Les causes qui déterminèrent cette perte furent très nombreuses, et je ne les comprends nettement qu'aujourd'hui. Il y en eut tout d'abord de lentes, de progressives, qui agirent sur mon âme comme le ver sur le fruit, dévorant l'intérieur sans que le dehors garde un autre signe de ce ravage qu'une petite tache presque invisible sur la pourpre de la belle écorce. La première fut, me semble-t-il, l'application à mon confesseur de ce terrible esprit critique, faculté destructive de toute confiance, qui m'avait dès mon enfance séparé de ma mère. Je continuais à pousser jusqu'aux plus fines, aux plus ténues délicatesses mes examens de conscience, et l'abbé Martel continuait à ne pas même apercevoir ce travail de torture secrète qui m'anatomisait toute l'âme. Mes scrupules lui paraissaient, ce qu'ils étaient en fait, des enfantillages. Mais c'étaient les enfantillages d'un garçon très complexe et qui ne pouvait être dirigé que si on lui donnait la sensation d'être compris. J'en arrivai bientôt à éprouver dans mes entretiens avec ce prêtre rude et primitif la sensation contraire, celle de l'inintelligence. Ce n'était pas de quoi empêcher que je ne remplisse mes devoirs religieux. C'était assez pour enlever à ce directeur de ma première jeunesse toute véritable autorité sur ma pensée. En même temps, et c'est la seconde d'entre les causes qui m'ont détaché de l'Église, je retrouvais chez les hommes que je considérais alors comme supérieurs la même indifférence à l'endroit des pratiques religieuses que j'avais, tout petit, remarquée chez mon père. Je savais que les jeunes professeurs, ceux qui nous venaient de Paris avec le prestige d'avoir traversé l'École normale, étaient tous des sceptiques et des athées. J'entendais ces mots prononcés par l'abbé Martel, avec une indignation concentrée, dans les visites qu'il rendait à ma mère. Involontairement je réfléchissais, en accompagnant cette dernière aux offices des Minimes, comme jadis aux Capucins, sur la pauvreté d'esprit des dévotes qui se pressaient à la messe le dimanche matin, et marmonnaient leurs prières dans le silence de la cérémonie, coupé du bruit des chaises déplacées par la loueuse. Dans ces fronts qui se baissaient avec un mouvement de ferveur si soumise, à l'Élévation, jamais une idée vive et claire n'avait allumé sa flamme. Je ne me formulais pas ce contraste avec cette netteté, mais j'évoquais, malgré moi, en regard, l'image de ces jeunes maîtres sortant du lycée d'un pied dégagé, causant les uns avec les autres d'une conversation que j'imaginais pareille à celles que mon père me tenait autrefois, où les moindres phrases se chargeaient de science, et un esprit de doute grandissait en moi sur la valeur intellectuelle des croyances catholiques. Cette défiance fut alimentée par une espèce d'ambition naïve qui me faisait souhaiter, avec une ardeur incroyable, d'être aussi intelligent que les plus intelligents, de ne pas végéter parmi ceux du second ordre. Il entrait bien de l'orgueil dans ce désir, je me l'avoue aujourd'hui, mais je ne rougis pas de cet orgueil. Il était tout intellectuel, entièrement étranger à une convoitise quelconque du succès extérieur. Et puis, si je me tiens encore debout à l'heure présente, et dans l'affreux drame de ma destinée, c'est à cet orgueil premier que je le dois, c'est lui qui me permet de vous montrer mon passé avec cette lucidité froide, au lieu de courir, comme ferait un vulgaire accusé, aux événements tapageurs de ce drame. Je vois si bien, moi, que les premières scènes de la tragédie ont commencé dès lors dans le collégien pâlot en qui s'agitait le jeune homme d'aujourd'hui.

« La troisième des causes qui concoururent à cette lente désagrégation de ma foi chrétienne fut la découverte de la littérature contemporaine, qui date de ma quatorzième année. Je vous ai raconté comment ma mère m'avait, peu de temps après la mort de mon père, supprimé un certain nombre de livres. Elle ne s'était pas relâchée de cette sévérité avec le temps, et la clef de la bibliothèque paternelle continuait à cliqueter sur l'anneau d'acier de son trousseau, entre celle de l'office et celle de la cave. Le résultat le plus net de cette défense fut d'aviver encore le charme du souvenir que m'avaient laissé ces volumes feuilletés autrefois longuement, les pièces à demi comprises de Shakespeare, les romans à demi oubliés de George Sand. Le hasard voulut que je rencontrasse, au commencement de ma troisième, quelques échantillons de la poésie moderne dans le livre d'auteurs français qui devait servir aux récitations de l'année. Il y avait là des fragments de Lamartine, une dizaine de pièces de Hugo, les *Stances à la Malibran* d'Alfred de Musset, quelques morceaux de Sainte-Beuve et de Leconte de Lisle. Ces pages, deux cents environ, me suffirent pour apprécier la différence absolue d'inspiration entre les modernes et les maîtres anciens, comme on apprécie la différence d'arome entre un bouquet de roses et un bouquet de lilas, les yeux fermés. Elle réside tout entière, cette différence que je devinai par un instinct irraisonné, dans ce fait que, jusqu'à la Révolution, les écrivains n'ont jamais pris la sensibilité comme matière et comme règle unique de leurs œuvres. C'est le contraire depuis Quatre-vingt-neuf. De là résulte chez les nouveaux un je ne sais quoi d'effréné, de douloureux, une recherche de l'émotion morale et physique, qui est allée s'exaspérant jusqu'au morbide, et qui tout de suite m'attira d'un attrait irrésistible. La sensualité mystique des stances du *Lac* et du *Crucifix*, les chatoyantes splendeurs de plusieurs *Orientales*, me fascinèrent; mais surtout je fus séduit, à en avoir la fièvre au cœur, par ce qu'il traîne de coupable dans l'éloquence de l'*Espoir en Dieu* et dans quelques fragments des *Consolations*. Ces fuyantes complications du péché dont je vous parlais tout à l'heure, je les pressentis par delà les morceaux choisis de mon livre de classe; et je commençai d'avoir pour le reste des œuvres des maîtres ainsi devinés une de ces curiosités d'imagination si fortes, presque folles, qui marquent le milieu de l'adolescence. On est sur le bord de la vie et on l'entend sans la voir, comme la rumeur d'une chute d'eau à travers un bouquet d'arbres, et comme ce bruit vous enivre d'attente!... Une relation d'amitié avec un camarade qui habitait au premier étage de ma maison exaspéra encore cette curiosité. Cet ami, que je devais perdre trop jeune et qui s'appelait Émile, était aussi un liseur acharné, mais, plus heureux que moi, il ne subissait aucune surveillance. Son père et sa mère, âgés déjà, vivaient sur de petites rentes et passaient les longues heures de leur journée à jouer, devant la fenêtre qui regardait la rue de Billard, d'interminables parties de mariage avec un jeu de cartes acheté dans un café et qui sentait encore l'odeur du tabac. Émile, lui, seul dans sa chambre, pouvait s'abandonner à toutes les fantaisies de ses lectures. Comme nous suivions la même classe, que nous allions au lycée ensemble et que nous en revenions de même, ma mère me permettait volontiers de passer des heures entières chez ce charmant enfant, auquel je fis bientôt partager mon goût pour les vers que j'admirais si vivement, et mon désir d'en mieux connaître les auteurs. Nous prenions, pour nous rendre au collège, les rues étroites de la vieille ville, et nous passions devant l'étalage d'un vieux libraire auquel nous avions acheté quelques ouvrages classiques d'occasion. Que devînmes-nous en découvrant dans une des cases du bonhomme un Musset en assez mauvais état, les volumes de poésie, qui coûtaient quarante sous les deux. Ils étaient si usés, si maculés... Nous commençâmes par les feuilleter, puis il nous devint impossible de ne pas les posséder. En réunissant nos deux semaines, nous arrivâmes à les emporter, — et c'est là, dans la petite chambre d'Émile, assis, lui sur son lit, moi sur une chaise, que nous lûmes *Don Paez*, les *Marrons du feu*, *Portia*, *Mardoche*, *Rolla*. J'en tremblais, comme d'une grosse faute, et nous nous laissions envahir par cette poésie comme par un vin, longuement, doucement, passionnément.

« J'ai eu depuis, entre les mains, dans cette même chambre d'Émile et dans la mienne propre, grâce à des ruses d'amant en danger, bien des volumes clandestins et que j'ai bien aimés, depuis la *Peau de chagrin*, de Balzac, jusqu'aux *Fleurs du mal*, de Baudelaire, sans parler des poèmes de Henri Heine et des romans de Stendhal. Je n'ai jamais éprouvé d'émotion comparable à celle de ma première rencontre avec le génie de l'auteur de *Rolla*. Je n'étais ni un artiste ni un historien. La valeur plus ou moins haute de ces vers, leur signification plus ou moins actuelle me laissait donc indifférent? Non. Ce fut un frère aîné qui venait me révéler à moi, chétif encore, et qui n'avais pas vécu, l'univers dangereux de l'expérience sentimentale. Ce que j'avais senti obscurément, cette infériorité intellectuelle de la piété par rapport à l'impiété, m'apparut alors sous un jour étrangement nouveau. Toutes les vertus que l'on m'avait prêchées durant mon enfance s'appauvrirent, se mesquinisèrent, si humbles, si grêles à côté des splendeurs, de l'opulence, de la frénésie de certaines fautes... La foi toute simple, c'étaient ces dévotes, les amies de ma mère, si tristement racornies et vieillottes. L'impiété, c'était ce beau jeune homme qui, au matin de sa dernière nuit, regarde la sanglante aurore et, dans un éclair, découvre tout l'horizon de l'histoire et des légendes pour revenir ensuite appuyer sa tête sur le sein d'une fille belle comme son plus beau songe, et qui l'aime trop tard. La chasteté, le mariage, c'étaient les bourgeois que je connaissais, qui allaient à la musique du jardin des Plantes, le jeudi et le dimanche, de leur même pas régulier, qui disaient du même ton les mêmes phrases. Mon imagination me dessinait en regard, éclairés par les couleurs chimériques de la poésie la plus brûlante, les visages des libertins et des adultères des *Contes d'Espagne* et des fragments qui suivent. C'était Dalti tuant le mari de Portia, puis errant avec sa maîtresse sur l'eau morte de la lagune, entre les escaliers des palais antiques. C'était don Paez assassinant Juana après s'être enlacé à elle dans une étreinte affolée par le philtre, Frank et sa Belcolore, Hassan et sa Namouna, l'abbé Cassio et sa Suzon. Je n'étais pas capable de critiquer la fausseté romanesque de tout ce décor, ni de faire le départ entre les portions sincères et les portions littéraires de ces poèmes. Les profondeurs scélérates de l'âme m'apparaissaient à travers les lignes, et elles me tentaient, elles attiraient en moi l'esprit déjà curieux de sensations nouvelles, la faculté d'analyse déjà trop éveillée. Les autres livres dont je vous ai cité les titres tout à l'heure furent pour moi des prétextes à une tentation analogue, quoique moins forte. Devant les plaies du cœur humain que les uns et les autres étalent avec tant de complaisance, j'ai ressemblé, dès ma quinzième année, à ces saints du moyen-âge qu'hypnotisait la contemplation des blessures du Sauveur. La force de leur piété faisait apparaître sur leurs mains les stigmates miraculeux, et moi, mon ardeur d'admiration m'a ouvert sur l'âme, à l'âge des saintes ignorances et des puretés immaculées, les stigmates des ulcères moraux dont saignèrent tous les grands malades modernes. Oui, dans ces années où je n'étais encore et toujours que le collégien, ami du petit Émile, et qui se cachait de sa mère pour ses lectures, je me suis assimilé en pensée les émotions que l'enseignement craintif de mes maîtres m'indiquait comme les plus criminelles. Ma rêverie s'est repue des poisons les plus dangereux de la vie, tandis que je continuais, grâce à ma puissance native de dédoublement, à jouer le personnage d'un enfant très sage, très assidu à ses devoirs, très soumis à sa mère et très pieux. Mais non. Si bizarre que cela doive vous sembler, je ne jouais pas ce personnage. Je l'étais aussi, avec une contradiction spontanée qui peut-être m'a mis sur la voie du travail psychologique auquel j'ai consacré mes premiers efforts. Quand j'ai rencontré dans votre ouvrage sur la volonté ces suggestives indications sur la théorie de la multiplicité du moi, comment n'y aurais-je pas adhéré aussitôt, après avoir traversé des époques comme celles que je vous décris aujourd'hui et dans lesquelles j'ai été réellement plusieurs êtres ?

« Cette crise de sensibilité imaginative avait donc continué d'attaquer en moi la foi religieuse en me donnant la tentation du péché subtil et celle aussi du scepticisme douloureux. La crise de sensualité qui en résulta faillit raviver cette foi dans mon cœur déjà très malade. Je cessai d'être pur à dix-sept ans, et comme il arrive d'habitude, dans des conditions très prosaïques et très tristes. Une ouvrière d'environ trente ans, fraîche mais commune, qui venait chez ma mère, se trouvant une après-midi seule avec moi, profita de la circonstance pour m'attirer auprès d'elle et me donner des baisers qui m'affolèrent. Elle me demanda de venir chez elle, et la fièvre que ses caresses avaient allumée en moi, jointe à une palpitante curiosité des choses de la chair éveillée par mes lectures, me fit aller à ce rendez-vous. Là, dans une chambre de hasard, sur un lit aux gros draps de calicot rude, je perdis ma virginité entre les bras de cette fille dans les yeux de laquelle l'idée de mon innocence physique allumait un si bestial éclat qu'elle me fit peur. L'action ne fut pas plus tôt accomplie que je m'enfuis de cette chambre avec un dégoût inexprimable. Il me semblait que mes mains, que ma bouche, que tout mon corps étaient souillés d'une souillure qu'aucune eau ne laverait. Ma première idée fut d'aller me confesser et d'implorer du Dieu auquel je croyais encore, la force de ne pas recommencer. Ce dégoût persista pendant plusieurs jours, et puis je constatai, avec un mélange d'épouvante et de volupté, que le désir s'y insinuait petit à petit, et c'est alors que je pus observer ce trait de mon caractère que je vous ai signalé en vous parlant de mon père, l'incapacité à me servir de mon esprit pour me diriger et me dominer. Contre la honte d'une nouvelle chute dans l'abîme des sens, j'eus beau dresser et les convictions de ma piété encore intacte, et les délicatesses de mon imagination cultivée par tant de lectures; j'eus beau me dire que cela était à la fois infâme et trivial, que je ressemblais ainsi aux camarades les plus méprisés par Émile et par moi, ceux qui passaient leurs jeudis au café ou chez les filles, — un soir, vers les huit heures, je sortis de la maison sous prétexte d'un mal de tête. — Oui, c'était un soir d'été. Je respire encore l'odeur de poussière mouillée qui flottait sur la place de Jaude arrosée de l'après-midi. Je m'acheminai vers le faubourg de Saint-Allyre où demeurait Marianne, c'était le nom de la créature, avec l'angoisse qu'elle ne fût pas chez elle. Je la trouvai dans sa pauvre chambre, et cette seconde fois fut la première où je m'abandonnai vraiment au délire animal, quitte à me retirer en proie au même mortel dégoût. Dès lors, à côté des deux autres personnes qui vivaient déjà en moi, entre l'adolescent encore fervent, régulier, pieux, et l'adolescent romanesquement imaginatif, un troisième individu naquit et grandit, un sensuel, tourmenté des désirs les plus bassement brutaux. Pourtant le goût de la vie intellectuelle subsistait en moi, si fort, si définitif, que, tout en souffrant de cet état singulier, j'éprouvais une sensation de supériorité à le constater, à l'étudier. Ce qu'il y avait de plus étrange, c'est que je ne m'abandonnais pas à cette dernière disposition plus qu'aux trois autres, avec une claire et lucide conscience. Je demeurais un adolescent à travers ces troubles, c'est-à-dire un être encore incertain, inachevé, en qui s'ébauchaient les linéaments de son âme à venir. Je ne m'affirmais ni dans mon mysticisme, puisque au fond, tout au fond, j'avais honte de croire, comme d'une infériorité ; ni dans mes imaginations sentimentales, puisque je les considérais comme de simples jeux de littérature ; ni dans ma sensualité, puisque j'avais la nausée, au sortir de la chambre de Marianne ; et, d'autre part, je n'avais ni l'audace ni la théorie de ma curiosité à l'égard de mes fautes. C'était dans l'été de ma rhétorique. Émile, qui devait mourir l'hiver suivant de la poitrine, était déjà bien malade et ne sortait plus guère. Il écoutait mes confidences avec un intérêt effrayé qui flattait mon amour-propre en me donnant à mes propres yeux une allure d'exception. Cet amour-propre ne m'empêchait pas d'avoir moi-même peur, comme à la veille de ma première communion, du regard que l'abbé Martel me jetait maintenant quand il me rencontrait. Il avait sans doute parlé à ma mère dans la mesure où le lui permettait le secret du confessionnal, car elle surveillait mes sorties, mais sans pouvoir les empêcher tout à fait, et surtout sans y voir autre chose que des causes possibles de tentations, tant je continuais à m'envelopper d'hypocrisie. Cette maladie de mon meilleur ami, cette surveillance de ma mère, l'appréhension des yeux du prêtre, achevaient de m'énerver, d'autant plus que dans ce pays de volcans il semble que les chaleurs d'été fassent sortir du sol une vapeur plus ardente, plus grisante. J'ai connu, dans ces moments-là, des journées littéralement folles, tant elles renfermaient en elles d'heures contradictoires, des journées où je me levais, plus fervent chrétien que jamais. Je lisais un peu d'*Imitation,* je priais, j'allais à ma classe avec le ferme propos d'être parfaitement régulier et sage. Sitôt rentré, je faisais mes devoirs, puis je descendais pour voir Emile. Nous nous livrions ensemble à quelque lecture troublante. Son père et sa mère, qui le voyaient mourir et qui le gâtaient, lui laissaient prendre chez le libraire tous les ouvrages qui lui plaisaient, et nous en étions maintenant aux écrivains plus modernes, à ceux d'aujourd'hui, dont les volumes, arrivés récemment de Paris, exhalaient une odeur de papier frais et d'encre neuve. Nous nous procurions ainsi un frisson du cerveau qui m'accompagnait toute l'après-midi, et cependant je retournais en classe. Là, dans l'étouffante chaleur du milieu du jour, tandis que les portes ouvertes sur la cour laissaient voir l'ombre courte des arbres, et aussi que l'on entendait les voix lointaines des professeurs dictant les devoirs, l'image de Marianne s'offrait à moi, et une tentation commençait, d'abord lointaine et vague, qui allait, grandissant, grandissant. J'y résistais, en sachant que j'y sucomberais, comme si de lutter contre mon obscur désir m'en faisait davantage sentir la force et l'acuité. Je rentrais. L'image impure me poursuivait. Je dépêchais mes devoirs avec une sorte de verve endiablée, trouvant du talent dans le désarroi de mes nerfs trop vibrants. Je dînais, la bouche desséchée par l'ardeur de sensualité qui, à présent, me brûlait. Je descendais sous le prétexte de revoir Emile, et je me précipitais vers la rue de Marianne. Je retrouvais auprès d'elle la sensation brutale, cuisante et âpre, suivie d'une nausée si étrange, et, revenu, il m'arrivait de passer des heures à ma fenêtre, regardant les étoiles de la vaste nuit d'été, me souvenant de mon père mort et de ce qu'il me disait jadis sur ces mondes lointains. Alors une extraordinaire impression du mystère de la nature me saisissait, du mystère de toute âme, de mon âme à moi, vivante, dans cette nature, et je ne sais ce que j'admirais le plus, des profondeurs de ce ciel taciturne, ou des abîmes qu'une journée, ainsi employée, me révélait dans mon cœur.

« Telles étaient mes dispositions intérieures, mon cher maître, lorsque j'entrai dans celle de mes classes qui devait être décisive pour mon développement : la philosophie. Dès les premières semaines du cours, mon ravissement commença. Quel cours cependant et combien empâté de fatras de la psychologie classique ! N'importe, inexacte et incomplète, officielle et conventionnelle, cette psychologie me passionna. La méthode employée, la réflexion personnelle et l'analyse intime ; — l'objet à étudier, le Moi humain considéré dans ses facultés et ses passions ; — le résultat cherché, un système d'idées générales capables de résumer en de brèves formules un vaste tas de phénomènes ; — tout, dans cette science nouvelle, s'harmonisait trop bien avec le genre d'esprit que mon hérédité, mon éducation et mes propres tendances m'avaient façonné. J'en oubliai jusqu'à mes lectures favorites, et je me plongeai dans ces travaux d'un ordre encore inconnu avec d'autant plus de frénésie que la mort d'Émile, de mon unique ami, survenue à cette époque, vint imposer de nouveau à mon intelligence si naturellement méditative ce problème de la destinée que je me sentais déjà presque impuissant à résoudre par ma foi première. Mon ardeur fut si vive que bientôt je ne me contentai plus de suivre mon cours. Je cherchai des ouvrages à côté qui pussent compléter l'enseignement du maître, et c'est ainsi que je tombai un jour sur la *Psychologie de Dieu*. Elle me frappa si profondément que je pris aussitôt la *Théorie des passions* et l'*Anatomie de la volonté*. Ce fut, dans le domaine des idées pures, le même coup de foudre que jadis, avec les œuvres de Musset, dans le domaine des sensations rêvées. Le voile tomba. Les ténèbres du monde extérieur et intérieur s'éclairèrent. J'avais trouvé ma voie. J'étais votre élève.

« Pour vous expliquer d'une façon très nette comment votre pensée pénétra la mienne, permettez-moi de passer tout de suite aux résultats de cette lecture et des méditations qui la suivirent. Vous verrez comment je pus tirer de vos ouvrages une éthique complète et qui coordonna d'une manière merveilleuse les éléments épars qui flottaient en moi. Je rencontrai d'abord dans le premier de ces trois ouvrages : la *Psychologie de Dieu*, un apaisement définitif à cette angoisse religieuse dans laquelle je continuais de vivre, malgré les tentations de mes doutes. Certes, les objections contre les dogmes ne m'avaient pas manqué depuis que je lisais au hasard tant de livres dont beaucoup manifestaient la plus audacieuse irréligion, et surtout je m'étais senti attiré vers le scepticisme, comme je vous l'ai dit, parce que je lui trouvais un double caractère de supériorité intellectuelle et de nouveauté sentimentale. J'avais subi, entre autres influences, celle de l'auteur de la *Vie de Jésus*. La magie exquise de son style, la grâce souveraine de son dilettantisme, la poésie langoureuse de sa pieuse impiété m'avaient remué profondément, mais je n'étais pas pour rien le fils d'un géomètre, et je n'avais pas été satisfait de ce qu'il y a d'incertain, de nuancé jusqu'à l'à-peu-près, dans cet incomparable artiste. C'est la rigueur mathématique de votre livre à vous, mon cher maître, qui s'empara aussitôt de ma pensée. Vous me démontriez à la fois avec une dialectique irrésistible que toute hypothèse sur la cause première est un non-sens, l'idée même de cette cause première une absurdité, et que néanmoins ce non-sens et cette absurdité sont aussi nécessaires à notre esprit que l'illusion à nos yeux d'un soleil en train de tourner autour de la terre, quoique nous sachions que ce soleil est immobile et que cette terre est en mouvement. La toute puissante ingéniosité de ce raisonnement ravit mon intelligence qui, s'abandonnant docilement à votre conduite, en arriva enfin à une vision du monde lucide et rationnelle. J'aperçus l'univers tel qu'il est, épanchant sans commencement et sans but le flot inépuisable de ses phénomènes. Le soin que vous avez eu d'appuyer toutes vos argumentations sur des faits empruntés à la Science correspondait trop bien aux lointains enseignements de mon père pour ne pas me séduire par cela aussi, par ce charme d'une ancienne habitude d'esprit, pratiquée à nouveau après des années. Je lisais et je relisais vos pages, les résumant, les commentant et m'appliquant, avec l'ardeur d'un néophyte, à m'en assimiler tout le suc. L'orgueil intellectuel que j'avais senti remuer en moi dès mon enfance s'exaltait dans le jeune homme qui apprenait de vous le renoncement aux plus douces, aux plus consolantes utopies. Ah ! comment vous raconter ces fièvres d'une initiation qui fut pareille à un premier amour par les félicités de l'enthousiasme et ses ferveurs ? J'avais comme une joie physique à renverser, vos livres à la main, tout l'édifice des croyances où j'avais grandi. Oui, c'était la mâle félicité qu'a célébrée Lucrèce, celle de la négation libératrice, et non pas la lâche mélancolie d'un Jouffroy. Cet hymne à la Science dont chacune de vos pages est comme une strophe, je l'écoutais avec un ravissement qui fut d'autant plus intense que la faculté d'analyse, principale raison de ma piété, trouvait à s'exercer, grâce à vous, avec une autre ampleur qu'au confessionnal et que vos deux grands traités m'éclairaient sur mon univers intérieur, en même temps que la *Psychologie de Dieu* m'éclairait sur l'univers extérieur, d'une lumière qui, même aujourd'hui, est mon dernier, mon inextinguible fanal dans la tempête.

« Toutes les incohérences de ma jeunesse, en effet, comme vous me les expliquiez ! Cette solitude morale dont j'avais tant souffert, auprès de ma mère, auprès de l'abbé Martel, auprès de mes camarades, — de tous, même d'Emile, — je la comprenais maintenant. Dans votre *Théorie des passions* n'avez-vous pas démontré que nous sommes impuissants à sortir du Moi, et que toute relation entre deux êtres repose sur l'illusion, comme le reste ? Ces chutes des sens dont j'avais eu des remords si atroces, votre *Anatomie de la volonté* m'en révélait les motifs nécessaires, l'inéluctable logique. Les complications que je m'étais reprochées en m'y attardant, comme un manque de franchise, vous m'y faisiez reconnaître la loi même d'existence, imposée par l'hérédité à notre personne. Je me rendais compte aussi, grâce à vous, qu'en recherchant dans les romanciers et les poètes de ce siècle des états de l'âme coupables et morbides, j'avais, sans m'en douter, suivi une vocation innée de psychologue. N'est-ce pas vous qui avez écrit: « Toutes les âmes doivent être « considérées par le savant comme des expé-« riences instituées par la nature. Parmi ces expé-« riences, les unes sont utiles à la société, et l'on « prononce alors le mot de vertu ; les autres nui-« sibles, et l'on prononce le mot de vice ou de « crime. Ces dernières sont pourtant les plus « significatives, et il manquerait un élément « essentiel à la science de l'esprit si Néron, par « exemple, ou tel tyran italien du XVe siècle « n'avait pas existé... » Par ces chaudes journées d'été, je me revois partant en promenade, un de ces livres dans la poche et, une fois seul dans la campagne, lisant quelqu'une de ces phrases et m'exaltant à en méditer le sens. J'appliquais au paysage qui m'environnait cette interprétation philosophique de ce qu'il est convenu d'appeler le mal. Sans doute les éruptions qui avaient soulevé la chaîne des Dômes, aux pieds desquels j'errais ainsi, avaient dû dévaster de lave brûlante la plaine voisine et détruire des êtres, et pourtant elles avaient produit cette magnificence d'horizon qui me ravissait, quand mes yeux contemplaient la croupe gracieuse du Pariou, le puy de Dôme et toute la ligne de ces nobles montagnes. Le long des chemins verdoyaient des euphorbes en fleur, dont je brisais les tiges pour voir le poison en dégoutter, blanc comme du lait. Mais ces fleurs vénéneuses nourrissaient la belle chenille tithymale, verte avec des taches sombres, et un papillon en devait naître, un sphinx aux ailes colorées des plus fines nuances. Parfois une vipère glissait entre les pierres de ces routes poudreuses, que je regardais aller, grise sur la pouzzolane rouge, avec sa tête plate et la souplesse de son corps tacheté. La dangereuse bête m'apparaissait comme une preuve de l'indifférence de cette nature, qui n'a d'autre souci que de multiplier la vie, bienfaisante ou meurtrière, avec la même inépuisable prodigalité. Je sentais alors, avec une force inexprimable, se dégager de ces choses la même leçon que de vos œuvres, à savoir que nous n'avons rien à nous que nous-même, que le Moi seul est réel, que cette nature nous ignore, comme les hommes, qu'à elle comme à eux nous n'avons rien à demander sinon des prétextes à sentir ou à penser. Mes vieilles croyances, en un Dieu père et juge, me semblaient des songes d'enfant malade, et je me dilatais jusqu'aux extrêmes limites du vaste paysage, jusqu'aux profondeurs de l'immense ciel vide, en songeant que moi, chétif, j'avais assez réfléchi déjà, pour comprendre de ce monde ce qu'aucun des paysans que je voyais passer ne comprendrait jamais. Ils venaient de la montagne, conduisant leurs grands chariots attelés de bœufs paisibles, et ils saluaient les croix dévotement. Avec quelles délices je les méprisais dans mon cœur de leur grossière superstition, eux, et l'abbé Martel, et ma mère, quoique je ne me fusse pas décidé à déclarer mon athéisme, prévoyant trop quelles scènes cette déclaration provoquerait! Mais ces scènes n'importent guère et j'arrive maintenant à l'exposé d'un drame qui n'aurait pas de sens si je ne vous avais fait entrer d'abord dans l'intime de ma pensée et de sa formation.

§ III. — *Transplantation.*

« Je fis, à la suite de cette année d'études, peut-être trop vivement poussées, une assez grave maladie qui me força d'interrompre ma préparation à l'École normale. Une fois guéri, je redoublai ma classe de philosophie, tout en suivant une partie des cours de la rhétorique. Je me présentai à l'École vers cette date qui est aussi celle où j'eus l'honneur d'être reçu chez vous. Les événements qui suivirent, vous les connaissez. J'échouai à l'examen. Mes compositions manquaient de ce brillant littéraire qui ne s'acquiert que dans les lycées de Paris. En novembre 1885, j'acceptai d'entrer comme précepteur chez les Jussat-Randon. Je vous écrivis alors que je renonçais à mon indépendance afin d'éviter de nouvelles dépenses à ma mère. Il se joignait à cette raison l'espoir secret que les économies réalisées dans ce préceptorat me permettraient, une fois ma licence passée, de préparer mon agrégation à Paris. Le séjour dans cette ville m'attirait surtout, mon cher maître, je peux bien vous l'avouer aujourd'hui, par la perspective de me loger auprès de la rue Guy de la Brosse. Ma visite dans votre ermitage m'avait produit une impression bien profonde. Vous m'étiez apparu comme une sorte de Spinoza moderne, si complètement identique à vos livres, par la noblesse d'une vie tout entière consacrée à la pensée! Je me forgeais d'avance un roman de félicité à l'idée que je saurais les heures de vos promenades, que je prendrais l'habitude de vous rencontrer dans cet antique jardin des Plantes qui ondoie sous vos fenêtres, que vous consentiriez à me diriger, qu'aidé, soutenu par vous, je pourrais marquer, moi aussi, ma place dans la Science; enfin, vous étiez pour moi la Certitude vivante, le Maître, ce que Faust est pour Wagner dans la symphonie psychologique de Gœthe. D'ailleurs les conditions où s'offraient ce préceptorat étaient particulièrement douces. Il s'agissait surtout de tenir compagnic à un enfant de douze ans, le second fils du marquis de Jussat. J'ai su depuis comment cette famille avait été amenée à se retirer pour tout l'hiver dans ce château, près du lac d'Aydat, où ils passaient d'ordinaire les seuls mois d'automne. M. de Jussat, qui est originaire d'Auvergne, et qui a exercé les fonctions de ministre plénipotentiaire sous l'Empereur, venait, déjà entamé par le krack, de perdre une très grosse somme à la Bourse. Ses propriétés étant hypothéquées, et son revenu fortement diminué, il avait trouvé à louer son hôtel des Champs-Élysées, tout meublé et pour un prix très élevé. Il était arrivé dans sa terre de Jussat un peu plus tôt, comptant de là partir directement pour sa villa de Cannes. Une occasion avantageuse de louer aussi cette villa s'était présentée. Le désir de libérer son budget l'avait séduit, d'autant plus qu'une croissante hypocondrie lui faisait envisager sans trop de désagrément la perspective d'une année entière passée dans la solitude. Il avait été surpris, dans ce moment même, par le départ subit du précepteur de son fils Lucien, — lequel s'était sans doute peu soucié de s'enterrer ainsi pour des mois, — et, dare dare, il était arrivé à Clermont. Il y avait fait ses mathématiques, trente-cinq ans plus tôt, sous M. Limasset, le vieux professeur, ami de mon père. L'idée lui était donc venue de demander à son ancien maître un jeune homme instruit, intelligent, capable d'entretenir Lucien dans ses études pour toute cette année. Il offrait six mille francs. M. Limasset pensa tout naturellement à moi, et j'acceptai, pour les raisons que je vous ai dites, d'être présenté au marquis comme candidat à cette place. Dans un salon d'un des hôtels qui donnent sur la place de Jaude, je vis un homme assez grand, très chauve, avec des yeux d'un gris clair dans une face plaquée de rouge, et qui ne prit même pas la peine de m'examiner. Il parla tout de suite et tout le temps, entremêlant les détail sur sa santé, — il était malade imaginaire, — aux plus vives critiques contre l'éducation moderne. Je l'entends encore, disant pêle-mêle des phrases qui révélaient de la sorte les diverses facettes de son caractère :

— « Voyons, mon pauvre Limasset, quand viendrez-vous nous voir, là-haut ?.. Il y a un air excellent. C'est ce qu'il me faut. A Paris, je ne respirais pas assez. On ne respire jamais assez... J'espère, monsieur, » et il se tournait vers moi, « que vous n'êtes point partisan de ces nouvelles méthodes d'enseignement. La Science, toujours la Science; et Dieu, messieurs les savants, qu'en faites-vous ?... » Puis revenant à M. Limasset : « De mon temps, de notre temps, je peux dire, il y avait encore partout un sentiment de la hiérarchie et du devoir. On ne négligeait pas absolument l'éducation pour l'instruction. Vous rappelez-vous notre aumônier, l'abbé Habert, et comme il savait parler?... Quelle santé! Comme il vous marchait d'un bon pied et par tous les temps, sans douillette!... Mais vous, Limasset, quel âge?... Soixante-cinq ans, hein? Soixante-cinq, et pas une douleur! Pas une?... Vous me trouvez mieux, n'est-ce pas, depuis que je vis dans la montagne?... Je ne suis jamais bien malade, mais toujours quelque petite chose... Tenez, j'aimerais mieux l'être, vraiment, malade. Au moins je me soignerais... »

« Si je vous rapporte ces incohérents discours, tels qu'ils me reviennent à la mémoire, mon cher maître, c'est d'abord pour vous montrer ce que vaut l'intelligence de cet homme qui, je le sais par ma mère, s'est permis de mêler à mon procès votre nom vénéré; c'est aussi pour que vous compreniez bien dans quelles dispositions j'arrivais, quatre jours après cette conversation, à ce château où je me suis heurté contre de si terribles hasards. Le marquis m'avait agréé dès cette première visite, et il avait tenu à m'emmener dans son landau. Durant ce trajet de Clermont à Aydat, il eut le loisir de me raconter toute sa famille. Il m'expliqua successivement, avec ce bavardage invincible qui est le sien, et toujours coupé par quelques rappels de sa personne, que sa femme et sa fille n'aimaient pas beaucoup le monde et qu'elles étaient d'excellentes ménagères; que son fils aîné, le comte André, se trouvait chez lui pour quinze jours et que je n'eusse pas à me froisser de sa brusquerie, — car elle cachait le meilleur des cœurs; — que son autre fils Lucien avait été très souffrant et que la grosse affaire était surtout de lui rendre la santé. Puis, sur ce mot de santé, il partit, partit, et après une heure de confidences sur ses migraines, ses digestions, ses sommeils, ses maux passés, présents et futurs, fatigué sans doute par l'air vif et par ce flux de paroles, il s'endormit dans le coin de la voiture. Je me souviens si nettement des plans que je roulais dans ma tête, tandis que, délivré de ce fâcheux, l'objet déjà de mon plus entier mépris, je regardais le beau paysage que nous traversions entre des montagnes ravinées et des bois jaunis par l'automne, avec le puy de la Vache à l'horizon dont le cratère s'échancre, tout déchiré, tout rouge de poussière volcanique. Ce que j'avais vu déjà du marquis, ce que ses discours m'annonçaient de sa maison, aurait suffi, si je n'avais pas été préparé à cette idée par avance, pour me convaincre que j'allais être exilé parmi ceux que j'appelais les barbares. Je donnais ce nom, depuis des années, aux personnes que je jugeais irréparablement étrangères à la vie intellectuelle.

« La perspective de cet exil ne m'effrayait pas. La doctrine d'après laquelle je devais régler mon existence était si nette dans ma tête! J'étais si résolu à ne vivre qu'en moi, à n'habiter que moi, à défendre ce moi contre toute intrusion du dehors. Ce château où je me rendais et les gens qui l'habitaient ne me seraient qu'une matière à exploitation pour le plus grand profit de ma pensée. Mon programme était arrêté : durant les douze ou quatorze mois que je vivrais là, j'emploierais mes loisirs à travailler l'allemand, à dépouiller les deux volumes de la *Physiologie* de Beaunis qui bondaient ma petite malle, derrière la voiture, avec vos œuvres, mon cher maître, avec mon *Étique,* avec plusieurs volumes de M. Ribot, de M. Taine, de Herbert Spencer, quelques romans d'analyse et les livres nécessaires à la préparation de ma licence. Je comptais passer cet examen au mois de juillet. Un cahier tout blanc attendait les notes que je me proposais de prendre sur les caractères de mes hôtes. Je m'étais promis de les démonter, rouage par rouage, et j'avais acheté à cet effet avant mon départ un livre, fermé par une serrure à clef, sur la feuille de garde duquel j'avais écrit cette phrase de l'*Anatomie de la volonté :* « Spinoza « se vantait d'étudier les sentiments humains « comme le mathématicien étudie ses figures de « géométrie ; le psychologue moderne doit les « étudier, lui, comme des combinaisons chimi- « ques élaborées dans une cornue, avec le regret « que cette cornue ne soit pas aussi transparente, « aussi maniable que celles des laboratoires... » Je vous raconte cet enfantillage pour vous prouver le degré de ma sincérité intime et combien je ressemblais peu, tandis que le landau roulait sur la route d'Aydat, au jeune homme ambitieux et pauvre que tant de romans ont dépeint. Avec mon goût habituel du dédoublement, je me souviens d'avoir, dès cette heure-là, constaté, non sans orgueil, cette différence. Je me rappelais le Julien Sorel de *Rouge et Noir*, arrivant chez M. de Rênal, les tentations de Rubempré, dans Balzac, devant la maison des Bargeton, quelques pages aussi du *Vingtras* de Vallès. J'analysais la sensation qui se dissimule derrière les convoitises ou les révoltes de ces divers héros. C'est toujours l'étonnement de passer d'un monde dans un autre. De cet étonnement avide ou rancunier, je ne trouvais pas une trace en moi. Je regardais le marquis sommeiller, enveloppé, par cette fraîche après-midi de novembre, dans une fourrure dont le col relevé cachait à demi son visage. Une couverture garantissait ses jambes, d'une laine souple et sombre. Des gants de peau, bruns et brodés de noir, protégeaient ses mains qui tenaient cette couverture. Son chapeau, d'un feutre aussi fin que la soie, s'abaissait sur ses yeux. Rien que ces détails représentaient une sorte d'existence bien différente de la nôtre, de la pauvre et mesquine économie de notre intérieur que la propreté méticuleuse de ma mère sauvait seule de la misère. Je me réjouissais de n'éprouver aucune envie, pas le plus petit atome, devant ces signes d'une fortune supérieure, — ni envie, ni timidité. Je me tenais en main tout entier, sûr de moi-même et cuirassé contre toute vulgaire atteinte par ma doctrine, votre doctrine, et par la supériorité souveraine de mes idées. Je vous aurai tracé un portrait complet de mon âme à cette minute si j'ajoute que je m'étais promis, une fois pour toutes, de rayer l'amour du programme de ma vie. J'avais eu, depuis ma première aventure avec Marianne, une autre petite histoire que je vous ai passée sous silence, avec la femme d'un professeur du lycée, si absolument sotte et avec cela si ridiculement prétentieuse que j'en étais sorti plus renforcé que jamais dans mon mépris pour l'intelligence de la « Dame, » comme je disais d'après Schopenhauer, et aussi dans mon dégoût premier de la sensualité. J'attribue aux profondes influences de la discipline catholique cette répulsion devant la chair qui a survécu en moi aux dogmes de spiritualité. Je savais bien, par une expérience trop souvent répétée, que cette répulsion était insuffisante pour empêcher mes chutes profondes dans le désir sensuel. Mais je savais aussi que ce désir naissait en moi, au temps de Marianne, par exemple, par la certitude de son assouvissement, et je comptais sur la solitude du château pour m'affranchir de toute tentation et pratiquer dans sa pleine rigueur la grande maxime du Sage ancien : « Faire remonter tout son sexe dans son « cerveau. » Ah ! cette idolâtrie de mon cerveau, de mon Moi pensant, je l'ai eue si forte que j'ai songé sérieusement à étudier les règles monastiques pour les appliquer à la culture de cette pensée. Oui, j'ai projeté de faire tous les jours mes méditations, comme les moines, sur les quelques articles de mon *credo* philosophique, de célébrer chaque jour, comme les moines, la fête d'un de mes saints à moi, de Spinoza, de Hobbes, de Stendhal, de Stuart Mill, de vous, mon cher maître, en évoquant l'image et les doctrines de l'initiateur ainsi choisi et m'imprégnant de son exemple. Je comprends que tout cela était très jeune et très naïf, mais, vous le voyez, du moins je n'ai pas été celui que cette famille flétrit aujourd'hui, le plébéien intrigant qui rêve un beau mariage, et si l'idée de la séduction de Mlle de Jussat entra en effet dans mon esprit, ce fut implantée, inspirée, pour ainsi dire, par les circonstances.

« Je ne vous écris pas pour me peindre sous un jour romanesque, et je ne vois pas pourquoi je vous cacherais que parmi ces circonstances, qui devaient me pousser vers cette entreprise de séduction, si éloignée de mes sentiments d'arrivée, la première fut l'impression produite sur moi par le comte André, par le frère de cette pauvre morte, dont le souvenir, à présent que j'approche du drame, se fait vivant pour moi jusqu'à la torture. Mais remontons-y, à cette arrivée... Il est près de cinq heures. Le landau marche plus vite. Le marquis s'est éveillé. Il me montre la nappe frissonnante du petit lac d'Aydat, toute rose sous un ciel de couchant qui empourpre les feuillages séchés des hêtres et des chênes ; et, là-bas, le château, une grande bâtisse de construction moderne, blanche avec ses tours trop grêles et ses toits en poivrière, se rapproche à chaque lacis de la route grise. Le clocher d'un village, d'un hameau plutôt, dresse ses ardoises au-dessus des quelques maisons à toits de chaume. Il est dépassé. Nous voici dans l'allée d'arbres qui mène au château, puis devant le perron, et tout de suite dans le vestibule. Nous entrons dans le salon. Qu'il était paisible, ce salon, éclairé par des lampes aux larges abat-jour, avec le feu qui brûlait gaiement dans la cheminée. Et, par groupes, la marquise de Jussat travaillait avec sa fille à des ouvrages au crochet pour les pauvres ; mon futur élève regardait un livre d'images, debout contre le piano ouvert avec sa musique ; la gouvernante de Mlle Charlotte et une religieuse se tenaient assises, plus loin, et cousaient. Le comte André parcourait un journal qu'il déposa au moment de notre arrivée. Oui, que ce salon était paisible, et qui m'eût dit que mon entrée marquait la fin de cette paix pour ces personnes qui se dessinent à cette seconde dans le champ de vision de mon souvenir avec une netteté de portraits? J'aperçois le visage de la marquise d'abord, de cette grande et forte femme aux traits un peu gros, si différents de l'aspect que mon imagination ignorante eût donné à une grande dame. Elle était bien en effet la ménagère modèle dont m'avait parlé le marquis, mais une ménagère d'une éducation accomplie, et, tout de suite, rien qu'en me parlant de la belle journée que nous avions eue pour notre voyage, elle me mit à mon aise. J'aperçois le profil effacé de Mlle Élisa Largeyx, la gouvernante, et dans cette figure terne le sourire toujours approbateur de la brave fille, — type innocent de servilité heureuse, d'une calme vie toute en complaisances et aussi en félicités matérielles. J'aperçois la sœur Anaclet avec ses yeux de paysanne et sa bouche mince. Elle logeait en permanence dans le château pour servir de garde-malade au marquis toujours préoccupé d'une attaque possible. J'aperçois le petit Lucien et ses grosses joues d'enfant paresseux. J'aperçois celle qui n'est plus, et sa taille fine dans sa robe claire, et ses yeux gris si doux dans leur pâleur, et ses cheveux châtains, et la coupe allongée de son visage, et le geste par lequel sa main offrait à son père et à moi une tasse de thé contre le froid de la route. J'entends sa voix disant au marquis :

— « Père, avez-vous vu comme le petit lac était rose ce soir ?... »

« et la voix de M. de Jussat répondant entre deux gorgées de son grog :

— « J'ai vu qu'il y avait du brouillard dans les prairies et du rhumatisme dans l'air... »

« et la voix du comte André reprenant :

— « Oui, mais quel beau coup de fusil demain !... » — puis se tournant vers moi : « Vous chassez, monsieur Greslou ?... »

— « Non, monsieur, » lui répondis-je.

— « Montez-vous à cheval ? » me demanda-t-il encore.

— « Pas davantage. »

— « Je vous plains, » fit-il en riant ; « après la guerre, ce sont les deux plus grands plaisirs que je connaisse. »

« Ce n'est rien, ce bout de dialogue, et, ainsi transcrit, il ne vous expliquera pas pourquoi ces simples phrases furent cause que je regardai André de Jussat, là, aussitôt, comme un être à part de ceux que j'avais connus jusque-là ; pourquoi, une fois monté dans ma chambre où un domestique commença de déballer ma malle, j'y pensai plus encore qu'à sa fragile et gracieuse sœur ; ni pourquoi, à la table du dîner et toute la soirée, je n'eus d'observation que pour lui. Mon naïf étonnement en présence de ce mâle et fier garçon dérivait pourtant d'un fait très simple : j'avais grandi jusqu'à cette heure dans un milieu purement cérébral, où les seules formes estimées de la vie étaient les intellectuelles. J'avais eu pour camarades les premiers de ma classe, tous délicats et frêles comme je l'étais moi-même, sans daigner jamais prêter attention aux autres, à ceux qui excellaient dans les exercices du corps, et qui d'ailleurs ne trouvaient dans ces exercices qu'un prétexte à brutalité. Tous mes maîtres préférés et les quelques anciens amis de mon père étaient, eux aussi, des cérébraux. Quand je m'étais dessiné des héros de romans d'après mes lectures, j'avais toujours imaginé des mécaniques mentales plus ou moins compliquées, mais jamais leurs conditions physiques. En un mot, si j'avais songé à la supériorité que représente la belle et solide énergie animale de l'homme, ç'avait été d'une manière abstraite, mais je ne l'avais pas sentie. Le comte André, âgé de trente ans, présentait un exemplaire admirable de cette supériorité-là. Figurez-vous un homme de moyenne taille, mais découplé comme un athlète, des épaules larges et une tournure mince, des gestes qui trahissent à la fois la force et la souplesse, — de ces gestes où l'on sent que le mouvement se distribue avec cette perfection qui fait l'agilité adroite et précise, — des mains et des pieds nerveux, disant seuls la race, avec cela le visage le plus martial, un de ces teints bistrés derrière lesquels le sang coule, riche en fer et en globules, un front carré dans un casque de cheveux très noirs, une moustache de la couleur des cheveux sur des lèvres serrées et fermes, des yeux bruns rapprochés d'un nez un peu busqué, ce qui donne au profil un vague caractère d'oiseau de proie. Enfin un menton découpé hardiment achève cette physionomie dans un caractère d'invincible volonté. Et la volonté, c'est bien tout le personnage : l'action faite homme. Il semble qu'il n'y ait, dans cet officier rompu à tous les exercices du corps, prêt à toutes les bravoures, aucune rupture d'équilibre entre penser et agir, et que tout son être passe toujours tout entier dans ses moindres gestes. Je l'ai vu, depuis ce premier soir, monter à cheval de manière à réaliser devant moi la fable antique du Centaure, mettre au pistolet dix balles de suite à trente pas dans une carte à jouer, sauter des fossés à la promenade et pour se divertir, avec la légèreté d'un gymnaste de profession, de même que, parfois, et pour amuser son jeune frère, il franchissait une table en y posant seulement les deux mains. J'ai su que, pendant la guerre, et quoiqu'il n'eût encore que seize ans, il s'était engagé, et qu'il avait fait la campagne de la Loire, suffisant à toutes les fatigues et rendant du cœur aux vétérans. Il me suffit de l'étudier, au dîner, ce premier soir, mangeant posément, avec cette belle humeur d'appétit qui décèle la vie profonde ; parlant peu, mais de cette voix pleine et qui commande, pour éprouver, à un degré surprenant, cette impression que j'étais devant une créature différente de moi, mais accomplie, mais achevée dans son espèce. Il me semble, en écrivant, que cette scène date d'hier et que je suis là, tandis que le marquis commence un bésigue avec sa fille après le dîner, à causer avec la marquise, tout en regardant à la dérobée le comte André jouer seul au billard. Je le voyais, à travers la baie ouverte, souple et robuste dans la mince étoffe de son costume de soirée, un noir cigare au coin de sa bouche, qui poussait les billes avec une justesse si parfaite qu'elle en était élégante; et moi, votre élève, moi si orgueilleux de l'amplitude de ma pensée, je suivais bouche bée les moindres gestes de ce jeune homme se livrant à un sport aussi vulgaire, avec l'espèce d'admiration envieuse qu'un moine lettré du moyen-âge, inhabile à tous les jeux des muscles, pouvait ressentir devant un chevalier en train de marcher dans son armure.

« Quand je prononce le mot d'envie, je vous supplie de me bien comprendre et de ne pas m'attribuer une bassesse qui ne fut jamais la mienne. Ni ce soir-là, ni durant les jours qui suivirent, je n'ai jalousé le nom du comte André, ni sa fortune, ni quelques-uns des avantages sociaux qu'il possédait et dont j'étais si dépourvu. Je n'ai pas ressenti non plus cette étrange haine de mâle à mâle, très finement notée par vous dans vos pages sur l'amour. Ma mère avait eu cette faiblesse de me dire souvent dans mon enfance que j'étais joli garçon. Marianne et mon autre maîtresse me l'avaient répété. Sans être un fat, je me rendais compte que je n'avais rien pour déplaire, ni dans mon visage, ni dans ma tournure. Je vous dis cela, non par vanité, mais afin de vous prouver au contraire que la vanité n'entra point pour un atome dans la sorte de rivalité subite qui fit de moi, dès ces premières heures, un adversaire, presque un ennemi du comte André, sans que d'ailleurs il s'en doutât une minute. Je le répète, dans cette rivalité il entrait autant d'admiration que d'antipathie. A la réflexion, j'ai trouvé dans le sentiment que j'essaie de vous définir la trace probable d'un atavisme inconscient. J'ai questionné plus tard le marquis, dont je flattais ainsi l'orgueil nobiliaire, sur la généalogie des Jussat-Randon, et je crois savoir qu'ils sont de pure race conquérante, au lieu que dans les veines du descendant des cultivateurs lorrains qui vous écrit ces quelques lignes, coule un sang de race conquise, le sang d'aïeux asservis à la glèbe durant des siècles. Certes, entre mon cerveau et celui du comte André, il y a la même différence qu'entre le mien et la vôtre, mon cher maître, plus grande encore, puisque je peux, moi, vous comprendre et que je le défie de suivre un seul de mes raisonnements, même celui que je fais, à cette minute, sur nos rapports. Pour parler franc, je suis un civilisé, il n'est qu'un barbare. Hé bien! j'ai subi aussitôt la sensation que mon affinement était moins aristocratique que sa barbarie. J'ai senti là, du coup, et dans les profondeurs de cet instinct de la vie, où la pensée descend avec tant de peine, la révélation de cette préséance de la race que la Science moderne affirme de toute la nature et qui, par conséquent, doit être vraie aussi de l'homme. Pourquoi même le prononcer, ce mot d'envie qui sert d'étiquette à des hostilités irraisonnées comme celle que m'inspira tout de suite le comte? Pourquoi cette hostilité ne serait-elle pas héritée, elle aussi, comme le reste? Une acquisition humaine quelconque, celle par exemple du caractère et de l'énergie active, suppose que, pendant des siècles et des siècles, des files d'individus, dont on est l'addition suprême, ont voulu et ont agi. L'acquisition d'une pensée puissante résume au contraire des files d'individus qui ont moins voulu que réfléchi, moins agi que médité. Durant cette longue succession d'années, une antipathie, tantôt lucide et tantôt obscure, a rendu les individus du premier groupe odieux aux individus du second, et quand deux représentants de ce souverain labeur des âges, aussi typiques chacun dans leur genre que nous l'étions, le comte et moi, se rencontrent, comment ne se dresseraient-ils pas aussitôt l'un en face de l'autre, tels que deux bêtes d'espèces différentes? Le cheval qui n'a jamais approché de lions frémit d'épouvante lorsqu'on lui tasse sa litière avec de la paille sur laquelle a couché un de ces fauves. Donc la peur s'hérite, et la peur n'est-elle pas une des formes de la haine? Pourquoi toute haine ne s'hériterait-elle point? Et, dans des centaines de cas, l'envie ne serait que cela, — ce qu'elle fut pour moi à coup sûr, — l'écho en nous de haines autrefois ressenties par ceux dont nous sommes les fils, et qui continuent de poursuivre à travers nous des combats de cœur commencés il y a des centaines d'années.

« C'est un proverbe courant que les antipathies sont réciproques, et, si l'on admet mon hypothèse sur l'origine séculaire de ces antipathies, ce phénomène de réciprocité devient très simple. Il arrive pourtant que cette antipathie ne se manifeste pas dans les deux êtres à la fois. C'est le cas lorsqu'un de ces deux êtres ne daigne pas regarder l'autre, et aussi que l'autre se cache. Je ne crois pas que le comte André ait éprouvé, dès cette première rencontre, l'aversion qu'il aurait eue pour moi s'il avait lu jusqu'au fond de mon âme. D'abord il fit très peu d'attention à un petit jeune homme de Clermont venu dans le château pour être précepteur, puis j'étais décidé à une dissimulation constante de mon vrai Moi, emprisonné chez des étrangers. Je ne professais pas plus de répugnance pour cette hypocrisie défensive, que le jardinier des Jussat n'en avait eu à empailler les groseilliers du jardin afin de conserver à travers les neiges et les gelées la fraîcheur de leurs fruits. Le mensonge d'attitude, qui m'a toujours attiré par mon goût natif de dédoublement, correspondait trop bien à mon orgueil intellectuel d'alors pour que je ne m'y adonnasse pas avec délices. Mais lui, le comte André, n'avait aucun motif de rien me cacher de son caractère, et dès ce même soir qui suivit mon entrée dans la maison, à l'heure de nous retirer, il me pria de venir dans son cabinet pour causer un peu. Il m'avait regardé à peine et je compris tout de suite que son intention était, non pas de se mettre davantage en familiarité avec moi, mais de me donner ses idées, à lui, sur mon rôle de précepteur. Il occupait dans une aile un petit appartement composé de trois pièces : une chambre à coucher, une chambre à toilette et le fumoir où nous nous trouvions. Un grand divan drapé, quelques fauteuils, un large bureau meublaient ce fumoir. Aux murs miroitaient des armes de toute provenance, fusils marocains rapportés de Tanger, sabres et mousquets du premier Empire, et un casque de soldat prussien que le comte me montra, presque aussitôt entrés. Il avait allumé une courte pipe en bois de bruyère, préparé deux verres d'eau-de-vie coupée d'eau de seltz, et, la lampe à la main, il m'éclairait de près la pointe de cuivre de ce casque en me disant :

— « Celui-là, je suis bien sûr de l'avoir descendu moi-même... Vous ne connaissez pas cette sensation de tenir un ennemi au bout de son fusil, de l'ajuster, de le voir qui tombe, et de se dire : Un de moins?... C'était dans un village, pas loin d'Orléans... J'étais de garde, à la petite pointe du jour, dans l'angle du cimetière... Pardessus le mur, je vois une tête qui passe, qui regarde, des épaules qui suivent... C'était ce curieux qui venait voir un peu ce que nous faisions... Il n'est pas retourné le dire. »

« Il reposa la lampe, et, après avoir ri à ce souvenir, son visage devint sérieux. J'avais cru devoir tremper mes lèvres par politesse dans ce mélange d'alcool et d'eau gazeuse qui m'écœurait, et le comte reprit :

— « J'ai tenu à vous parler dès ce soir, monsieur, pour bien vous expliquer le caractère de Lucien et dans quel sens vous aurez à le diriger. Le précepteur que vous allez remplacer était un excellent homme, mais très faible, très indolent. J'ai appuyé votre candidature parce que vous êtes jeune, et, pour la tâche à remplir auprès de Lucien, un homme jeune convient mieux qu'un autre... L'instruction, monsieur, pour moi, ce n'est rien, pire que rien quelquefois, quand ça vous fausse les idées... La grande chose dans cette vie, je devrais presque dire : l'unique chose, c'est le caractère... »

« Il fit une pause comme pour me demander mon opinion, je répondis par une phrase banale et qui appuyait dans son sens.

— « Très bien, » continua-t-il, « nous nous entendrons. A l'heure présente, voyez-vous, il n'y a en France, pour un homme de notre nom, qu'un métier : soldat... Tant qu'à l'intérieur ce pays-ci sera aux mains de la canaille et qu'au dehors nous aurons l'Allemagne à battre, notre place est dans le seul endroit propre qui nous reste : l'armée... Grâce à Dieu, mon père et ma mère partagent ces idées. Lucien sera soldat, et un soldat n'a pas besoin d'en savoir si long, quoi qu'en jabotent les gens d'aujourd'hui... De l'honneur, du sang-froid et des muscles, quand avec cela on aime bien la France, tout va. J'ai eu toutes les peines du monde à être bachelier, moi qui vous parle... C'est vous dire que cette année à la campagne doit être pour Lucien, avant tout, une année de grand air, de vie un peu rude, et, pour les études, seulement d'entretien. C'est sur vos causeries avec lui que j'appelle votre attention. Vous devez insister sur le côté pratique, positif des choses, et sur les principes. Il a quelques défauts qu'il importe de redresser dès maintenant. Vous le trouverez très bon, mais très mou ; il faut qu'il s'apprenne à tout supporter. Exigez, par exemple, qu'il sorte par tous les temps, qu'il marche des deux à trois heures chaque jour. Il est très inexact, et je tiens à ce qu'il devienne ponctuel comme un chronomètre. Il est aussi un peu menteur. C'est pour moi le plus horrible des vices. Je pardonne tout à un homme, oui, bien des folies. Moi, tout le premier, j'ai fait les miennes. Je ne pardonne jamais un mensonge... Nous avons eu, monsieur, par le vieux maître de mon père, de si bons renseignements sur vous, sur votre vie auprès de madame votre mère, sur votre dignité, sur votre droiture, que nous comptons beaucoup sur votre influence. Votre âge vous permet d'être justement pour Lucien un camarade autant qu'un précepteur... L'exemple, voyez-vous, c'est le meilleur des enseignements. Dites à un conscrit qu'il est noble et beau de marcher au feu, il vous écoutera sans vous comprendre. Marchez-y devant lui, là, crânement, et il devient plus crâne que vous... Quant à moi, je rejoins mon régiment dans quelques jours, mais, absent ou présent, vous pouvez compter sur mon appui, s'il s'agit jamais d'une mesure à prendre pour que cet enfant devienne, ce qu'il doit devenir, un homme qui puisse servir bravement son pays, et, si Dieu permet, son roi... »

« Ce petit discours que je crois bien vous reproduire presque fidèlement n'avait rien qui dût m'étonner. Il était trop naturel que dans une maison où le père était un vieux maniaque, la mère une simple ménagère, la sœur timide et toute jeune, le frère aîné tînt une place dirigeante, et qu'il prît langue avec un précepteur arrivé du jour. Il était trop naturel aussi qu'un soldat et un gentilhomme élevé dans les idées de sa classe et de son métier me parlât en soldat et en gentilhomme. Vous, mon cher maître, avec votre universelle compréhension des natures, avec votre facilité à dégager le lien nécessaire qui unit le tempérament et le milieu aux idées, vous eussiez vu dans le comte André un cas très défini et très significatif. Et moi-même, pourquoi avais-je préparé mon cahier à fermoir, sinon pour recueillir des documents et de cette espèce sur la nature humaine? N'en avais-je pas là de tout nouveaux dans la personne de cet officier si un et si simple, qui manifestait une manière de penser évidemment identique à sa manière d'être, de respirer, de bouger, de fumer, de manger? Ah! je me rends trop compte que ma philosophie n'était pas comme du sang dans mes veines, comme de la moelle dans mes os, car ce discours et les convictions qu'il exprimait, au lieu de me plaire par cette rare rencontre de logique, avivèrent encore la plaie d'antipathie subitement ouverte je ne sais où, dans mon amour-propre peut-être, — car enfin j'étais le chétif et le frêle en présence du fort, — à coup sûr, dans ma sensibilité la plus intime. Aucune des idées émises par le comte n'avait à mes yeux la moindre valeur. C'étaient pour moi de pures sottises, et voici qu'au lieu de simplement mépriser ces sottises comme j'aurais fait dans toute autre occasion, je me mis à les haïr sur sa bouche. Le métier de soldat? Je le considérais comme si misérable, à cause des fréquentations brutales et aussi du temps perdu, que je m'étais réjoui d'être fils de veuve afin d'échapper à la barbarie de la caserne et aux misères de la discipline. La haine de l'Allemagne? Je m'étais appliqué à la détruire en moi, comme le pire des préjugés, par dégoût des camarades imbéciles que je voyais s'exalter dans un patriotisme ignorant, et aussi par admiration, par religion pour le peuple à qui la psychologie doit Kant et Schopenhauer, Lotze et Fechner, Helmholtz et Wundt. La foi politique? Je professais un égal dédain pour les hypothèses grossières qui, sous le nom de légitimisme, de républicanisme, de césarisme, prétendent gouverner un pays *à priori*. Je rêvais, avec l'auteur des *Dialogues philosophiques*, une oligarchie de savants, un despotisme de psychologues et d'économistes, de physiologistes et d'historiens. La vie pratique? C'était la vie diminuée, pour moi qui ne voyais dans le monde extérieur qu'un champ d'expériences où une âme affranchie s'aventure avec prudence, juste assez pour y recueillir des émotions. Enfin ce mépris pour le mensonge que professait mon interlocuteur me frappait comme un affront, en même temps que cette confiance absolue dans ma moralité, fondée sur une fausse image de moi, me gênait, me froissait, me blessait. Certes, la contradiction était piquante : je me donnais comme pareil au portrait que le vieil ami de mon père avait tracé de ma personne ; il me plaisait par certains côtés que l'on me crût tel, et je me sentais irrité que lui, le comte André, ne se défiât pas de moi. Il y a là un détour de cœur qui déconcerte mon analyse. Mais qu'est-ce que cela prouve, sinon que nous ne nous connaissons jamais entièrement nous-même ? Vous l'avez dit, mon maître, avec magnificence. « Nos états de conscience sont comme « des îles sur un océan de ténèbres qui en dérobe « à jamais les soubassements. C'est l'œuvre du « psychologue de deviner par des sondages le « terrain qui fait de ces îles les sommets visibles « d'une même chaîne de montagnes, invisible et « immobile sous la masse mobile des eaux... »

« Si j'ai insisté sur cette soirée qui suivit mon arrivée au château, ce n'est pas qu'elle ait eu des conséquences immédiates, puisque je me retirai après avoir assuré au comte André que j'étais absolument de son avis sur la direction à donner à son jeune frère, et que, remonté dans ma chambre, je me bornai à consigner ces paroles sur mon livre de notes, avec un commentaire plus ou moins dédaigneux. Mais cette première impression vous fera bien comprendre quelles impressions analogues lui succédèrent, et la crise inattendue, quoique très naturelle, qui en résulta. C'est là une de ces chaînes sous-marines dont vous parlez, et dont je retrouve aujourd'hui tout le détail en jetant la sonde au fond, bien au fond de mon cœur. Sous l'influence de vos livres, mon cher maître, et sous celle de votre exemple, je m'étais intellectualisé de plus en plus, et je croyais, comme je vous l'ai raconté tout à l'heure, avoir renoncé définitivement à cette morbide curiosité des passions qui m'avait fait trouver autrefois de cuisants plaisirs dans mes lectures coupables et jusque dans les dégoûts de ma liaison sensuelle avec Marianne. Nous gardons ainsi en nous-même des portions d'âme que nous avons connues très vivantes, que nous croyons mortes et qui ne sont qu'assoupies. Et voilà que peu à peu, à fréquenter pendant seulement quinze jours cet homme, mon aîné de neuf ou dix ans à peine, et qui était, lui, tout réalité, tout énergie, cette existence de pur spéculatif jadis si sincèrement rêvée, commença de me sembler, — comment dirai-je ? Inférieure ? Oh ! non, puisque je n'aurais pas consenti, au prix d'un empire, à devenir le comte André, avec son nom, sa fortune, ses supériorités physiques et ses idées. Décolorée ? Non encore. Je n'avais qu'à me souvenir de cette apparition unique, votre profil détaché sur la fenêtre de votre cabinet de travail avec ce fond de paysage parisien si vaste et si triste, pour en goûter à nouveau la méditative poésie. Le mot d'incomplet me paraît seul résumer la singulière défaveur que la soudaine comparaison entre le comte et moi répandit sur mes propres convictions. C'est dans le sentiment de cet incomplet que résida le principe tentateur dont je fus la victime. Il n'y a rien de bien original, je crois, dans cet état d'âme d'un homme qui, ayant cultivé à l'excès en lui-même la faculté de penser, rencontre un autre homme ayant cultivé au même degré la faculté d'agir, et qui se sent tourmenté de nostalgie devant cette action pourtant méprisée. Gœthe a tiré tout son Faust de cette nostalgie-là. Je n'étais pas un Faust; je n'avais pas, comme le vieux docteur, épuisé la coupe des Sciences; et cependant, il faut croire que mes études de ces dernières années, en m'exaltant dans un sens trop spécial, avaient laissé en moi des puissances inemployées, qui tressaillirent d'émulation à l'approche de ce représentant d'une autre race d'hommes. Tout en l'admirant, l'enviant et le dédaignant à la fois, durant les jours qui suivirent, je ne pouvais empêcher ma tête de travailler et mes raisonnements d'aller. Et je songeais : « Un homme qui vaudrait celui-ci par l'action et qui me vaudrait par la pensée, celui-là serait vraiment l'homme supérieur que j'ai souhaité d'être. » Mais l'action et la pensée ne s'excluent-elles pas l'une l'autre ? Elles ne s'excluaient pas à la Renaissance, et, plus près de nous, elles ne se sont pas exclues chez ce Gœthe qui a incarné en lui-même la double destinée de son Faust, tour à tour philosophe et homme de cour, poète et ministre; ni chez Stendhal, romancier et lieutenant de dragons; ni chez Constant, qui fut l'auteur d'*Adolphe* et un orateur de feu, en même temps qu'un duelliste, un joueur et un séducteur. Cette culture accomplie du Moi dont j'avais fait le résultat dernier, la fin suprême de mes doctrines, allait-elle sans ce double jeu des facultés, sans ce parallélisme de la vie vécue et de la vie pensée ? Probablement le premier regret que j'eus de me sentir dépossédé ainsi de tout un monde, celui du fait, ne fut que d'orgueil. Mais chez moi, et par la nature essentiellement philosophique de mon être, les sensations se transforment tout de suite en idées. Les moindres accidents me servent à poser des problèmes généraux. Chaque événement de ma destinée me mène à des théories sur toute destinée. Là où un autre jeune homme se fût dit : « C'est dommage que le sort m'ait permis une seule espèce de développement, » je me pris à me demander si je ne m'étais pas trompé sur la loi de tout développement. Depuis que j'avais, grâce à vos admirables livres, affranchi mon âme et terrassé les vaines terreurs religieuses, je ne gardais de mes anciennes pratiques de piété qu'une seule, l'habitude d'un examen de conscience quotidien, sous forme de journal, et, de temps à autre, je faisais ce que j'appelais une oraison. Je transportais, comme je vous l'ai dit déjà et avec une jouissance étrange, les termes de la religion dans le domaine de ma sensibilité personnelle. J'appelais cela encore la liturgie du Moi. Je me souviens qu'un des soirs de la seconde semaine que je passai au château de Jussat, j'employai ainsi plusieurs heures à rédiger une confession générale, c'est-à-dire à dresser un tableau complet de mes instincts divers depuis le plus lointain éveil de ma conscience. J'arrivai à cette conclusion que le trait essentiel de ma nature, la caractéristique de mon être intime avait toujours été, comme je l'ai marqué en commençant le présent travail, la faculté de dédoublement. Cela signifiait que j'avais toujours subi une tendance à être tout ensemble passionné et réfléchi, à vivre et à me regarder vivre. Mais en m'emprisonnant, comme je le voulais, dans la réflexion pure, en négligeant justement de vivre pour n'être plus qu'un regard ouvert sur la vie, ne risquais-je pas de ressembler à cet Amiel dont le douloureux journal paraissait alors, de me stériliser par l'abus de l'analyse à vide? Pour me renforcer dans ma résolution d'une existence abstraite, en vain votre image me revenait, mon cher maître. Je me rappelais les phrases sur l'amour dans la *Théorie des passions*. « Il n'a pas toujours été ce qu'il est, » me disais-je, « un mystère criminel a dû traverser sa jeunesse, » et je vous voyais, à mon âge, vous abandonnant aux expériences coupables qui déjà me tentaient obscurément à travers ces allées et venues de mes pensées.

« Je ne sais si cette chimie d'âme, très compliquée et très sincère pourtant, vous semblera suffisamment lucide. Le travail par lequel une émotion s'élabore en nous et finit par se résoudre dans une idée reste si obscur que cette idée est parfois précisément le contraire de ce que le raisonnement simple aurait prévu ! N'eût-il pas été naturel, par exemple, que l'espèce d'antipathie admirative soulevée en moi par la rencontre du comte André aboutît soit à une répulsion déclarée, soit à une admiration définitive ? Dans le premier cas, j'eusse dû me rejeter davantage vers la Science, et dans l'autre, souhaiter une moralité plus active, plus de virilité pratique dans mes actes ? Oui, j'eusse dû. Mais le naturel de chacun, c'est sa nature. La mienne voulait que, par une métamorphose dont je vous ai marqué de mon mieux les degrés, l'antipathie admirative pour le comte devînt chez moi un principe de critique à mon propre égard, que cette critique enfantât une théorie un peu nouvelle de la vie, que cette théorie réveillât ma disposition native aux curiosités passionnelles, que le tout se fondît en une nostalgie des expériences sentimentales et que, juste à ce moment, une jeune fille se trouvât dans mon intimité, dont la seule présence aurait suffi pour provoquer le désir de lui plaire chez tout jeune homme de mon âge. Mais j'étais trop intellectuel pour que ce désir naquît dans mon cœur sans avoir passé par ma tête. Du moins, si j'ai subi le charme de grâce et de délicatesse qui émanait de cette enfant de vingt ans, je l'ai subi en croyant que je raisonnais. Il y a des heures où je me demande s'il en a été ainsi, où toute mon histoire m'apparaît comme plus simple, où je me dis : « J'ai tout bonnement été amoureux de Charlotte, parce qu'elle était jolie, fine et tendre, et que j'étais jeune ; puis je me suis donné des prétextes de cerveau parce que j'étais un orgueilleux d'idées qui ne voulait pas avoir aimé comme un autre. » Ah ! quel soulagement quand je parviens à me parler de la sorte ! Je peux me plaindre moi-même au lieu de me faire horreur, comme cela m'arrive lorsque je me rappelle ce que j'ai pensé alors, cette froide résolution caressée dans mon esprit, consignée dans mes cahiers, vérifiée, hélas ! dans les événements, la résolution de séduire cette enfant sans l'aimer, par pure curiosité de psychologue, pour le plaisir d'agir, de manier une âme vivante, moi aussi, d'y contempler à même et directement ce mécanisme des passions jusque-là étudié dans les livres, pour la vanité d'enrichir mon intelligence d'une expérience nouvelle. Mais oui, c'est bien ce que j'ai voulu, et je ne pouvais pas ne pas le vouloir, dressé comme j'étais par ces hérédités, par cette éducation que je vous ai dites, transplanté dans le milieu nouveau où me jetait le hasard, et mordu, comme je le fus, par ce féroce esprit de rivalité envers cet insolent jeune homme, mon contraire?

« Et pourtant qu'elle était digne de rencontrer un autre que moi, qu'une froide et meurtrière machine à calcul mental, cette fille si pure et si tendre! Rien que d'y songer, me fond soudain le cœur et me déchire, moi qui me voudrais sec et précis, comme un diagnostic de médecin. Elle, ce n'est pas dès le premier soir que je l'ai remarquée, et elle n'offrait pas en effet au premier regard cette perfection des lignes du visage, cet éclat du teint, cette royauté du port qui font dire d'une femme qu'elle est très belle. Tout dans sa physionomie était délicatesse, effacement, demi-teinte, depuis la nuance de ses cheveux châtains jusqu'à celle de ses prunelles d'un gris un peu brouillé, dans un visage ni trop pâle ni trop rose. Elle appelait nécessairement à l'esprit le terme de modeste, quand on étudiait son expression, et celui de fragile, quand on prenait garde aux finesses de ses pieds et de ses mains, à la grâce presque trop menue de ses mouvements. Quoiqu'elle fût plutôt petite, elle paraissait grande à cause de la proportion de sa tête et de l'attache du col qu'elle avait si naturellement dégagée et noble. Si le comte André reproduisait un de leurs communs ancêtres par un atavisme évident, elle trouvait, elle, le moyen de ressembler à leur père, mais avec une si ravissante idéalité de lignes que c'était à ne pas admettre cette ressemblance, lorsqu'on ne les voyait pas l'un à côté de l'autre. Il était néanmoins aisé de reconnaître en elle l'influence des dispositions nerveuses qui chez le père créaient l'hypocondrie. Charlotte était d'une sensibilité presque morbide qui se révélait, à de certaines minutes, par un léger tremblement des mains et des lèvres, ces belles lèvres sinueuses où résidait une bonté presque divine. Son menton très ferme dénonçait une rare force de volonté dans cette enveloppe frêle, et je comprends aujourd'hui que la profondeur de ses yeux, parfois immobiles et comme attirés vers un point visible pour eux seuls, trahissait une tendance fatale à l'idée fixe. Comment l'aurais-je remarqué dès lors? Le premier trait que j'observai en elle, — dès la seconde semaine qui suivit mon arrivée, — fut cette extrême bonté, et cela, grâce au petit Lucien. Cet enfant me raconta qu'elle l'avait prié de savoir de moi, à plusieurs reprises, s'il ne me manquait rien dans ma chambre, — petit détail bien puéril, mais qui me toucha, parce que je me sentais bien seul dans cette grande maison où personne, depuis mon arrivée, ne semblait faire la moindre attention à moi. Le marquis n'apparaissait qu'au déjeuner, enveloppé d'une robe de chambre, et pour gémir sur sa santé ou la politique. La marquise s'occupait à parfaire le confortable du château, et elle soutenait de longues conférences avec un tapissier venu de Clermont. Le comte André montait à cheval le matin, il chassait l'après-midi, et, le soir, il fumait ses cigares sans plus m'adresser la parole. La gouvernante et la religieuse s'observaient et m'observaient avec une discrétion qui me glaçait. Mon élève était un garçon paresseux et lourd, qui n'avait qu'une qualité, celle d'être très simple, très confiant et de me raconter tout ce que je voulais bien entendre sur lui-même et les siens. J'avais appris ainsi tout de suite que le séjour à la campagne, cette année, était l'œuvre du comte André, ce qui ne m'étonna point, car je le sentais de plus en plus le vrai chef de la famille ; — j'appris que, l'année précédente, il avait voulu faire épouser à sa sœur un de ses camarades, un M. de Plane, que Charlotte avait refusé et qui était parti pour le Tonkin. J'appris... Mais qu'importe ce détail ? Dans nos deux classes quotidiennes, le matin de huit heures à neuf heures et demie, l'après-midi de trois heures à quatre heures et demie, j'avais une peine extrême à fixer l'attention du petit flâneur. Assis sur sa chaise, en face de moi, de l'autre côté de la table, et roulant sa langue contre sa joue tandis qu'il couvrait le papier de sa maladroite et grosse écriture, il me guignait de l'œil. Il épiait sur mon visage la moindre trace de ma distraction. Avec cet instinct animal et sûr des enfants, il vit bientôt que je le ramenais moins vite à ses leçons quand il m'entretenait de son frère ou de sa sœur, et voilà comment cette innocente bouche me révéla qu'il y avait, dans cette froide maison étrangère, quelqu'un pour qui mon bien-être comptait, qui pensait à moi. Ma mère me manquait tant, quoique je ne voulusse pas en convenir avec moi-même! Et ce fut ce rien, — il ne représentait cependant qu'un intérêt de banale politesse, — qui me fit regarder Mlle de Jussat avec plus d'attention.

« Le second trait que je découvris en elle, après la bonté, fut le goût du romanesque, non qu'elle eût lu beaucoup de romans, mais elle avait, comme je vous l'ai dit, une sensibilité trop vive, et cette sensibilité lui avait donné comme une appréhension du réel. Sans qu'elle s'en doutât, elle était très différente de son père, de sa mère et de ses frères; et elle ne pouvait ni se montrer à eux dans la vérité de sa nature, ni les voir dans la vérité de la leur, sans en souffrir. Aussi ne se montrait-elle pas, et se contraignait-elle à ne pas les voir. Elle s'était, spontanément, naïvement, formé sur ceux qu'elle aimait des idées en harmonie avec son cœur à elle, et si contraires à l'évidence qu'elle aurait passé pour fausse ou flatteuse aux yeux d'un observateur malveillant. Elle disait à sa mère, si commune d'âme, si matérielle : « Vous, maman, qui êtes si fine..., » à son père, si cruellement égoïste : « Vous, papa, qui êtes si bon..., » à son frère, si absolu, si entier : « Toi qui comprends tout..., » et elle le croyait. Mais cette illusion où s'emprisonnait cette créature ingénue et trop tendre, la laissait en proie à la solitude morale la plus complète, et dépourvue, à un degré bien dangereux, de toute entente des caractères. Elle s'ignorait comme elle ignorait les autres. Elle se languissait, à son insu, du besoin de rencontrer quelqu'un qui eût une analogie de sentiment avec elle. Il lui arrivait, par exemple, je l'observai dès les premières promenades que nous fîmes ensemble, d'être la seule à sentir vraiment la beauté du paysage formé par le petit lac, les bois qui l'environnent, les volcans lointains et le ciel d'automne, souvent plus bleu que le ciel d'été à cause du contraste de son azur avec l'or des feuillées, parfois si voilé, si tristement vaporeux et lointain. Elle tombait alors dans des silences sans cause apparente qui venaient de ce que son être trop ému se dissolvait réellement dans le charme des choses. Elle possédait, à l'état d'instinct obscur et de sensation inconsciente, cette faculté qui fait les grands poètes et les grandes amoureuses, de s'oublier, de se disperser, de s'abîmer tout entière dans ce qui touchait son cœur, que ce fût un horizon voilé, une forêt silencieuse et jaunie, un morceau de musique joué par sa gouvernante au piano, l'émotion d'une histoire attachante racontée devant elle. Je ne me lassais pas, dès ce début de notre connaissance, de constater le contraste entre l'animal de combat qu'était le comte, et cette créature de grâce et de douceur qui marchait dans les escaliers de pierre du château d'un pas si léger, posé à peine, et dont le sourire était si accueillant à la fois et si timide! J'oserai tout dire, puisque encore une fois je n'écris pas ceci pour me peindre en beau, mais pour me montrer. Je n'affirmerais pas que le désir de me faire aimer par cette adorable enfant dans l'atmosphère de laquelle je commençais de tant me plaire, n'ait pas eu aussi pour cause ce contraste entre elle et son frère. Peut-être l'âme de cette jeune fille, que je voyais toute pleine de ce frère si différent, devint-elle comme un champ de bataille pour la secrète, pour l'obscure antipathie que deux semaines de séjour commun transformèrent aussitôt en haine? Oui, peut-être se cachait-il, dans mon désir de séduction, la cruelle volupté d'humilier ce soldat, ce gentilhomme, ce croyant, en l'outrageant dans ce qu'il avait au monde de plus précieux? Je sais que c'est horrible, mon cher maître, ce que je dis là, mais je ne serais pas digne d'être votre élève si je ne vous donnais ce document aussi sur l'arrière-fond de mon cœur. Et, après tout, ce ne serait, cette nuance odieuse de sensations, qu'un phénomène nécessaire, comme les autres, comme la grâce romanesque de Charlotte, comme l'énergie simple de son frère, et comme mes complications à moi, — si obscures à moi-même!

§ IV. — *Première crise.*

« Je me souviens avec une extrême netteté du jour où ce projet de séduire la sœur du comte André se posa devant moi, non plus comme une donnée de roman imaginaire, mais comme une possibilité précise, prochaine, presque immédiate. Après deux mois consécutifs de présence au château, j'étais allé chez ma mère pour y passer les fêtes de janvier et je n'étais rentré de Clermont que depuis une semaine. La neige venait de tomber pendant quarante-huit heures. Les hivers dans nos montagnes sont si durs que la manie de M. de Jussat peut seule expliquer cette obstination à séjourner là, dans cette sauvage lande de lave indéfiniment balayée par les rafales. Il est vrai d'ajouter que la marquise veillait au confortable de la maison avec une merveilleuse entente des ressources quotidiennes, et d'ailleurs, bien qu'Aydat passe pour très isolé, par Saint-Saturnin et Saint-Amand-Tallende, les communications avec Clermont demeurent libres même dans la pire rigueur de la saison. Puis cette saison, si elle est en effet très rigoureuse, offre de soudaines et radieuses éclaircies. A des journées de tourmente succèdent tout d'un coup des après-midi d'un incomparable azur où le paysage rayonne, comme transformé par la magie d'un enchantement de lumière. Ce fut le cas durant le jour que j'essaie d'évoquer en ce moment-ci, où ma fatale résolution se fixa et prit corps. Je revois le lac, couvert d'une mince lame de glace, sous les plis de laquelle se devinait le frisson souple de l'eau. Je revois la vaste coulée de la Cheyre, blanche de neige avec des taches sombres de lave apparues dans cette blancheur; et tout blanc aussi, mais sans une tache, se dressait le cirque des montagnes, le puy de Dôme, le puy de la Vache, celui de Vichatel, celui de la Rodde, celui de Mont-Redon, tandis que le ballon de Charmont et la forêt de Rouillat détachaient sur le fond de neige et d'azur les masses noires de leurs sapins. Des détails revivent devant mes yeux, de ces menus détails qui se remarquent à peine et puis qui demeurent cachés, on ne sait dans quel arrière-fond de la mémoire. Je revois un bouquet de bouleaux dont les ramures dépouillées se teintaient de rose. Je revois les cristaux de givre qui brillaient à la pointe des branches, une touffe de genêts qui pointait maigre et encore verte, sur le tapis immaculé la trace des pattes d'un renard, et, à une minute, le volètement d'une pie qui cria au milieu de la route, et ce cri aigu rendit le silence de cet immense horizon de neige comme perceptible. Je revois des brebis jaunâtres et brunes poussées par un berger vêtu d'une blouse bleue, coiffé d'un large chapeau rond et bas, qu'accompagnait un chien roux et velu, avec des yeux jaunes, luisants et rapprochés. Oui, je revois tout de ce paysage, et les quatre personnes en train de s'y promener sur la route qui monte vers Fontfrède : Mlle Largeyx, Mlle de Jussat, mon élève et moi-même. La taille de Charlotte était prise dans une jaquette d'astrakan ; un boa de fourrure enroulé autour de son cou faisait paraître sa tête encore plus petite et plus gracieuse sous la toque pareille à la jaquette. Après ces longues heures d'emprisonnement dans le château, cet air si vif semblait la griser. Le rose d'un sang animé par la marche colorait ses joues. Ses pieds fins s'enfonçaient vaillamment dans la neige où ils imprimaient leur trace légère, et ses yeux exprimaient cette exaltation naïve devant la beauté de la nature, privilège des cœurs restés simples qui ne se retrouve pas quand on s'est desséché l'âme à force de raisonnements, de théories abstraites et de lectures. Je marchais auprès d'elle qui allait très vite, si bien que nous eûmes vite dépassé de beaucoup Mlle Largeyx dont les socques glissaient avec peine sur le chemin. L'enfant, lui, tantôt en avant, tantôt en arrière, s'arrêtait ou courait, avec une vivacité de jeune animal. Entre ces deux gaietés, celle du petit Lucien et celle de Charlotte, je me sentais devenir de plus en plus taciturne et sombre. Était-ce l'irritation nerveuse qui nous rend, à de certaines heures, antipathiques à une joie que nous constatons à côté de nous sans l'éprouver? Était-ce l'ébauche, à demi inconsciente encore, de mon plan futur de séduction, et voulais-je me faire remarquer de la jeune fille par une espèce d'hostilité contre son plaisir? Durant toute cette promenade, moi qui avais déjà pris l'habitude de causer beaucoup avec elle, je coupais à peine par des monosyllabes les phrases admiratives qu'elle jetait au hasard de la route, comme pour me convier au partage de ses émotions heureuses. De réponses brusques en silences, ma mauvaise humeur devint si évidente que Mlle de Jussat finit, malgré son état d'enthousiasme, par s'en apercevoir. Elle me regarda deux ou trois fois, avec une question sur le bord des lèvres qu'elle n'osa pas formuler, puis ce fut un assombrissement de son mobile visage. Sa gaieté tomba au contact de ma bouderie, peu à peu, et je pus suivre sur cette physionomie transparente le passage par lequel elle cessa d'être sensible à la beauté des choses pour ne plus voir que ma tristesse. Un instant vint où elle ne fut plus capable de dominer l'impression que cette tristesse lui causait, et, d'une voix que la timidité rendait comme un peu étouffée, elle me demanda :

— « Est-ce que vous êtes souffrant, monsieur Greslou ? »

— « Non, mademoiselle, » lui répondis-je avec une brusquerie qui dut la blesser, car sa voix tremblait davantage encore pour insister :

— « Alors, quelqu'un vous a fait quelque chose ? Vous n'êtes pas comme à votre ordinaire... »

— « Personne ne m'a rien fait, » répondis-je en secouant la tête ; « mais c'est vrai, » ajoutai-je, « j'ai des raisons d'être triste, très triste aujourd'hui... C'est pour moi l'anniversaire d'un grand chagrin, que je ne peux pas dire... »

Elle me regarda de nouveau. Elle ne se surveillait pas et je continuais de suivre dans ses yeux les mouvements qui l'agitaient comme on suit les allées et venues du mécanisme d'une montre à travers une boîte en cristal. Je l'avais vue inquiète de mon attitude au point d'en perdre du coup la sensation du divin paysage. Je la voyais maintenant à la fois soulagée d'apprendre que je n'avais contre elle aucun grief, touchée de ma mélancolie, curieuse d'en connaître la cause, et n'osant pas m'interroger. Elle dit seulement :

— « Pardon de vous avoir questionné... » Puis elle se tut. Ces quelques minutes suffisaient pour me révéler la place que j'occupais déjà dans sa pensée. Ah! devant la preuve de ce délicat et noble intérêt, j'aurais dû avoir honte de mon mensonge, car c'en était un que ce soi-disant rappel d'un grand chagrin, — un mensonge gratuit et instantané dont la soudaine invention m'a souvent étonné moi-même quand j'y ai songé depuis lors. Oui, pourquoi ai-je imaginé subitement de me draper ainsi dans la poésie d'une grande douleur, moi dont la vie, depuis la mort de mon père, avait été si douce, somme toute, si peu sacrifiée? Ai-je cédé à ce goût inné de me dédoubler qui fut toujours si fort en moi? Cette simagrée romanesque dénonçait-elle l'hystérie de vanité qui pousse quelques enfants à mentir, eux aussi, sans raison et avec tant d'inattendu? Une vague intuition me fit-elle apercevoir dans ce cabotinage de déception et de mélancolie le plus sûr moyen d'intéresser davantage la sœur du comte André? Je ne me rends pas bien compte des mobiles précis qui me dominèrent dans ce moment de notre promenade. Assurément, je ne prévoyais avec exactitude ni l'effet de ma tristesse affectée ni celui de mon mensonge, mais je me rappelle qu'aussitôt cet effet constaté, une résolution s'installa en moi : celle d'aller jusqu'au bout et de voir ce que je produirais sur cette âme en continuant avec conscience et calcul la comédie à demi instinctive commencée par cette lumineuse après-midi de janvier, devant la magnificence d'un paysage qui aurait dû servir de cadre à d'autres rêves.

« Aujourd'hui que l'irréparable s'est accompli, et par une pénétration rétrospective horriblement douloureuse, — car elle me convainc moi-même d'inintelligence tout ensemble et de cruauté, — je comprends que j'avait dès lors inspiré à Charlotte le plus vrai, le plus tendre aussi des sentiments. Toute la diplomatie psychologique à laquelle je me suis livré fut donc l'odieux et ridicule travail d'un écolier dans la science du cœur. Je comprends que je n'ai pas su respirer les fleurs qui poussaient pour moi tout naturellement dans cette âme. Je n'avais qu'à me laisser aller pour connaître, pour goûter les émotions dont j'avais soif, pour vivre une vie sentimentale exaltée et amplifiée jusqu'à égaler ma vie intellectuelle. Au lieu de cela, je me suis paralysé le cœur à coups d'idées. J'ai voulu conquérir une âme toute conquise, jouer une partie d'échecs là où il suffisait d'être simple, et je n'ai même pas aujourd'hui l'orgueilleuse consolation de me dire que j'ai du moins dirigé à mon gré le drame de ma destinée, que j'en ai combiné les scènes, provoqué les épisodes, conduit l'intrigue. Il se jouait tout entier en elle et sans que j'y comprisse rien, ce drame où la Mort et l'Amour, les deux fidèles ouvriers de l'implacable nature, ont agi sans mon ordre et en se moquant des complications de mes analyses. Charlotte m'a aimé pour des raisons toutes différentes de celles qu'avait su aménager ma naïve psychologie. Elle est morte, désespérée, quand, à la lumière d'une explication tragique, elle m'a vu dans ma vérité. Alors je lui ai fait horreur, si bien qu'elle m'a donné ainsi la preuve la plus irréfutable que mes subtiles réflexions n'ont jamais rien pu sur elle. J'ai cru résoudre dans cet amour un problème de mécanique mentale. Hélas! j'avais tout uniment rencontré, sans en sentir le charme, une sincère et profonde tendresse. Pourquoi n'ai-je pas deviné alors ce que j'aperçois aujourd'hui avec la netteté de la plus cruelle évidence? Égarée par les côtés romanesques de son être intime, c'était si naturel que cette enfant s'abusât sur mon compte. Mes longues études m'avaient acquis cet air un peu souffrant qui intéressera toujours une femme vraiment femme. D'avoir été élevé par ma mère m'avait donné des manières douces, une finesse de geste et de voix, un soin méticuleux de ma personne qui sauvaient mes gaucheries et mes ignorances. J'avais été présenté, par le vieux maître qui m'avait recommandé, comme un garçon d'une noblesse irréprochable d'idées et de caractère. C'en était assez pour qu'une jeune fille très sensible s'intéressât à moi d'une façon très particulière. Hé bien! je n'eus pas plutôt reconnu cet intérêt, dans la promenade dont je vous ai parlé, que je pensai à en abuser au lieu d'en être touché. Qui m'eût vu seul dans ma chambre durant la soirée qui suivit cette après-midi, assis à ma table et écrivant, un gros livre d'analyse auprès de moi, n'eût jamais cru que c'était là un jeune homme d'à peine vingt-deux ans, en train de méditer sur les sentiments qu'il inspirait ou voulait inspirer à une jeune fille de vingt... Le château dormait. Je n'entendais plus que le passage d'un valet de pied occupé à éteindre les lampes de l'escalier et des corridors. Le vent enveloppait la vaste bâtisse de son gémissement tour à tour plaintif et apaisé. Ce vent d'ouest est terrible sur ces hauteurs, où, parfois, il emporte d'une haleine toutes les ardoises d'un toit. Cette lamentation de la rafale a toujours augmenté en moi le sentiment de la solitude intérieure. Mon feu brûlait, paisible, et j'étais à griffonner sur ce cahier à serrure, brûlé avant mon arrestation, le récit de ma journée et le programme de l'expérience que je me proposais de tenter sur l'esprit de Mlle de Jussat. J'avais recopié le passage sur la pitié qui se trouve dans votre *Théorie des passions*, vous vous souvenez, mon cher maître, c'est celui qui commence : « Il y a dans ce phénomène de la « pitié un élément physique, et qui, chez les « femmes particulièrement, confine à l'émotion « sexuelle... » C'est par la pitié aussi que je me proposais d'agir d'abord sur Charlotte. Je voulais profiter du premier mensonge par lequel je l'avais déjà remuée, l'enlacer par une suite d'autres, et achever de me faire aimer en me faisant plaindre. Il y avait, dans cette exploitation du plus respecté des sentiments humains au profit de ma fantaisie curieuse, quelque chose de particulièrement contraire aux préjugés généraux qui flattait mon orgueil jusqu'au délice. Tandis que je rédigeais ce plan de séduction, avec textes philosophiques à l'appui, je me représentais ce qu'en eût pensé le comte André, s'il eût pu, comme dans les anciennes légendes, du fond de sa ville de garnison, déchiffrer les mots tracés par ma plume. En même temps, la seule idée de diriger à mon gré les rouages subtils d'un cerveau de femme, toute cette horlogerie intellectuelle et sentimentale si compliquée et si ténue, me faisait me comparer à Claude Bernard, à Pasteur, à leurs élèves. Ces savants vivisectent des animaux. N'allais-je pas, moi, vivisecter longuement une âme ?

« Pour tirer de cet effet de pitié, surpris plutôt que provoqué, tout le résultat demandé, il s'agissait d'abord de le prolonger. A cette fin, je résolus de continuer par calcul la comédie de tristesse improvisée par hasard, tout en préparant, pour le jour plus ou moins éloigné d'un entretien explicatif, un long roman attendrissant de fausses confidences. Je m'attachai donc, pendant la semaine qui suivit cette promenade, à feindre une mélancolie de plus en plus absorbée, et à la feindre non seulement en présence de Charlotte, mais encore durant les heures où je restais seul avec mon élève, sûr que cet enfant rapportait à sa sœur les impressions de nos tête-à-tête. Vous avez là, mon cher maître, la preuve de l'inutile rouerie que je m'appliquais à déployer. Était-il besoin de mêler ce garçon qui m'était confié à cette triste intrigue, et pourquoi joindre cette ruse aux autres quand Mlle de Jussat ne songeait guère de mettre ma bonne foi en doute, fût-ce une minute? Mais, par un étrange détour de conscience, je plaçais ma fierté à multiplier les complications du piège. Nous prenions, Lucien et moi, nos leçons dans une vaste pièce décorée du nom de bibliothèque, à cause du rayonnage qui garnissait un pan du mur. Là, derrière les grilles doublées d'une toile verte, s'entassaient d'innombrables volumes reliés en basane, notamment toute la suite de l'*Encyclopédie*. C'était un héritage du fondateur du château, grand seigneur philosophe, et qui s'était construit cette habitation en pleine montagne afin d'y élever ses deux fils dans la nature et d'après les préceptes de l'*Émile*. Le portrait de ce gentilhomme libre penseur, assez médiocre peinture dans le goût de l'époque, avec de la poudre et un sourire à la fois sceptique et sensible, décorait un côté de la porte ; de l'autre côté se trouvait celui de sa femme, encore coquette sous une haute coiffure étagée et des mouches aux joues. En regardant ces deux peintures, tandis que Lucien traduisait un morceau d'Ovide ou de Tite-Live, je me demandais ce que faisaient mes aïeux à moi durant les années de l'autre siècle où vivaient les deux personnes représentées dans ces portraits. Je les voyais, ces rustres, ces vilains dont j'étais sorti, poussant la charrue, émondant la vigne, hersant la terre dans les plaines brumeuses de Lorraine, pareils aux paysans qui passaient sur la route devant les portes du château, par tous les temps, et qui, bottés jusqu'aux genoux, traînaient un bâton ferré attaché à leur poignet par une courroie. Cette image donnait l'attrait d'une sorte de vengeance légitime au soin que je prenais de composer ma physionomie. Chose singulière, quoique je détestasse en théorie les doctrines de la Révolution et le spiritualisme médiocre qu'elles dissimulent, je me retrouvais plébéien dans ma joie profonde à songer que, moi, l'arrière-petit-fils de ces cultivateurs, j'arriverais peut-être à séduire l'arrière-petite-fille de ce grand seigneur et de cette grande dame par la seule force de ma pensée? J'appuyais mon menton sur ma main, je contraignais mon front et mes yeux à se faire tristes, sachant que Lucien épiait les expressions de mon visage dans l'espoir de couper son travail par une causerie. Lorsqu'il eut à plusieurs reprises constaté qu'il ne rencontrait plus chez moi ni le sourire accueillant ni l'indulgence de regards des leçons précédentes, il devint lui-même tout soucieux. Comme il est naturel, le pauvre garçon prenait ma tristesse pour de la sévérité, mes silences pour du mécontentement. Un matin, il se hasarda jusqu'à me demander :

— « Est-ce que vous êtes fâché contre moi, monsieur Greslou? »

— « Non, mon enfant, » répondis-je en flattant sa joue fraîche avec ma main; et je continuai de garder ma physionomie songeuse, tout en contemplant la neige qui fouettait les vitres. Elle tombait maintenant, du matin jusqu'au soir, par larges étoiles tourbillonnantes, avec un enveloppement, un endormement de tout le paysage, et, dans les pièces tièdes du château, c'était un charme silencieux d'intimité, une lointaine mort de tous les bruits de la montagne, tandis que les carreaux des fenêtres, revêtus de givre au dehors et de vapeur au dedans, tamisaient une lumière plus adoucie, comme malade. Cela faisait un fond de mystère à la figure de mélancolie que je me façonnais et que j'imposais à l'observation de Charlotte durant toutes les heures où nous nous rencontrions. Quand la cloche du déjeuner nous réunissait dans la salle à manger, je surprenais, dans les yeux avec lesquels elle m'accueillait, la même curiosité timide et compatissante remarquée dans la promenade d'où datait ce que j'appelais sur mon journal mon entrée en laboratoire. Ses yeux me regardaient du même regard quand nous nous trouvions de nouveau tous ensemble, assis dans le salon, au moment du thé, sous la clarté des premières lampes, puis à la table du dîner et encore dans la longue solitude de la soirée, à moins que, sous le prétexte d'un travail à finir, je me retirasse dans ma chambre plus tôt que les autres. La monotonie de la vie et des discours était si entière, que rien ne l'aidait à secouer cette impression d'énigme émouvante que je lui infligeais ainsi. Le marquis, en proie aux contrastes presque fous de son caractère, maudissait sa funeste résolution de séjour dans cet isolement. Il annonçait, pour la prochaine éclaircie, un départ qu'il savait impossible. C'eût été trop coûteux maintenant, et d'ailleurs, où aller? Il calculait ses chances de recevoir la visite d'amis Clermontois qui étaient venus déjeuner en effet à plusieurs reprises, mais lorsque les quatre heures de route entre Aydat et la ville n'étaient pas doublées par le mauvais temps. Puis il s'installait à la table de jeu, tandis que la marquise, la gouvernante et la religieuse vaquaient à leurs infinissables ouvrages. J'étais chargé de surveiller Lucien qui feuilletait des livres à gravures ou bien combinait quelque patience. Je m'installais dans une place, choisie de façon qu'en levant les yeux de dessus les cartes qu'elle tenait pour jouer avec son père, la jeune fille fût obligée de me voir. Je m'étais occupé d'hypnotisme, et j'avais en particulier étudié par le menu, dans votre *Anatomie de la volonté*, le chapitre consacré aux singuliers phénomènes de certaines dominations morales, que vous avez intitulé : *Des demi-suggestions*. Je comptais obséder de la sorte cette tête inoccupée, jusqu'à la minute propice où, pour compléter ce travail de hantise quotidienne, je me déciderais à lui raconter sur moi-même une histoire qui, justifiant mes tristesses et commentant mes attitudes, achevât d'accaparer cette imagination que je jugeais déjà troublée.

« Cette histoire, je l'avais machinée savamment d'après deux des principes que vous posez, mon cher maître, au courant de votre beau chapitre sur l'Amour. Ce chapitre, les théorèmes de l'*Éthique* sur les passions, le livre de M. Ribot sur les *Maladies de la volonté*, étaient devenus mes bréviaires. Permettez-moi de vous rappeler ces deux principes, au moins dans leur essence. Le premier, c'est que la plupart des êtres n'ont de sentiment que par imitation ; abandonnés à la simple nature, l'amour, par exemple, ne serait pour eux, comme pour les animaux, qu'un instinct sensuel, aussitôt dissipé qu'assouvi. Le second, c'est que la jalousie peut très bien exister avant l'amour ; par suite, elle peut quelquefois le créer, de même qu'elle peut souvent lui survivre. Très frappé par la justesse de cette double remarque, je m'étais dit que le roman à raconter devant Mlle de Jussat devait exciter tout ensemble son imagination et irriter sa vanité. J'avais réussi à toucher en elle la corde de la pitié, je voulais toucher d'un coup celle de l'émulation sentimentale et celle de l'amour-propre. J'avais donc calculé mon histoire d'après cette idée que toute femme intéressée par un homme est froissée dans sa vanité si cet homme lui montre qu'il continue d'appartenir tout entier à la pensée d'une autre femme ? Mais c'est vingt pages que j'aurais à vous transcrire pour vous montrer comment j'avais tourné et retourné ce problème de la fable à inventer. L'occasion de la dire, cette fable tentatrice, me fut fournie par ma victime elle-même quinze jours environ après que j'avais commencé la mise en œuvre de ce que je continuais de dénommer fièrement mon expérience. Le marquis s'était avisé que dans la collection de l'*Encyclopédie* il se trouvait un volume consacré aux cartes. Il voulait y rechercher quelques jeux anciens tels que l'*Impériale*, l'*Hombre*, la *Manille*, pour les essayer. Cette belle idée lui était venue après le déjeuner, à rencontrer dans un journal une chronique sur un jeu nouveau, le *Poker*, à propos duquel le journaliste dressait une liste de divertissements démodés. Quand ce maniaque conçoit une fantaisie, il ne peut supporter d'attendre, et sa fille avait dû monter aussitôt dans la bibliothèque où j'étais occupé à prendre des notes. Je dépouillais le livre d'Helvétius sur l'*Esprit*, découvert parmi d'autres ouvrages du XVIIIe siècle. Je me mis à la disposition de Mlle de Jussat pour dénicher le volume qu'elle désirait, et, quand elle le prit de mes mains, après que j'en eus secoué la poussière, elle me dit avec sa grâce habituelle :

— « J'espère que nous découvrirons là quelque jeu auquel vous puissiez prendre part avec nous... Nous avons si peur que vous ne vous ennuyiez ici, vous êtes toujours si triste... »

« Elle avait prononcé ces derniers mots avec ce même air de me demander pardon pour une indélicatesse, qui m'avait tant frappé dans notre promenade, et en sauvant la familiarité de sa phrase par un « nous, » que je savais trop bien mensonger. Sa voix s'était faite si douce, nous étions si seuls pour ces dix ou quinze minutes, que l'heure me sembla venue de lui expliquer ma feinte tristesse :

— « Ah ! mademoiselle, » répondis-je, « si vous connaissiez ma vie!... » Charlotte n'eût pas été la créature crédule, la romanesque enfant qu'elle était demeurée, malgré deux ou trois saisons de monde, à Paris, — elle eût reconnu que je lui débitais un récit préparé d'avance, rien qu'à ce début, et aussi à la tournure des phrases par lesquelles je continuai. En les prononçant, ces phrases, je les trouvais moi-même trop maladroites, trop gauchement apprêtées. Je lui racontai donc que j'avais été fiancé à Clermont avec une jeune fille, mais secrètement. Je crus poétiser davantage cette aventure à ses yeux, en insinuant que cette jeune fille était une étrangère, une Russe de passage chez une de ses parentes. J'ajoutai que cette fille m'avait laissé lui dire que je l'aimais, qu'elle m'avait, elle aussi, dit qu'elle m'aimait. Nous avions échangé des serments, puis elle était partie. Un riche mariage s'offrait pour elle, et elle m'avait trahi pour de l'argent. J'eus soin d'insister sur ma pauvreté, jusqu'à laisser entendre que ma mère vivait presque uniquement de ce que je gagnais. C'était là un détail inventé sur place, car l'hypocrisie se redouble elle-même en s'exprimant. Enfin, ce fut une scène d'une comédie enfantine et scélérate, que je jouai sans grande adresse. Mais les raisons qui me déterminaient à mentir de la sorte étaient si spéciales qu'elles exigeaient une pénétration extraordinaire pour être comprises, une entente totale de mon esprit, presque votre génie d'observateur, mon cher maître. Le visible embarras de mon attitude pouvait si bien être attribué au trouble inséparable de pareils souvenirs ! Comme j'étais resté de plein sang-froid en débitant cette fable, je pus, tandis que je parlais, observer Charlotte. Elle m'écoutait sans donner le moindre signe d'émotion, les yeux baissés sur le gros livre contre lequel s'appuyait sa main. Elle prit ce livre quand j'eus fini, en me répondant avec une voix devenue blanche, comme on dit, une de ces voix qui ne laissent rien passer des sentiments de celui qui parle ainsi :

— « Je ne comprends pas que vous ayez pu avoir confiance dans cette jeune fille, puisqu'elle vous écoutait à l'insu de ses parents... »

« Et elle s'en alla, emportant l'épais volume à tranche rouge avec une simple inclinaison de sa gracieuse tête. Comme elle était jolie dans sa robe de drap clair, et fine, et presque idéale avec sa taille mince, son corsage frêle, son visage un peu long qu'éclairaient ses yeux d'un gris pensif ! Elle ressemblait à une Madone gravée d'après Memling, dont j'avais tant admiré autrefois la silhouette, fervente, gracile et douloureuse, à la première page d'une grande *Imitation* appartenant à l'abbé Martel. Expliquez-moi cette autre énigme du cœur, vous, le grand psychologue, jamais je n'ai plus senti le charme suave et pur de cet être qu'à cette seconde où je venais de lui tant mentir, et de lui mentir, m'imaginai-je aussitôt d'après sa réponse, inutilement. Oui, j'eus la naïveté de la prendre au pied de la lettre, cette réponse, qui aurait dû tout au contraire m'encourager à l'espérance. Je ne devinai pas que d'avoir écouté seulement une confidence d'un ordre tout intime constituait, de la part d'un être aussi fier et réservé, aussi éloigné de moi par la condition, une preuve d'une sympathie bien puissante. Je ne m'en rendis pas compte, cette phrase presque sévère, jetée en réponse à cette trompeuse confidence, était dictée en partie par la jalousie secrète que j'avais justement voulu éveiller chez elle, en partie par un besoin de se raidir dans ses propres principes afin de justifier à ses propres yeux son excessive familiarité. De même qu'elle n'avait pas su lire le mensonge dans mon récit, moi je ne sus pas déchiffrer la vérité derrière sa réplique. Je restai là, devant la porte refermée, à sentir s'écrouler toutes les espérances que j'échafaudais depuis quinze jours. Non. Elle ne s'intéressait pas à moi d'un intérêt véritable et que je pusse transformer en passion. Et d'ailleurs, étais-je niais d'avoir pris ainsi mes chimères pour des réalités ? Je fis aussitôt le bilan de nos relations d'après lesquelles j'avais conçu cette possibilité de la séduire. Quelles preuves avais-je eues de cet intérêt? Les délicatesses des soins matériels dont elle m'avait enveloppé? C'était un simple effet de sa bonté. Son attention à épier mon attitude de mélancolie? Hé bien! elle avait été curieuse, et voilà tout. L'accent intimidé de sa voix quand elle m'avait interrogé? J'avais été un sot de n'y pas reconnaître l'habituelle modestie d'une jeune fille délicate. Conclusion : ma comédie de ces deux semaines, mes mines à la Chatterton, les mensonges de mon soi-disant drame intime, autant de ridicules manœuvres qui ne m'avaient pas avancé d'une ligne dans ce cœur que je voulais conquérir. Cette petite phrase de Charlotte, prononcée sèchement, avait suffi pour que je me jugeasse de la sorte, là, dans le quart d'heure qui suivit ce court entretien, tant je suis soumis à ces crises soudaines d'analyse qui, en un instant, me glacent tout l'être, comme une tombée d'eau froide détruit tout le déchaînement d'un jet furieux de vapeur.

« Je m'étais accoudé de nouveau sur le livre de l'*Esprit*, mais je n'étais plus capable de fixer mon attention au texte abstrait d'Helvétius. Je vous rapporte cet enfantillage, mon cher maître, pour que vous aperceviez mieux quelle étrange mixture d'innocence et de dépravation s'élaborait alors dans ma tête. Que prouvait en effet cette déception subite, sinon que je m'étais imaginé diriger les pensées de Charlotte en appliquant à cette jeune fille des lois de psychologie empruntées aux philosophes, absolument comme son frère, le comte André, dirigeait les billes du billard à son gré, le soir où il m'avait comme médusé par ses moindres gestes? La blanche touche la rouge un peu à gauche, part sur la bande, revient sur l'autre blanche. Cela se dessine à la main sur le papier, cela s'explique par une formule, cela se prévoit et s'exécute dix fois, vingt fois, cent fois, dix mille fois. Malgré mes énormes lectures, à cause d'elles peut-être, je voyais alors le jeu des passions à cet état de simplicité idéale. Je n'ai compris que plus tard combien je me trompais. Pour définir les phénomènes du cœur, c'est au monde végétal qu'il faut emprunter des analogies et non à la mécanique, et, pour conduire ces phénomènes, c'est des procédés de botaniste qu'il convient d'employer, de patientes greffes, de longues attentes, de minutieuses éducations. Un sentiment naît, grandit, s'épanouit, se dessèche comme une plante, par une évolution parfois ralentie, parfois rapide, toujours inconsciente. Le germe de pitié, de jalousie et de dangereux exemple déposé par ma ruse dans l'âme de Charlotte devait y développer son action, mais après des jours et des jours, et cette action serait d'autant plus irrésistible que la jeune fille me croyait épris d'une autre et que par suite elle ne songeait pas à se défendre contre moi.

Mais pour se rendre compte à l'avance de ce travail et en escompter l'espoir, il aurait fallu être un Ribot, un Horwicz, un Adrien Sixte, c'est-à-dire un connaisseur d'âmes d'une supériorité souveraine, au lieu que je ressemblais, moi, au promeneur ignorant qui traverse une plaine, et qui, ne sachant pas que la terre recouvre du grain, ne soupçonne pas la moisson prochaine de l'été. Seulement le promeneur a pour excuse de n'avoir pas vu semer le grain, au lieu que je l'avais semé moi-même, ce grain fécondant, et je n'en devinais pas davantage la récolte à venir.

« Cette conviction que j'avais échoué d'une manière définitive dans mon premier effort pour me faire aimer de Charlotte, augmenta durant les jours qui suivirent cette fausse confidence. Car elle ne me parla qu'à peine. J'ai su depuis, par ses propres aveux, qu'elle dissimulait sous cette froideur un trouble grandissant qui la déconcertait elle-même par sa nouveauté, sa force et sa profondeur. En attendant, elle paraissait absorbée par l'étude du jeu de trictrac dont le marquis avait découvert les règles en feuilletant le volume de l'*Encyclopédie*. Se rappelant que c'était le passe-temps favori de son grand-père l'émigré, il avait renoncé à étudier les autres jeux détaillés dans le livre. Tout de suite un marchand de Clermont avait dû envoyer de quoi satisfaire ce caprice. La table de trictrac à peine installée dans le salon, les soirées se passaient pour le père et pour la fille à jeter les dés qui sonnaient avec un bruit sec contre le rebord de bois. Les termes cabalistiques de petit jan, de grand jan, de jan de retour, de bezet, de terne, de quine, les « je bats » et les « je remplis » se mélangeaient maintenant aux propos tenus par la marquise et ses deux compagnes de travail. Quelquefois le curé d'Aydat, un vieux prêtre qui disait la messe dans la chapelle du château par les dimanches trop rudes, l'abbé Barthomeuf, venait relever Charlotte de sa corvée et tenir la partie du marquis. Quoique ce dernier pratiquât avec moi une politesse irréprochable, il ne m'avait jamais demandé si j'aurais ou non de la répugnance à apprendre le jeu. La différence qu'il établissait entre l'abbé Barthomeuf et moi m'humiliait, par la plus bizarre contradiction, car je préférais de beaucoup me tenir sur ma petite chaise à lire un livre ou à considérer les caractères des diverses personnes d'après leurs physionomies. Mais n'en est-il pas de la sorte lorsqu'on se trouve dans une position que l'on juge inférieure ? Toute inégalité de traitement blesse l'amour-propre. Je m'en vengeais en observant les ridicules de l'abbé, qui professait, pour le château en général et le marquis en particulier, une admiration presque idolâtre. Son visage déjà trop rouge tournait à l'apoplexie quand il prenait place vis-à-vis du vieux gentilhomme, et en même temps la perspective de gagner les pièces blanches destinées à intéresser la partie faisait trembler le cornet dans sa main lors des coups décisifs. Cette observation ne m'occupait pas longtemps, et j'en revenais vite à suivre du regard la jeune fille qui, rendue à la liberté, s'asseyait pour travailler près de sa mère. L'insuccès de ma tentative pour me faire aimer d'elle m'était rendu plus cruel, à mesure que j'admirais davantage la grâce ingénue de cette enfant. Pour tout dire, je commençais à subir, dans son atmosphère, des émotions d'un ordre beaucoup plus sensuel que psychologique. J'étais un jeune homme, et j'avais, dans ma chair, malgré mes résolutions de philosophe, cette mémoire du sexe dont vous avez si magistralement analysé les fatalités persistantes et les invincibles réviviscences. L'animal impur, greffé en moi sur l'animal pensant, pour employer une de vos métaphores, par mes expériences voluptueuses, tressaillait au frôlement de cette robe de jeune fille. La souplesse de son buste, celle de ses gestes, son pied apparu au bord de sa jupe, ses épaules un peu maigres devinées sous l'étoffe de son corsage, sa nuque blonde avec ses cheveux simplement relevés au sommet de sa tête, un petit signe brun qu'elle avait près de sa bouche fraîche, tous les détails de sa personne physique irritaient en moi un vague et presque douloureux désir. Je m'étais préparé à la séduire, et c'était moi qui me sentais séduit, avec quelle révolte cachée, vous le comprendrez après ce que je vous ai dit sur mon orgueil et sur mon ambition de me tenir tout entier en main ! Et vous qui avez si bien montré l'élément de haine farouche qu'enveloppe l'appétit sexuel, vous comprendrez aussi que cette vaine irritation de désir s'accompagnait par instants d'une fureur féroce contre ce charmant visage, toujours immobile dans sa rêveuse froideur et qui me troublait si profondément sans avoir l'air de s'en apercevoir.

« Combien de temps aurait duré cette période d'inertie à la fois passionnée et découragée? Je ne le sais pas. Nous étions, Mlle de Jussat et moi, dans une situation très particulière, poussés l'un vers l'autre, elle par un amour naissant et qui s'ignorait encore, moi par toutes les raisons confuses que je vous ai analysées et que je regardais plus que je ne la regardais elle-même. Bien que nous fussions ensemble à tant d'heures du jour, aucun de nous deux ne soupçonnait donc les sentiments de l'autre. Dans des données pareilles, on ne se rend pas compte si les événements qui marquent une nouvelle crise sont des effets ou s'ils sont des causes, si leur importance réside en eux-mêmes ou bien s'ils nous servent simplement à manifester les états latents de notre âme ? Mais ne pourrait-on pas poser cette question à propos de chaque destinée prise en son ensemble ? Que de fois, surtout depuis que j'use mes heures dans cette cellule numéro 5, entre ces quatre murs blanchis à la chaux, ne voyant que le ciel vide par les quatre ouvertures percées au bord du toit, à scruter et scruter encore l'intime de ma courte histoire, oui, que de fois me suis-je demandé si notre sort nous crée notre pensée, ou si, tout au contraire, ce n'est pas notre pensée qui nous crée notre sort, même extérieur ? A coup sûr, nous devions, Charlotte et moi, saisir la première occasion qui nous serait offerte, à elle, de s'abandonner à un sentiment d'autant plus dangereux qu'il ne se comprenait pas entièrement, à moi, de reprendre mon expérience interrompue. Voici comment cette occasion se présenta. Il arriva qu'un soir le marquis, adossé au feu dans cette robe de chambre où il drapait, parfois, toute la journée, sa maladie imaginaire, parla longuement à sa femme d'un article paru dans un journal du matin. Il y était question d'une fête donnée chez des gens de leur connaissance. Je tenais ce journal en ce moment même, et M. de Jussat, le remarquant, me dit tout d'un coup :

— « Si vous nous le lisiez, cet article, monsieur Greslou ?... »

« J'admirai, en moi-même, une fois de plus, avec quel art ce grand seigneur rendait insolentes les moindres demandes. Rien que son ton avait suffi pour me froisser. J'obéis cependant et je commençai de lire cette chronique, plus finement écrite que ne le sont d'ordinaire ces sortes d'articles, et dans laquelle revivait tout le pittoresque et tout le chatoyant d'un bal costumé, avec un curieux mélange de reportage et de poésie, et comme un rappel des subtilités de style propres aux frères de Goncourt. Pendant cette lecture, le marquis me regardait avec étonnement. Il faut vous dire, mon cher maître, qu'aux temps de mon amitié avec Émile, j'avais acquis un réel talent de diction. Durant sa maladie, mon petit camarade n'avait pas de plus vif plaisir que de m'écouter lui lire de longs passages choisis dans nos auteurs préférés. Ma voix, que j'ai naturellement un peu sourde, s'était exercée ainsi à devenir assez douce et claire.

— « Mais vous lisez très bien, très bien !... » s'écria M. de Jussat, lorsque j'eus fini. Son étonnement fit de son éloge une nouvelle petite blessure à mon amour-propre. Il laissait trop voir combien peu il s'attendait à rencontrer le moindre talent chez un petit jeune homme de Clermont, silencieux, timide, venu au château sur la recommandation du vieux Limasset, pour y être valet de lettres. Puis, suivant comme d'habitude l'impulsion de son caprice, il continua :

— « C'est une idée, cela... Vous nous ferez un

peu de lecture, le soir... Ça nous distraira un peu plus que ce trictrac... Petit jan, grand jan, jan de retour, un trou, deux trous, trois trous, c'est toujours la même chose, et puis ce bruit de dés m'agace... Chien de pays !... Si la neige reprend, nous n'y restons pas huit jours... Tu ris, Charlotte, et tu te moques de ton vieux père, pas huit jours... Et quel livre allez-vous nous choisir pour commencer ?... »

« Ainsi, je me trouvais du coup promu à une nouvelle domesticité, sans avoir pu même calculer si cela convenait ou non à mes études, puisque, même le soir, j'apportais souvent dans le salon des ouvrages de licence afin de travailler un peu sans quitter Lucien. Mais je ne pensai pas une seconde à esquiver cette corvée, ni même à en souffrir. D'abord la brusquerie du marquis m'avait valu un coup d'œil presque suppliant de la jeune fille, un de ces coups d'œil par lesquels une femme sait demander pardon, sans parler, pour un tort de quelqu'un qu'elle aime. Puis, un projet nouveau venait de s'ébaucher immédiatement dans ma tête. Cette corvée de lecture, ne pourrais-je pas l'utiliser au profit de l'entreprise de séduction commencée, abandonnée, et que le regard de Mlle de Jussat venait de me faire considérer de nouveau comme possible ? A la question du marquis sur le choix du livre, je répondis que je chercherais. Je cherchai en effet, mais un ouvrage qui pût me permettre de m'approcher de la proie autour de laquelle je tournais, comme j'avais vu une fois, près du Puy de Dôme, un milan tourner au-dessus d'un pauvre oiselet. N'était-ce pas le cas de tenter par un autre procédé cette influence d'imitation que j'avais vainement espérée de ma fausse confidence? C'est à vous, mon cher maître, que l'on doit les plus fortes pages qui aient été écrites sur ce que vous appelez si justement l'Ame Littéraire, sur ce modelage inconscient de notre cœur à la ressemblance des passions peintes par les poètes. J'entrevoyais donc un moyen d'action sur Charlotte auquel je me reprochai de n'avoir pas pensé encore. Mais comment trouver un roman qui fût assez passionné pour la troubler, assez correct d'extérieur pour être lu devant la famille assemblée? Je fouillai en tous sens la bibliothèque. Sa composition incohérente et contrastée reflétait les séjours successifs des maîtres et les hasards de leur goût. Il y avait là tout ce fonds d'ouvrages du XVIIIe siècle dont je vous ai parlé, — puis une lacune. Durant l'émigration, le château était demeuré inoccupé. Ensuite un lot de livres romantiques dans leurs premières éditions attestait les aspirations littéraires du père du marquis, que je savais avoir été l'ami de Lamartine. On retombait ensuite aux pires romans contemporains, à ceux qui s'achètent en chemin de fer, et se jettent, à demi débrochés, coupés quelquefois au doigt, sur un rayon perdu, et à des traités d'économie politique, marotte abandonnée de M. de Jussat. Je finis par découvrir dans ce fatras une *Eugénie Grandet,* qui me parut remplir la double condition désirée. Rien de plus attirant pour une imagination jeune que ces idylles à la fois chastes et brûlantes où l'innocence enveloppe la passion dans une pénombre de poésie. Mais le marquis devait connaître par cœur ce célèbre roman, et j'appréhendais qu'il ne refusât d'en écouter la lecture.

— « Bravo ! » répliqua-t-il au contraire lorsque je lui soumis mon idée, « c'est un de ces livres qu'on lit une fois, dont on parle toujours et qu'on oublie tout à fait... Je l'ai vu une fois, à Paris, ce Balzac, chez les Castries... Il y a plus de quarante ans de cela, j'étais un blanc-bec alors... Mais je me le rappelle bien, un gros, trapu et court, bruyant, important, de beaux yeux vifs, l'air commun... »

« Le fait est qu'après les premières pages, il commença de sommeiller, tandis que la marquise, Mlle Largeyx et la religieuse tricotaient sans rien laisser deviner de leur pensée, et que le petit Lucien, en possession d'une boîte à couleurs depuis peu de jours, enluminait consciencieusement les illustrations d'un gros volume. Moi, en lisant, j'observais surtout Charlotte et je n'eus pas de peine à constater que pour cette fois mon calcul avait été juste, et qu'elle vibrait sous les phrases du roman, comme un violon sous un habile archet. Tout la préparait à recevoir cette impression, depuis ses sentiments déjà troublés jusqu'à ses nerfs un peu tendus par une influence d'un ordre physique. On ne vit pas impunément des semaines dans une atmosphère comme celle de ce château, toujours tiède, presque étouffante. L'hypocondrie du marquis exigeait que le calorifère chauffât la maison jour et nuit. C'était, ce petit énervement quotidien, un auxiliaire auquel je n'aurais jamais osé songer, et que ma conscience de psychologue a comme un plaisir à marquer aujourd'hui. Dès ce soir-là, je vis cette enfant comme suspendue à mes lèvres, à mesure que les naïves amours d'Eugénie et de son cousin Charles déroulaient leurs touchants épisodes. Ce même instinct de comédie qui m'avait guidé dans ma fausse confidence me fit mettre derrière chaque phrase l'intonation que je jugeais devoir lui plaire davantage. Certes, je goûte ce petit livre, quoique je lui préfère dix autres romans dans l'œuvre de Balzac, ceux, par exemple, comme le *Curé de Tours*, qui sont de véritables écorchés littéraires, et où chaque phrase ramasse en elle plus de philosophie qu'une scolie de Spinoza. Je m'efforçai pourtant de paraître remué par les infortunes de la fille de l'avare jusque dans mes fibres les plus secrètes. Ma voix s'apitoyait sur la douce recluse de Saumur. Elle devenait rancunière contre le déloyal cousin. Ici, comme avant, je me donnais un mal inutile. Il n'était pas besoin d'un art si compliqué. Dans la crise de sensibilité imaginative que traversait Charlotte, tout roman d'amour était un péril. Si le père et la mère avaient possédé, même à un faible degré, cet esprit d'observation que les parents devraient sans cesse exercer autour d'eux, ils auraient deviné ce péril à la physionomie de leur fille, toujours et toujours plus captivée durant les trois soirs que dura cette lecture. La marquise fit simplement remarquer que des caractères de la noirceur du père Grandet et du cousin n'existent pas. Quant au marquis, il avait trop vécu pour proférer des opinions de cette naïveté, il formula d'un mot les causes de son ennui pendant la lecture.

— « Décidément, c'est bien surfait. Ces descriptions qui n'en finissent pas, ces analyses, ces calculs de chiffres... C'est très bien, je ne dis pas... Mais quand je lis un roman, moi, c'est pour m'amuser... »

« Et il conclut qu'il fallait demander au libraire de Clermont toute la suite de comédies de Labiche. Cette nouvelle fantaisie me désola. J'allais donc me retrouver de nouveau dans l'impuissance d'agir sur l'imagination tentée de la jeune fille, juste au moment où je venais d'entrevoir le succès probable. C'était mal connaître le besoin que cette âme, déjà touchée, éprouvait à l'insu d'elle-même, — celui de se rapprocher de moi, de me comprendre et de se faire comprendre à moi, de vivre en contact avec ma pensée. Le lendemain du jour où le marquis avait porté cet arrêt de proscription contre les romans d'analyse, je vis Mlle de Jussat entrer dans la bibliothèque à l'heure où j'y travaillais avec son frère. Elle venait remettre à sa place le volume maintenant inutile de l'*Encyclopédie,* puis avec un demi-sourire embarrassé :

— « Je voudrais vous demander un service, » me dit-elle ; et timidement : « J'ai beaucoup d'heures libres ici et dont je ne sais trop que faire... Je voudrais avoir vos conseils pour mes lectures... Le livre que vous aviez choisi l'autre jour m'avait fait tant de plaisir... » Elle ajouta : « D'ordinaire les romans m'ennuient, et celui-là m'a tellement intéressée... »

« Je ressentis, à l'entendre me parler de la sorte, la joie que le comte André dut goûter en voyant le soldat ennemi, qu'il a tué pendant la guerre, passer une tête curieuse au-dessus du mur. Moi aussi il me sembla que je tenais mon gibier humain au bout d'un fusil. En m'offrant de diriger ses lectures, Charlotte ne venait-elle pas se placer d'elle-même à ma portée ? La réponse à cette demande me parut d'une importance telle que je feignis un grand embarras. Tout en la remerciant de sa confiance, je lui dis qu'elle me chargeait là d'une mission très délicate et dont je me jugeais incapable. Bref, je fis mine de décliner une faveur que j'étais ravi jusqu'à l'ivresse d'avoir obtenu. Elle insista et je finis par lui promettre que je lui donnerais le lendemain même une liste d'ouvrages. Il s'agissait de ne pas me tromper dans ce choix, autrement difficile que celui d'*Eugénie Grandet*. Je passai la soirée et une partie de la nuit à prendre et à rejeter en pensée des centaines de volumes. Comment déterminer ceux qui remueraient son imagination sans la bouleverser, qui la troubleraient sans la révolter? Enfin je me dis tout haut, en imitant la voix de mon père, sa formule favorite : « Procédons méthodiquement, » et je ramenai ce problème à cet autre : comment les livres avaient-ils agi sur mon imagination à moi, dans mon adolescence, et quels livres? Je constatai, — ainsi que je vous l'ai indiqué déjà dans cette minutieuse confession, — que j'avais été attiré surtout vers la littérature par l'inconnu de l'expérience sentimentale. C'était le désir de m'assimiler des émotions inéprouvées qui m'avait ensorcelé. J'en concluais que c'était la loi générale de l'intoxication littéraire. Je devais donc choisir pour la jeune fille des livres qui éveillassent chez elle ce même désir, en tenant compte de la différence de nos caractères. J'avais aimé parmi les écrivains les compliqués et les sensuels, parce que c'étaient là les deux traits profonds, constitutifs de ma nature. Charlotte était fine, pure et tendre. Il convenait de l'engager sur le dangereux chemin de la curiosité romanesque par des peintures de sentiments analogues à son cœur. Je jugeai en dernière analyse que le *Dominique* de Fromentin, que la *Princesse de Clèves, Valérie, Julia de Trécœur,* le *Lys dans la vallée,* les *Reisebilder* de Heine, certaines comédies de Musset, en particulier *On ne badine pas avec l'amour,* les premières poésies de Sully Prudhomme et celles de Vigny, serviraient le mieux mon dessein. Je me donnai la peine de rédiger cette liste en l'accompagnant d'un commentaire tentateur, où j'indiquais de mon mieux la nuance de délicatesse propre à chacun de ces écrivains. C'est la lettre que la pauvre enfant avait gardée et dont les magistrats ont dit qu'elle correspondait à un commencement de cour. Ah! L'étrange cour, et si différente de la vulgaire ambition du mariage que ces grossiers esprits m'ont sottement reprochée! Quand je n'aurais pas, pour refuser de me défendre, une raison d'orgueil que je vous dirai à la fin de ce mémoire, je me tairais par dégoût de ces basses intelligences dont pas une ne saurait comprendre une action dictée par de pures idées. Qu'on vous donne à moi, pour juge, mon cher maître, vous et les autres princes de la pensée moderne. Alors je pourrai parler, comme je vous parle maintenant. Mais vous savez, vous, que j'étais fatalement déterminé à cette heure décisive, comme à celle où je vous écris, et cette société de mensonges aime mieux vivre en dehors de la Science, — de cette Science que je servais même alors, — uniquement !

« Les ouvrages ainsi désignés arrivèrent de Clermont. Ils ne furent l'objet d'aucune remarque de la part du marquis. Il faut avoir une autre portée d'esprit que ce pauvre homme pour comprendre qu'il n'y a pas de mauvais livres. Il y a de mauvais moments pour lire les meilleurs livres. Vous avez, vous, mon cher maître, une comparaison si juste dans votre chapitre sur l'Ame Littéraire quand vous assimilez la plaie ouverte sur certaines imaginations par certaines lectures au phénomène bien connu qui se produit sur les corps empoisonnés de diabète. La plus inoffensive piqûre s'y envenime de gangrène. S'il était besoin d'une preuve à cette théorie de « l'état préalable, » comme vous dites encore, je la trouverais dans ce fait que Mlle de Jussat chercha surtout dans ces livres, de provenances si diverses, des renseignements sur moi, sur mes manières de sentir, de penser, de comprendre la vie et les caractères. Chaque chapitre, chaque page de ces dangereux volumes lui devint une occasion de me questionner longuement, passionnément et naïvement. Oui, je suis certain qu'elle était de bonne foi et qu'elle s'imaginait ne faire rien de mal quand elle venait causer avec moi maintenant, à propos de telle ou telle phrase sur Dominique ou sur Julia, sur Félix de Vandenesse ou sur Perdican. Je me souviens encore de l'horreur qu'elle ressentit pour ce jeune homme, le plus séduisant et le plus coupable des héros de Musset, et de la chaleur avec laquelle je flétris sa duplicité de cœur entre Camille et Rosette. Or il n'y avait pas de personnage qui me plût dans aucun livre au même degré que cet amant traître à la fois et sincère, déloyal et tendre, ingénu et roué, qui exécute, lui aussi, à sa manière, son expérience de vivisection sentimentale sur sa jolie et fière cousine. Je vous cite cet exemple, entre vingt autres, pour vous donner une idée des conversations que nous avions sans cesse à présent dans ce château où nous nous trouvions si étrangement isolés. Personne, en effet, ne nous surveillait. La dissimulation dont je m'étais masqué dès mon arrivée continuait de me couvrir. Le marquis et la marquise s'étaient façonné de moi dès la première semaine une image absolument différente de ma vraie nature. Ils ne se donnaient plus la peine de vérifier si cette première impression était exacte ou fausse. La bonne Mlle Largeyx, installée dans la douceur de son parasitisme complaisant, était bien trop innocente pour soupçonner les pensées de dépravation tout intellectuelle que je roulais dans ma tête. L'abbé Barthomeuf et la sœur Anaclet, que séparait une rivalité secrète, cachée sous les formes d'une amabilité tout ecclésiastique, n'avaient qu'un souci, celui de bien disposer les maîtres du château, le prêtre pour son église, la religieuse pour son ordre. Lucien était trop jeune, et, quant aux domestiques, je n'avais pas encore appris ce qui se voilait de perfidie sous l'impassibilité de leur visage rasé et l'irréprochable tenue de leur livrée brune, à boutons d'or. Nous étions donc, Charlotte et moi, libres de nous parler presque tout le long du jour. Elle apparaissait une première fois le matin, dans la salle à manger où nous prenions le thé, mon élève et moi, et, là, sous le prétexte de déjeuner ensemble, nous causions dans un coin de table, elle avec toute la fraîcheur parfumée de son bain comme respirable autour d'elle, avec ses cheveux tressés dans une lourde natte, et la souplesse de son charmant corps, visible pour moi sous l'étoffe de sa robe à demi ajustée. Ensuite je la voyais dans la bibliothèque où elle avait toujours quelque motif de venir; — là elle n'était déjà plus la même, coiffée maintenant, et sa taille prise dans son corsage de jour. Nous nous retrouvions dans le salon, avant le second déjeuner, et encore après; et elle mettait sa grâce ordinaire à nous servir tous, distribuant le café un peu en hâte pour s'attarder auprès de moi qu'elle servait le dernier, ce qui nous permettait de causer encore dans un angle de fenêtre. Quand le temps le permettait, nous sortions, tous les quatre le plus souvent, la gouvernante, Charlotte, mon élève et moi, dans l'après-midi. Le thé de cinq heures nous réunissait, puis le repas, où j'étais assis près d'elle, puis la soirée, en sorte que nos entretiens, pris et repris à si peu de distance, n'en formaient qu'un seul pour ainsi dire. Je comparais mentalement le phénomène qui se passait chez cette jeune fille à celui que j'avais déjà observé à plusieurs reprises en apprivoisant des bêtes. J'avais eu à une époque la curiosité d'écrire quelques chapitres de psychologie animale, et si ma mère, comme je le lui ai demandé, vous communique, après ma mort, ce que la justice lui rendra de mes papiers, vous y trouverez des notes sur ces relations dociles de la bête avec l'homme. J'ai tout lieu de les croire inédites et dignes de votre attention. Un théorème de Spinoza m'avait servi de point de départ. Je ne m'en rappelle plus le texte, mais en voici le sens : — se représenter un mouvement, c'est le refaire en soi-même... Cela est vrai de l'homme, et cela est vrai de l'animal. Un savant d'un rare mérite et que vous connaissez bien, M. Espinas, a expliqué ainsi que toute société est fondée sur la ressemblance. J'en ai conclu, moi, que pour un homme, apprivoiser un animal, l'amener à vivre en société avec lui, c'est ne faire dans ces rapports avec cet animal que des mouvements dont cet animal puisse se rendre compte en les refaisant, c'est lui ressembler. J'avais vérifié cette loi en constatant l'espèce d'analogie de physionomie qui s'établit entre les chasseurs et leurs chiens, par exemple. Je constatais de même, — et c'était le signe qu'en effet Mlle de Jussat s'apprivoisait chaque jour un peu davantage, — que nous commencions, elle et moi, à employer dans nos phrases des expressions analogues, des tournures presques pareilles. Je me surprenais timbrant mes mots d'un accent qui ressemblait au sien et j'observais en elle des gestes qui ressemblaient aux miens. Enfin, je devenais une portion de sa vie, sans qu'elle s'en aperçût elle-même, tant j'avais souci de ne pas effaroucher cette âme en train de se prendre, par un mot qui lui fît sentir le danger.

« Cette vie d'une diplomatie surveillée, à laquelle je me condamnai durant près de deux mois que durèrent ces rapports simplement intellectuels, n'allait pas sans des luttes intérieures et presque quotidiennes. Intéresser cet esprit, envahir petit à petit cette imagination, ce n'était pas là tout mon programme. Je voulais être aimé, et je me rendais compte que cet intérêt moral n'était que le commencement de la passion. Ce commencement devait aboutir, pour ne pas demeurer inutile, à une autre intimité que l'intimité sentimentale. Il y a dans votre *Théorie des passions*, au bas d'une page, mon cher maître, une note que je relisais continuellement à cette époque-là, et j'en sais encore le texte par cœur : « Une étude bien faite sur la vie des séducteurs « professionnels, » y dites-vous, « jetterait un jour « définitif sur le problème de la naissance de « l'amour. Mais les documents nous manquent. « Ces séducteurs ont presque tous été des « hommes d'action, et qui, par suite, ne savaient « pas se raconter. Pourtant quelques morceaux « d'un intérêt psychologique supérieur, les *Mé-* « *moires* de Casanova, la *Vie privée* du maréchal « de Richelieu, le chapitre de Saint-Simon sur « Lauzun, nous autorisent à dire que dix-neuf fois « sur vingt l'audace et la familiarité physiques « sont les plus sûrs moyens de créer l'amour. « Cette hypothèse confirme d'ailleurs notre doc- « trine sur l'origine animale de cette passion. » Je me la récitais tout bas, cette phrase, tandis que je poursuivais avec Charlotte mes causeries littéraires, avec d'autant plus de conviction que la nature, comme je vous ai dit, parlait en moi, et que la présence de la jeune fille réveillait la brûlure de mes souvenirs les plus cuisants. Parfois, lorsque nous étions seuls ensemble quelques minutes, et qu'elle bougeait, que ses pieds marchaient vers moi, qu'elle respirait, que je la sentais vivante, l'ondée fiévreuse du désir courait dans mes veines, et il me fallait détourner mes yeux qui lui auraient fait peur. Je regardais sa main blanche feuilleter un livre, son doigt fin s'allonger pour me montrer une ligne. Si je la prenais pourtant, cette petite main, si je la serrais doucement, longuement, dans la mienne ? Je me disais que je le devais. Puis, je n'osais pas. — Souvent aussi, et lorsque j'étais loin de sa présence, il me semblait que l'audace me serait d'autant plus facile qu'elle serait plus complète. Je me promettais alors de la serrer dans mes bras, de coller ma bouche sur sa bouche. Je la voyais se trouvant mal sous ma caresse, domptée, foudroyée par cette révélation de mon ardeur. Qu'arriverait-il ensuite ? Mon cœur battait à cette idée. Ce n'était pas la peur d'être chassé honteusement qui me retenait. Il était plus honteux pour mon orgueil de ne pas oser. Et je n'osais pas. Que de fois des résolutions plus folles encore m'ont tenu éveillé la nuit ! Je me levais de mon lit après des heures d'une agitation qui me couvrait le corps d'une sueur glacée. « Si j'allais maintenant dans sa chambre, » me disais-je ; « si je me coulais auprès d'elle, si elle se réveillait enlacée à moi, nos lèvres unies, nos corps liés ?... » Je poussais la frénésie de ce projet jusqu'à ouvrir ma porte avec des précautions de voleur, je descendais un étage, je tournais par le corridor jusqu'à une autre porte, celle de Charlotte. C'était risquer d'être surpris et chassé, cette fois pour rien. Je posais ma main sur le loquet. Le froid du cuivre me brûlait les doigts. Puis je n'osais pas. — Ne croyez point que ce fût chez moi simplement de la timidité. L'impuissance à l'action est bien un trait de mon caractère, mais quand je ne suis pas soutenu dans cette action par une idée. Que l'idée soit là, et elle m'infuse une invincible énergie jusqu'au fond de l'être. Même d'aller à la mort me paraît alors aisé. On le verra bien, si je suis condamné. Non, ce qui me paralysait auprès de Mlle de Jussat comme d'une influence magnétique, c'était, je m'en rends compte sans bien me l'expliquer, sa pureté. Cela semble absurde, au premier abord, que de courtiser une vierge soit plus difficile que de s'attaquer à une femme qui s'est donnée et qui, sachant tout, peut mieux se défendre. Cela est ainsi pourtant. Du moins je l'ai subi, moi, avec une force singulière, ce recul forcé devant l'innocence. Souvent, lorsque je sentais entre Charlotte et moi cette invisible barrière, je me suis rappelé la légende des Anges gardiens, et j'ai compris la naissance de cette poétique imagination du catholicisme. Réduit à sa réalité par l'analyse, ce phénomène prouve simplement que, dans les rapports entre deux êtres, il y a une réciprocité d'action de l'un sur l'autre, même à l'insu de cet un et de cet autre. Si par calcul je m'efforçais d'apprivoiser cette jeune fille en lui ressemblant, je subissais sans calcul l'espèce de suggestion morale que nous impose tout caractère très vrai. L'extrême simplicité de son âme triomphait par instants et de mes idées, et de mes souvenirs, et de mes désirs. Enfin, tout en jugeant cette faiblesse indigne d'un cerveau comme le mien, je la respectais, — ah! qu'on est faible à l'envahissement des préjugés! — comme si je n'avais pas su la valeur de ce mot respect et qu'il représente la plus sotte de nos ignorances. Respectons-nous le joueur qui passe dix fois de suite à la roulette avec la rouge ou la noire? Hé bien! Dans cette loterie hasardeuse de l'univers, la vertu et le vice, c'est la rouge et la noire. Une honnête fille et un joueur heureux ont juste autant de mérite.

« Le printemps arriva, dans ces alternatives, pour moi si troublantes, de projets audacieux, de timidités folles, de raisonnements contradictoires, de savantes combinaisons, de naïves ardeurs. Et quel printemps! Il faut avoir connu toute l'âpreté de l'hiver dans ces montagnes, puis la subite douceur du renouveau, pour savoir quel charme de vivre flotte dans cette atmosphère quand Avril et Mai ramènent la saison sacrée. C'est d'abord à travers les prairies humides comme un réveil de l'eau qui frémit sous la glace plus mince; elle la brise, cette glace aiguë, puis elle court, légère, transparente et libre, en chantant. C'est, dans les bois abandonnés, un infini murmure des neiges qui, se détachant une par une, tombent sur les branches toujours vertes des pins, sur le feuillage jauni et desséché des chênes. Le lac, débarrassé de son gel, se prit à frissonner sous le vent qui balaya aussi les nuages, et l'azur apparut, cet azur du ciel des hauteurs, plus clair, semble-t-il, plus profond que dans la plaine, et en quelques jours la couleur uniforme du paysage se nuança de teintes tendres et jeunes. Sur les ramures jusque-là toutes nues, les frêles bourgeons pointèrent. Les chatons verdâtres des noisetiers alternèrent avec les chatons jaunâtres des saules. Même la lave noire de la Cheyre parut s'animer avec la nature. Les fructifications veloutées des mousses s'y mêlèrent aux taches blanchissantes des lichens. Le cratère du Puy de la Vache et celui du Puy de Lassolas découvrirent, morceau par morceau, toute la splendeur de leur sable rouge. Les fûts argentés des bouleaux et les fûts chatoyants des hêtres brillèrent au soleil d'un éclat plus vif. Dans les halliers commencèrent d'éclore les belles fleurs que je cueillais autrefois avec mon père et dont les corolles me regardaient comme des prunelles, dont l'arome me suivait comme une haleine. Les pervenches, les primevères et les violettes apparurent les premières, puis je retrouvai successivement la cardamine des prés avec sa nuance lilas, le bois-gentil qui porte ses fleurs roses avant de porter ses feuilles, la blanche anémone, le muscari à l'odeur de prune, la scille à deux feuilles et sa senteur de jacinthe, le sceau de Salomon avec ses clochettes blanches et le mystère de sa racine qui marche sous terre, le muguet dans les creux des petites vallées, et l'églantine le long des haies. La brise qui venait des dômes encore blancs, passait sur ces fleurs. Elle roulait en elle des parfums, du soleil et de la neige, quelque chose de si caressant à la fois et de si frais, que respirer, à de certains moments, c'était s'enivrer d'un air de jeunesse, c'était participer au renouveau du vaste monde; et moi aussi, tout tendu que je fusse dans mes doctrines et mes théories, je ressentis cette puberté de toute la nature. La glace d'idées abstraites où mon âme était emprisonnée se fondit. Quand j'ai relu plus tard les feuillets du journal, aujourd'hui détruit, où je notais alors mes sensations, je suis demeuré étonné de voir avec quelle force les sources de la naïveté se rouvrirent en moi sous cette influence qui n'était pourtant que physique, et de quel flot jaillissant elles inondèrent mon cœur! Je m'en veux de penser avec cette lâcheté. Pourtant j'éprouve une douceur à me dire qu'à cette époque, j'ai sincèrement aimé celle qui n'est plus. Oui, je me répète, avec un soulagement réel, que du moins le jour où j'ai osé enfin lui parler de mon amour, — jour fatal et qui marqua le commencement de notre perte à tous les deux, — j'étais la dupe sincère de mes propres paroles. Vous voyez, mon cher maître, comme je suis devenu faible, puisque je revendique comme une excuse la sincérité de cette duperie. Excuse de quoi ? Et qu'est-ce autre chose que la misérable abdication du savant devant l'expérience instituée par lui ?

« Pour tout dire et ne pas me faire plus fort que je ne l'ai été, cette déclaration sur laquelle j'avais tant délibéré, fut simplement l'effet du moins préparé des hasards. Je me souviens, nous étions au 12 mai. C'est la date exacte. Ah ! dire qu'il y a moins d'un an et que depuis !... Dans la matinée, le temps avait été plus radieux encore, et nous partions dans l'après-midi, Mlle Largeyx, Lucien, Charlotte et moi, pour aller jusqu'au village de Saint-Saturnin à travers un massif de chênes, de bouleaux et de noisetiers qui sépare ce village du château ruiné de Montredon et qui s'appelle le bois de la Pradat. La route qui coupe ce parc sauvage est excellente. Aussi avions-nous pris la petite charrette anglaise, où l'on pouvait tenir quatre à la rigueur. Nous devions y monter à tour de rôle. Non, jamais la journée n'avait été plus tiède, plus bleu le ciel, plus grisante l'odeur de printemps éparse dans le vent... Nous n'avions pas marché une lieue que déjà Mlle Largeyx, fatiguée du soleil, s'installait sur la banquette de la voiture que conduisait le second cocher. Le drôle a depuis déposé cruellement contre moi et il a rappelé tout ce qu'il a su ou deviné de ce que je vais, moi, vous raconter. Lucien se déclara bientôt lassé aussi, et rejoignit la gouvernante, en sorte que je me trouvai marcher seul avec Mlle de Jussat. Elle s'était mis en tête de composer un bouquet de muguets, et je l'aidais à cette besogne. Nous nous engageâmes sous les branches qu'un feuillage tendre, à peine déployé, saupoudrait d'une sorte de nuage finement vert. Elle marchait en avant, attirée loin de la lisière par la recherche de ces fleurs qui tantôt poussent en tapis épais et tantôt manquent entièrement. A force d'avancer, nous nous trouvâmes, à un moment, dans une clairière, et si éloignés que nous ne voyions même plus, à travers le taillis pourtant dépouillé, le groupe formé par la petite voiture et les trois personnes. Charlotte s'aperçut la première de notre solitude. Elle tendit l'oreille, et n'entendant pas le bruit que faisaient les sabots du cheval sur le sol de la route, elle s'écria avec un rire d'enfant :

— « Nous sommes perdus... Heureusement que le chemin n'est pas difficile à *rembourser,* comme dit la pauvre sœur Anaclet... Voulez-vous attendre que j'aie rangé mon bouquet ? Ce serait si dommage de gâter ces belles fleurs... »

« Elle s'assit sur un rocher baigné de soleil, et elle étala sur sa jupe sa fraîche cueillette, prenant un par un les brins de muguet. Je respirais le parfum musqué de ces pâles grappes, assis moi-même sur l'autre extrémité de la pierre. Jamais cette créature vers qui tendaient depuis des mois toutes mes pensées ne m'avait paru aussi délicate, aussi adorablement délicate et fine qu'à cette minute, avec son visage coloré de rose par le grand air, avec la pourpre vive de ses lèvres qui se plissaient dans un demi-sourire, avec la claire limpidité de ses yeux gris, avec l'élégance de tout son être. Elle portait, sur une robe de drap sombre, une sorte de veston qui dessinait à demi sa taille. Ses pieds, chaussés de bottines lacées, dépassaient le bord de sa jupe, et ses cheveux châtains, massés sous son chapeau de feutre noir, luisaient dans la lumière avec des reflets fauves. Pour mieux manier les tiges de ses fleurs, elle avait ôté ses gants, et je voyais ses belles mains blanches dont les doigts fragiles allaient et venaient. Elle s'harmonisait d'une façon presque surnaturelle avec le paysage où nous nous trouvions, par le charme de jeunesse qui émanait d'elle. Plus je la regardais, plus cette idée s'imposait à moi que si je ne saisissais pas cette occasion de lui dire ce que je voulais lui dire depuis si longtemps, certainement je n'en retrouverais jamais une autre aussi propice. De quelles profondeurs de mon âme était-elle sortie, cette idée, et à quelle seconde ? Je ne sais pas, mais je sais qu'à peine entrée en moi, elle grandit, grandit... Un remords obscur s'y mêlait, celui de la voir, elle, si confiante, si peu soupçonneuse du patient travail par lequel, abusant de notre intimité quotidienne, je l'avais amenée à me traiter ainsi avec une douceur presque fraternelle. Mon cœur battait. La magie de sa présence remuait tout mon être. Pour son malheur, elle se tourna vers moi à un moment, afin de me montrer son bouquet presque achevé. Sans doute elle aperçut sur mon visage la trace de l'émotion que l'orage de mes pensées soulevait en moi, car, elle-même, sa physionomie si joyeuse, si ouverte, se voila soudain d'une inquiétude. Je dois ajouter que, durant nos entretiens de ces deux mois où nous étions devenus si étroitement amis, nous avions évité, elle par délicatesse, moi par ruse, toute allusion au faux roman de déception par lequel j'avais essayé d'émouvoir sa pitié. Je compris combien elle avait cru à ce roman et qu'elle n'avait pas cessé d'y songer, quand elle me dit, avec un passage d'involontaire mélancolie dans ses yeux :

— « Pourquoi vous gâtez-vous à vous-même cette belle journée par de tristes souvenirs ? Vous paraissiez être devenu plus raisonnable... »

— « Non! » lui répondis-je; « vous ne savez pas ce qui me rend triste... Ah! Ce ne sont pas des souvenirs... Vous faites allusion à mes chagrins d'autrefois, je le vois bien... Vous vous trompez... Il n'y a pas de place en moi pour eux, non, — pas plus que sur ces branches, pour les feuilles de l'an passé... »

« Je lui montrais la ramure toute jeune d'un bouleau dont l'ombre découpée tombait, juste à cette seconde, sur la pierre où nous étions assis. J'entendis ma voix prononcer cette phrase, comme si c'eût été celle d'un autre; en même temps je lus dans les yeux de ma compagne, que, malgré la comparaison poétique par laquelle j'avais sauvé ce que cette phrase enfermait de sens direct, elle m'avait compris. Que se passa-t-il en moi et comment ce qui m'avait été impossible jusqu'à cette heure me devint-il facile? Comment osai-je ce que je croyais ne devoir jamais oser? Je pris sa main que je sentis trembler dans la mienne, comme si la pauvre enfant était saisie d'une terreur foudroyante. Elle eut la force de se lever pour s'en aller, mais ses genoux tremblaient aussi et je n'eus pas de peine à la contraindre de se rasseoir. J'étais si bouleversé de ma propre audace que je ne me possédais plus, et je commençai de lui dire mes sentiments pour elle avec des mots que je ne pourrais pas retrouver aujourd'hui, tant j'obéissais peu à un calcul quelconque, en ce moment-là. Toutes les émotions que j'avais traversées depuis mon arrivée au château, oui, toutes, depuis les plus détestables, celles de mon envie contre le comte André, jusqu'à la meilleure, mon remords d'abuser ainsi d'une jeune fille, se fondaient dans une adoration presque mystique, à demi folle, pour cette créature si frémissante, si émue, si belle!... Je la voyais devenir, à mesure que je parlais, aussi pâle que les fleurs qui demeuraient éparses sur sa robe. Je me souviens que les mots me venaient, exaltés jusqu'à la folie, désordonnés jusqu'à l'imprudence, et que je finis par répéter comme dans un spasme : « Que je vous aime! Ah! Que je vous aime!... » en serrant sa main dans les miennes et m'approchant d'elle davantage encore. Elle se penchait, comme si elle avait perdu la force de se soutenir. Je passai mon bras demeuré libre autour de sa taille, sans même songer, dans mon propre trouble, à lui prendre un baiser. Ce geste, en lui donnant un nouveau frisson d'épouvante, lui rendit l'énergie de se lever et de se dégager. Elle gémit plutôt qu'elle ne dit : « Laissez-moi..., laissez-moi... » Et marchant à reculons, les deux mains tendues en avant pour se défendre, elle alla jusqu'au tronc du bouleau que je lui avais montré tout à l'heure. Là elle s'appuya, haletante d'émotion, tandis que de grosses larmes roulaient sur ses joues. Il y avait tant de pudeur blessée dans ces larmes, une telle révolte, et si douloureuse, dans le frémissement de ses lèvres entr'ouvertes, que je restai à la place où j'étais, en balbutiant : « Pardon... »

— « Taisez-vous, » dit-elle en faisant un mouvement de la main. Nous demeurâmes ainsi, en face l'un de l'autre et silencieux, pendant un temps que j'ai compris avoir dû être bien court, quoiqu'il m'ait paru infini. Tout d'un coup un appel traversa le bois, d'abord lointain, puis plus rapproché, celui d'une voix imitant le cri du coucou. On s'inquiétait de notre absence, et c'était le petit Lucien qui nous lançait notre signal habituel de ralliement. A ce simple ressouvenir de la réalité, Charlotte tressaillit. Le sang revint à ses joues. Elle me regarda avec des yeux où la fierté l'emportait maintenant sur l'épouvante. Elle se regarda elle-même, comme si elle venait d'être réveillée d'un horrible sommeil. Elle vit ses mains nues, qui tremblaient encore, et, sans ajouter un mot, elle ramassa ses gants et ses fleurs, et elle se mit à courir devant moi, oui, à courir comme une bête poursuivie, dans la direction d'où était partie la voix. Dix minutes après, nous étions de nouveau sur la route.

— « Je ne me suis pas sentie très bien, » dit-elle à sa gouvernante, comme pour prévenir la question qu'allait provoquer son visage décomposé; « voulez-vous me donner place dans la voiture? Nous allons rentrer... »

— « C'est cette chaleur qui vous aura incommodée, » répondit la vieille demoiselle.

— « Et M. Greslou ?... » demanda l'enfant, lorsque sa sœur se fut installée et qu'il eut lui-même pris place à l'arrière.

— « Je reviendrai à pied, » répondis-je.

« La charrette anglaise détala, lestement, malgré sa quadruple charge, dans un adieu de Lucien qui me salua d'un geste. Je pouvais voir le chapeau de Mlle de Jussat immobile à côté de l'épaule du cocher, qui donna du *pull up* à son cheval, puis la voiture disparut et je me retrouvai, m'acheminant seul sur cette route, par ce même ciel bleu et entre ces mêmes arbres couverts d'un semis d'une impalpable verdure. Mais une angoisse extraordinaire avait remplacé en moi l'allégresse et les ardeurs heureuses du commencement de la promenade. Cette fois, le sort en était jeté. J'avais livré la bataille, je l'avais perdue; j'allais être chassé du château ignoblement. C'était moins cette perspective qui me bouleversait, qu'un mélange singulier de regrets, de honte et de désirs. Voilà donc où m'avait mené ma savante psychologie, le résultat de ce siège en règle entrepris contre le cœur de cette jeune fille. Pas un mot de sa part en réponse à la plus passionnée déclaration, et moi, là, sur le moment d'agir, qu'avais-je trouvé que des phrases de romans à lui réciter? Et seulement un geste d'elle, cette fuite loin de moi, les mains en avant, m'avait immobilisé à ma place. Sans doute il entrait dans ma passion pour elle, à ce moment de nos relations, bien de l'orgueil et de la sensualité, car le mouvement d'idolâtrie qui m'avait fait lui parler avec une éloquence sincère tout à l'heure se transforma en une rage de ne pas l'avoir jetée à terre et violentée là, au pied de cet arbre contre lequel je la voyais toujours s'appuyant, et moi, à quatre pas, — quatre pas à peine, — je n'avais su que lui demander pardon. J'aperçus en pensée le visage du comte André. Je vis dans un éclair l'expression de mépris que prendrait ce visage quand on lui parlerait de cette scène. Enfin je n'étais plus ni le psychologue subtil, ni le jeune homme troublé, j'étais un amour-propre humilié jusqu'au sang, lorsque je me trouvai devant la grille du château. En reconnaissant le lac, la ligne connue des montagnes, la face de la maison, cet orgueil céda la place à une appréhension affreuse de ce que j'allais avoir à subir, et le projet traversa ma tête de m'enfuir, de retourner tout droit à Clermont, plutôt que d'essuyer de nouveau le dédain de Mlle de Jussat, l'affront qu'allait m'infliger le père... C'était trop tard, le marquis lui-même s'avançait vers moi, dans l'allée principale, accompagné de Lucien qui m'appela. Ce cri de l'enfant avait l'habituelle intonation de familiarité, et l'accueil du père acheva de me prouver que j'avais eu tort de me croire perdu si vite.

— « Ils vous ont abandonné, » me dit-il, « et ils n'ont même pas eu l'idée de vous envoyer la voiture... Vous avez dû marcher d'un pas !... » Il consulta sa montre. « J'ai peur que Charlotte n'ait pris froid, » ajouta-t-il ; « elle a dû se coucher aussitôt arrivée... Ces soleils du printemps sont si traîtres. »

« Ainsi, Charlotte n'avait rien dit encore !... — « Elle souffre ce soir. Ce sera pour demain, » pensai-je, et je commençai, dès le soir, à préparer l'emballage de mes papiers. Je tenais à eux, en ce temps-là, avec une si naïve confiance dans mon talent de philosophe ! Le lendemain arriva. Rien encore. Je me retrouvai avec Charlotte à la table du déjeuner ; elle était pâle, comme quelqu'un qui a traversé une crise de violente douleur. Je vis que le son de ma voix lui donnait un léger tressaillement. Puis ce fut tout. Ah ! Quelle étrange semaine je passai ainsi, m'attendant chaque matin à ce qu'elle eût parlé, crucifié par cette attente et incapable de prendre les devants moi-même et de m'en aller du château ! Ce n'était pas seulement faute d'un prétexte à donner. Une brûlante curiosité me tenait là. J'avais voulu vivre autant que penser. Hé bien ! Je vivais, et avec quelle fièvre ! Enfin, le huitième jour, le marquis me fit demander de venir dans son cabinet. « Cette fois, » me dis-je, « l'heure a sonné. J'aime mieux cela... » Je m'attendais à un visage terrible, à des mots presque injurieux.

Je trouvai au contraire l'hypocondriaque souriant, l'œil vif, l'air rajeuni.

— « Ma fille, » me dit-il, « continue d'être très souffrante... Rien de bien grave... Mais de bizarres accidents nerveux... Elle veut absolument consulter à Paris... Vous savez, elle a déjà été très malade et guérie par un médecin en qui elle a confiance. Je ne serai pas fâché de le consulter aussi pour moi-même. Je pars avec elle après-demain. Il est possible que nous fassions ensuite un petit voyage pour la distraire... Je tenais à vous donner quelques recommandations particulières au sujet de Lucien, pour le temps de mon absence, quoique je sois content de vous, mon cher monsieur Greslou, très, très content... Je l'écrivais à Limasset hier... C'est un bonheur pour moi que de vous avoir... »

« Vous jugerez, mon cher maître, par tout ce que je vous ai montré de mon caractère, que ces compliments devaient me flatter comme un témoignage de la perfection avec laquelle j'avais tenu mon rôle, et me rassurer sur mes craintes des derniers jours. Il n'en fut rien. J'aperçus ce fait bien net et positif: Charlotte n'avait pas voulu raconter la tentative de déclaration que j'avais faite auprès d'elle, et je me demandai aussitôt: Pourquoi? Au lieu d'interpréter ce silence dans un sens qui me fût favorable, j'entrevis soudain cette idée qu'elle s'était tue parce qu'elle n'avait pas voulu m'ôter mon gagne-pain, par pitié, mais non pas cette pitié amoureuse que j'avais voulu provoquer. Je n'eus pas plutôt imaginé cette explication, qu'elle devint pour moi évidente et en même temps insupportable. « Non, » me dis-je, « cela ne sera pas, je n'accepterai pas l'aumône de cette outrageante indulgence... Quand Mlle de Jussat reviendra, elle ne me trouvera plus ici. Elle me montre ce que j'aurais dû faire, ce que je ferai. J'ai voulu l'intéresser, je n'ai même pas attiré sa colère... Laissons-lui du moins un autre souvenir que celui d'un cuistre qui garde sa place malgré les pires affronts... » J'étais tellement désarçonné de mes projets ; cette espérance de séduction, qui m'avait soutenu tout l'hiver, était si morte, que je rédigeai, dans la nuit qui suivit cet entretien, une lettre pour celle dont j'avais rêvé de me faire aimer, où je lui demandais de nouveau pardon. Je comprenais, lui disais-je, combien tout rapport était devenu impossible entre nous, et j'ajoutais qu'à son retour, elle n'aurait plus à supporter l'odieux de ma présence. Le lendemain matin et à travers tout le remue-ménage du départ, j'épiai un moment où, sa mère l'ayant appelée, je pusse entrer dans sa chambre. Je m'y précipitai pour y déposer ma lettre sur son bureau. Là, entre les livres préparés pour mettre dans la malle et quelques menus objets, était son buvard de voyage.

Je l'ouvris et j'aperçus une enveloppe sur laquelle étaient ces mots : 12 mai 1886... C'était la date du jour de cette fatale déclaration !... Je pris cette enveloppe et je l'entr'ouvris. Elle contenait des brins de muguet desséchés, et je me souvins de lui en avoir, dans cette dernière promenade, donné en effet quelques brins plus beaux que les autres, et qu'elle avait mis à son corsage... Elle les avait donc conservés. Elle y tenait malgré ce que je lui avais dit, — à cause de ce que je lui avais dit, puisque cette date était là, écrite de son écriture : 12 mai 1886. — Je ne crois pas que j'éprouverai jamais une émotion comparable à celle qui me saisit là, devant cette simple enveloppe, au flot d'orgueil qui m'inonda soudain tout le cœur. Oui, Charlotte m'avait repoussé. Oui, elle s'enfuyait. Mais elle m'aimait. Je tenais là une preuve de ces sentiments que je n'aurais jamais osé espérer. Je fermai le buvard, je remontai chez moi en hâte, de peur qu'elle ne me surprît, sans laisser ma lettre, que je détruisis à l'instant même. Ah ! il ne s'agissait plus de m'en aller, maintenant. Il s'agissait d'attendre qu'elle revînt, et, cette fois, j'agirais, je vaincrais... Elle m'aimait !...

§ V. — *Seconde crise*

« Elle m'aimait. L'expérience de séduction instituée par mon orgueil et ma curiosité avait réussi. Cette évidence, — car je ne doutai pas une minute de la preuve ainsi surprise, — me rendit le départ de la jeune fille non seulement supportable, mais presque doux. Sa fuite s'expliquait par un effroi devant ses propres émotions qui m'attestait leur profondeur. Et puis, en s'en allant pour quelques semaines, elle me tirait d'un cruel embarras. Comment agir, en effet? Par quelle politique sauvegarder, pousser un succès à ce point inespéré ? J'allais avoir le loisir d'y songer pendant cette absence, qui ne pouvait durer bien longtemps, puisque les Jussat ne possédaient d'installation actuelle qu'en Auvergne. Remettant donc à plus tard de combiner un nouveau plan, je m'abandonnai à l'ivresse de l'amour-propre triomphant, tandis que j'assistais à ce départ de Charlotte et de son père. J'avais pris congé d'eux au salon comme par délicatesse, afin de ne pas gêner les adieux des dernières minutes, et j'étais remonté dans ma chambre. La poignée de main du marquis, très chaude, très cordiale, m'avait prouvé une fois de plus combien j'étais ancré dans la maison, et j'avais deviné, derrière la froideur voulue de la fille, la palpitation d'un cœur qui ne veut pas se livrer. J'habitais au second étage une pièce d'angle avec une fenêtre qui donnait sur le devant du château. Je me plaçai derrière le rideau de manière à bien voir, sans être vu, la montée dans la voiture. C'était une victoria encombrée de couvertures et attelée du même cheval bai-cerise qui traînait l'autre jour la charrette anglaise. C'était aussi le même cocher qui se tenait sur le siège, son fouet en main, avec la même immobilité impassible dans sa livrée brune. Le marquis parut, puis Charlotte. Sous le voile et d'en haut, je ne distinguai pas ses traits, à elle, et quand elle releva ce voile pour s'essuyer les paupières je n'aurais su dire si c'étaient les derniers baisers de sa mère et de son frère qui lui donnaient ce petit accès d'émotion nerveuse ou le désespoir d'une résolution trop pénible. Mais je la vis bien, quand la voiture disparut vers la grille, qui tournait la tête ; et comme les siens étaient déjà rentrés, que pouvait-elle regarder ainsi longuement, sinon la fenêtre à l'abri de laquelle je la regardais moi-même ? Puis un massif d'arbres déroba la voiture qui reparut au bord du lac pour disparaître encore et s'enfoncer sur la route qui traverse le bois de la Pradat, — cette route où l'attendait un souvenir dont j'étais certain qu'il ferait battre plus vite ce cœur enfin troublé, ce cœur conquis.

« Ce sentiment d'orgueil assouvi dura un mois entier, sans une minute d'interruption, et, — preuve que j'étais encore dans mes rapports avec cette jeune fille tout intellectuel et psychologique, — jamais mon esprit ne fut plus net, plus souple, plus habile au maniement des idées qu'à cette époque. J'écrivis alors mes meilleures pages, un morceau sur le travail de la volonté pendant le sommeil. J'y fis entrer, avec un délice de savant que vous comprendrez, tous les détails que j'avais notés, depuis ces quelques mois, sur les allées et venues, les hauts et les bas de mes résolutions. J'en avais tenu, comme je vous ai dit, le journal le plus précis, analysant, le soir avant de m'endormir, et le matin, sitôt reveillé, les moindres nuances de mes états d'âme. Oui, ce furent des journées d'une singulière plénitude. J'étais très libre. Mlle Largeyx et la sœur Anaclet se relevaient pour tenir compagnie à la marquise. Mon élève et moi nous profitions des belles et douces heures pour nous promener. Sous le prétexte d'enseignement, je lui avais donné le goût des papillons. Armé de la longue canne et du filet de gaze verte, il était sans cesse à courir loin de moi après les Aurores aux ailes bordées d'orange, les Argus bleus, les Morios bruns, les Vulcains bigarrés et les Citrons couleur d'or. Il me laissait seul avec ma pensée. Tantôt nous suivions cette route de la Pradat maintenant parée de toutes les verdures du printemps, tantôt nous remontions du côté de Verneuge, vers cette vallée de Saint-Genès-Champanelle aussi gracieusement jolie que son nom. Je m'asseyais sur un bloc de lave, fragment minuscule de l'énorme coulée épanchée du Puy de la Vache, et là, sans plus m'occuper de Lucien, je m'abandonnais à cette disposition étrange qui m'avait toujours montré, dans cette nature sauvage, comme un symbole saisissant de mes doctrines, un type de fatalité implacable, un conseil d'indifférence absolue au bien et au mal, Je regardais les feuilles des arbres s'ouvrir au soleil, je me rappelais les lois connues de la respiration végétale, et comment, par une simple modification de lumière, la vie de la plante peut être changée. De même l'on devait pouvoir à son gré diriger la vie de l'âme si l'on en connaissait exactement les lois. J'avais déjà réussi à créer un commencement de passion dans l'âme d'une jeune fille séparée de moi par des abîmes. Quels procédés nouveaux et appliqués avec une rigueur ingénieuse me permettraient d'accroître l'intensité de cette passion? J'oubliais la magnificence du ciel, la fraîcheur des bois, la majesté des volcans, le vaste paysage déployé autour de moi, pour ne plus voir que des formules d'algèbre morale. J'hésitais entre des solutions diverses pour ce jour prochain où je tiendrais de nouveau Mlle de Jussat en face de moi dans la solitude du château. Devais-je, à ce moment du retour, jouer l'indifférence, pour la déconcerter, pour la réduire, par l'étonnement d'abord, ensuite par l'amour-propre et la douleur ? Piquerais-je sa jalousie en lui insinuant que l'étrangère de mon soi-disant roman était revenue à Clermont et m'écrivait ? Continuerais-je au contraire la série des déclarations brûlantes, des audaces qui enveloppent, des folies qui grisent ? Je reprenais ces hypothèses successivement, d'autres encore. Je m'y complaisais, pour me témoigner à moi-même que je n'étais pas pris, que le philosophe dominait l'amoureux, que mon Moi enfin, ce cher Moi dont je m'étais constitué le prêtre, demeurait supérieur, indépendant et lucide. Je m'en voulais, comme d'indignes faiblesses, des rêveries qui, à d'autres instants, remplaçaient ces subtils calculs. C'était surtout dans l'intérieur de la maison qu'elles me prenaient, ces rêveries, et devant les portraits de Charlotte épars sur les murs du salon, sur les tables, dans la chambre de Lucien. Des photographies de toute grandeur la représentaient à six ans, à dix ans, à quinze, et j'y pouvais suivre l'histoire de sa beauté, depuis la grâce mignonne des premières années jusqu'au charme frêle d'aujourd'hui. Les traits changeaient de l'une à l'autre de ces photographies, jamais le regard. Il restait le même dans les yeux de l'enfant et dans ceux de la jeune fille, avec ce je ne sais quoi de sérieux, de tendre et de fixe qui révèle la sensibilité trop profonde. Il s'était posé ainsi sur moi, et de m'en souvenir me remuait d'une émotion confuse. Ah! Pourquoi ne m'y livrais-je pas entièrement? Pourquoi ma vanité s'acharnait-elle à ne pas s'y complaire? Mais pourquoi, sur tant de ces portraits, Charlotte se trouvait-elle à côté de son frère André? Quelle fibre secrète de haine cet homme avait-il, par sa seule existence, touchée dans mon cœur, que de voir simplement son image auprès de celle de sa sœur, desséchait soudain ma tendresse et ne laissait plus subsister en moi que la volonté? Et quelle volonté?... J'osais me la formuler, maintenant que je me croyais sûr d'avoir pris ce cœur à mon piège. Oui, je voulais être l'amant de Charlotte... Et après? Après?... Je me forçais à n'y pas réfléchir, de même que je me forçais à détruire les instinctifs scrupules d'hospitalité violée qui me remuaient. Je ramassais les plus mâles énergies de ma pensée et je m'enfonçais dans l'âme davantage encore mes théories sur le culte de mon Moi. Je sortirais de cette expérience enrichi d'émotions et de souvenirs. Telle était l'issue morale de l'aventure. L'issue matérielle était le retour chez ma mère, une fois mon préceptorat fini. Lorsque les scrupules s'éveillaient trop vivement, et qu'une voix intérieure me disait : « Et Charlotte ? As-tu le droit de la traiter ainsi en simple objet de ton expérience ? » je prenais mon Spinoza, et j'y lisais le théorème où il est écrit que notre droit a pour limite notre puissance. Je prenais votre *Théorie des passions* et j'y étudiais vos phrases sur le duel des sexes dans l'amour. — « C'est la loi du monde, » raisonnais-je, « que toute existence soit une conquête, exécutée et maintenue par le plus fort aux dépens du plus faible. Cela est vrai de l'univers moral comme de l'univers physique. Il y a des âmes de proie comme il y a des loups, des chats-pards et des éperviers. » Cette formule me paraissait forte, neuve et juste, je me l'appliquais, et je me répétais : « Je suis une âme de proie, une âme de proie, » avec un furieux accès de ce que les mystiques appellent l'orgueil de la vie, parmi les verdures nouvelles, sous le ciel tout bleu, au bord de la claire rivière qui des montagnes descend vers le lac. C'était ma façon à moi de communier avec l'aveugle, la sourde, la malfaisante nature.

« Cette ivresse de ma fierté victorieuse fut dissipée par un fait très simple. Le marquis écrivit qu'il rentrait au château, mais seul. Mlle de Jussat, toujours souffrante, restait à Paris, installée chez une sœur de sa mère. Lorsque la marquise nous communiqua cette nouvelle, nous étions à table. J'entrai comme dans un spasme de colère si violent qu'il m'étonna moi-même, et je dus, sous le prétexte d'un éblouissement subit, quitter le dîner. J'aurais crié, brisé un objet, manifesté enfin par quelque folie le mouvement de rage qui me secouait l'âme. Dans la fièvre de vanité qui m'exaltait depuis le départ de Charlotte, j'avais tout prévu, excepté que cette jeune fille aurait assez de caractère, même amoureuse, pour ne pas rentrer à Aydat. C'était si simple, le moyen qu'elle avait trouvé d'échapper à son sentiment; si simple, mais si souverain, si définitif. La merveilleuse tactique de ma psychologie devenait aussi vaine que le mécanisme du canon le plus savant contre un ennemi réfugié hors de portée. Que pouvais-je sur elle, si elle n'était pas là ? Rien, absolument rien, et la rejoindre m'était interdit. La vision de mon impuissance surgit si forte, si douloureuse, elle remua si profondément mon système nerveux, que je ne dormis ni ne mangeai entre cette lettre et l'arrivée du marquis lui-même. J'allais apprendre si cette résolution excluait toute espérance de contre-ordre, s'il ne restait aucune chance que la jeune fille revînt pour la fin de juillet, pour le mois d'août, pour septembre. Mon engagement durait jusqu'au milieu d'octobre. Mon cœur battait, ma gorge était serrée, tandis que nous nous promenions, Lucien et moi, dans la gare de Clermont, attendant le train de Paris vers les six heures. Dans l'excès de mon impatience, j'avais obtenu qu'on nous laissât venir au-devant du père. La locomotive entre en gare. M. de Jussat met sa tête fine et ravagée à une portière. Je dis, au risque de lui ouvrir les yeux sur mes sentiments :

— « Et Mlle Charlotte ? »

— « Mais, merci, merci, » répond-il en me serrant la main avec effusion, « le médecin dit qu'elle a un trouble nerveux très profond... Il paraît que la montagne ne lui vaut rien... Et moi, qui ne me porte bien que là-haut !... Ah ! C'est pénible, très pénible... Enfin, nous essaierons d'une longue cure d'eau froide à Paris, et puis de Néris peut-être... »

« Elle ne revenait pas !... Si jamais j'ai regretté, mon cher maître, à simple titre de document psychologique, le cahier fermé que j'ai brûlé, c'est assurément aujourd'hui, et ce tableau quotidien de mes pensées depuis le soir de juin où le marquis m'annonçait ainsi l'absence définitive de sa fille. Ce tableau allait jusqu'au mois d'octobre, où une circonstance, impossible alors à prévoir, changea brusquement le cours probable des choses. Vous y auriez trouvé, comme dans un atlas d'anatomie morale, une illustration de vos belles analyses sur l'amour, le désir, le regret, la jalousie, la haine. Oui, durant ces quatre mois, j'ai traversé toutes ces phases. Ce fut d'abord une tentative insensée, mais trop naturelle, persuadé comme j'étais que l'absence de Charlotte prouvait seulement sa passion. Je lui écrivis. Dans cette lettre, savamment composée, je commençais par lui demander pardon pour mon audace du bois de la Pradat, et je renouvelais cette audace d'une manière pire, en lui traçant une peinture brûlante de mon désespoir loin d'elle. C'était, cette lettre, une déclaration plus folle encore que l'autre, et si hardie qu'une fois l'enveloppe disparue dans la petite boîte, au bureau de poste du village où j'étais allé la porter moi-même, j'eus de nouveau peur. Deux jours, trois jours se passèrent; pas de réponse. La lettre du moins ne me revenait pas, comme je l'avais tant craint, sans même avoir été ouverte. A ce moment même, la marquise achevait ses préparatifs pour partir à son tour et rejoindre sa fille. Sa sœur occupait à Paris, rue de Chanaleilles, un hôtel assez vaste pour qu'elle y pût céder à ces dames un appartement suffisant. *Hôtel de Sermoises, rue de Chanaleilles, Paris...*, que j'ai eu d'émotions alors à écrire cette adresse, non pas une fois, mais cinq ou six! Je calculai, en effet, que la tante de la jeune fille ne surveillait pas étroitement sa correspondance, au lieu que sa mère la surveillerait. Il fallait profiter du temps où cette dernière était encore à Aydat et redoubler l'impression certainement produite par ma lettre. J'écrivis donc tous les jours, jusqu'au départ de la marquise, des lettres pareilles à cette première, et je n'avais aucune peine à y jouer l'amour. Mon passionné désir de faire revenir Charlotte était sincère, — aussi sincère que peu raisonnable. J'ai su depuis qu'à chaque arrivée nouvelle de ces dangereuses missives, et sitôt mon écriture reconnue, elle demeurait des heures à lutter contre la tentation d'ouvrir l'enveloppe. Puis elle l'ouvrait. Elle lisait et relisait ces pages, dont le poison agissait sûrement. Comme elle ignorait la découverte qui m'avait rendu maître de son secret, elle ne pensait pas à se défendre contre l'opinion que je pouvais concevoir d'elle. Pour se justifier de cette lecture, elle se disait sans doute que je l'ignorerais toujours, comme j'ignorais son amour naissant. Ces quelques lettres la touchèrent même si vivement qu'elle les conserva. On a retrouvé leurs cendres dans la cheminée de sa chambre. Elle les y a brûlées la nuit de sa mort. Je soupçonnais bien l'effet troublant de ces pages que je griffonnais la nuit, exalté par la pensée que je tirais là mes dernières cartouches, et cela ressemblait à des coups de fusil dans un brouillard, puisque aucun signe ne m'avertissait qu'à chaque fois j'atteignais celle que je visais droit au cœur. Cette incertitude absolue, je l'avais d'abord interprétée à mon avantage; puis, quand la mère eut quitté le château pour rejoindre sa fille, je me vis dans l'impossibilité d'écrire à nouveau, et je trouvai dans le silence de Charlotte la preuve la plus évidente, non point qu'elle ne m'aimait pas, mais qu'elle mettait toute sa volonté à vaincre cet amour et qu'elle y réussirait. « Hé bien ! » me dis-je, « il faut y renoncer, puisque je ne peux plus l'atteindre, et voilà qui est fini... » Je me prononçais cette phrase à voix haute, seul dans ma chambre, en entendant rouler la voiture qui, cette fois, emportait la marquise. M. de Jussat et Lucien l'accompagnaient jusqu'aux Martres-de-Veyre où elle allait prendre le train. « Oui, » répétai-je, « voilà qui est fini. Qu'est-ce que cela me fait, puisque je ne l'aime pas ?... » A la minute, cette idée me laissa relativement tranquille, et sans autre trouble qu'une sensation vague de gêne à la poitrine, comme il arrive dans les contrariétés. Je sortis, afin de secouer même cette gêne, et, dans un de ces accès de bravades solitaires par lesquelles je me plaisais à me prouver ma force, je me dirigeai vers la place où j'avais osé parler de mon amour à Charlotte. Afin de mieux m'attester ma liberté d'âme, j'avais pris sous mon bras un livre nouveau que je venais de recevoir, une traduction des lettres de Darwin. Le jour était voilé, mais presque brûlant. Une espèce de simoun, de vent venu du Sud, chauffait de son haleine les branches maintenant vertes des arbres. A mesure que j'avançais, ce vent me brisait les nerfs. Je voulus attribuer à son influence le grandissement de ma gêne. Après quelques recherches infructueuses à travers le bois de la Pradat, je finis par trouver la clairière où nous nous étions assis Charlotte et moi, — la pierre, — le bouleau. Il frémissait tout entier au souffle de ce vent, avec son feuillage dentelé dont l'ombre était plus épaisse aujourd'hui. Je m'étais promis de lire mon livre à cette place. Je m'assis et j'ouvris le volume. Il me fut impossible d'aller au delà d'une demi-page... Voici que les souvenirs m'envahissaient, m'obsédaient, me montrant la jeune fille sur cette même pierre, rangeant les brins de ses muguets, puis debout, appuyée contre cet arbre, puis affolée et fugitive, sur l'herbe du sentier. Une douleur indéfinissable montait, montait en moi, oppressant mon cœur, étouffant ma respiration, brûlant mes yeux de larmes, et je constatai avec épouvante qu'à travers tant de complications, d'analyses et de subtilités, j'étais devenu, sans m'en douter, éperdument amoureux de l'enfant qui n'était pas là, qui n'y serait plus jamais.

« Cette découverte, si étrangement inattendue, et d'un sentiment si contraire au programme réfléchi de mon aventure, s'accompagna presque aussitôt d'une révolte et contre ce sentiment et contre l'image de celle qui m'en infligeait la douleur. Je ne passai pas un jour, durant les longues semaines qui suivirent, sans me débattre contre cette honte d'être pris à mon propre piège, et sans subir un accès d'amère rancune contre l'absente. Je reconnaissais la profondeur de cette rancune, à la joie infâme qui m'inondait le cœur lorsque le marquis recevait une lettre de Paris, qu'il la lisait d'un sourcil froncé, et qu'il soupirait : « Charlotte n'est toujours pas bien... » J'éprouvais une consolation insuffisante, misérable, mais une consolation tout de même, à me dire que, moi aussi, je l'avais blessée d'une blessure envenimée et lente à se fermer. Il me semblait que ce serait là ma vraie vengeance, si elle continuait, elle, de souffrir, et si je guérissais, moi, le premier. Je faisais appel au philosophe que je m'étais tant enorgueilli d'être, pour abolir en moi l'amoureux. Je reprenais mon vieux raisonnement : « Il y a des lois de la vie de l'âme et je les connais. Je ne peux pas les appliquer à Charlotte, puisqu'elle m'a fui. Serai-je incapable aussi de me les appliquer à moi-même ? » Et je méditais sur cette nouvelle question : « Y a-t-il des remèdes contre l'amour ?... » — « Oui, » me répondais-je, « il y en a, et je les trouverai. » Mes habitudes d'analyse quasi mathématique se mettaient au service de mon projet de guérison, et je décomposais le problème en ses éléments, d'après la méthode des géomètres. Je réduisais cette question à cette autre : « Qu'est-ce que l'amour ? »

à quoi je répondais brutalement par votre définition : « L'amour, c'est l'obsession du sexe. » Or, comment se combat une obsession ? Par la fatigue physique d'abord, qui suspend, qui du moins diminue le travail de la pensée. Je m'astreignis donc et j'astreignis mon élève à de longues marches. Les jours où je n'avais pas de classe à lui faire, le dimanche et le jeudi, je partais, tout seul, dès la première pointe du matin, après avoir arrêté l'heure et l'endroit où Lucien me rejoindrait avec la voiture. Je me faisais réveiller à des deux heures. Je sortais du château dans ce demi-crépuscule froid qui précède le lever de l'aurore. J'allais droit devant moi, frénétiquement, choisissant les pires coursières, m'attaquant dans mes ascensions des puys les plus rapprochés aux côtés abrupts, presque inaccessibles. Je risquais de me casser les reins en dévalant le long des sables fuyants des cratères, ou sur les escaliers des crêtes de basalte. N'importe. J'allais dans la nuit finissante. La ligne orangée de l'aurore gagnait le bord du ciel. Le vent du jour nouveau fouettait ma face. Les étoiles se fondaient comme des pierreries noyées dans le flot d'un azur d'abord tout pâle, puis tout foncé. Le soleil allumait sur les fleurs, les arbres et les herbes, un étincellement de rosée brillante. J'essayais de me procurer les griseries de la vie animale que j'avais connues jadis dans des courses semblables. Persuadé, comme je le suis, des lois de l'atavisme préhistorique, je m'efforçais, par cette sensation de la marche forcée et celle des hauteurs, d'éveiller en moi l'esprit rudimentaire de la brute ancestrale, de l'homme des cavernes dont je descends, moi comme tous les autres. Je parvenais ainsi à une sorte de délire sauvage, mais qui n'était ni la paix rêvée ni la joie, et qui s'interrompait à la moindre réminiscence de mes relations avec Charlotte. Le détour d'un chemin que nous avions suivi ensemble, la nappe bleue du lac aperçue d'un sommet, la ligne ardoisée des toits du château profilés à travers l'espace, moins que cela, le feuillage mobile d'un bouleau et son fût argenté, sur un écriteau le nom d'un village dont elle avait parlé un jour, cela suffisait, et cette frénésie factice cédait la place à la cuisante douleur du regret qu'elle ne fût pas auprès de moi. Je l'entendais me dire de sa voix timbrée finement : « Regardez donc..., » comme elle disait autrefois quand nous errions ensemble dans ce même horizon de montagnes, en ces temps-là glacé de neiges, — mais la fleur vivante de sa beauté s'y épanouissait, — maintenant paré de verdure, mais la fleur vivante en était retirée. Et cette sensation de son absence devenait plus intolérable encore, à retrouver Lucien qui ne manquait jamais de me parler d'elle. Il l'aimait, il l'admirait si tendrement, et dans son ingénuité il me donnait tant de preuves qu'elle était en effet si digne d'être admirée et d'être aimée. Alors la lassitude physique se résolvait en un pire énervement, et des nuits suivaient, d'une insomnie agitée, comme empoisonnée d'amertume, dans lesquelles il m'arrivait de pleurer tout haut, indéfiniment, en criant son nom comme un aliéné.

— « C'est par la pensée que je souffre, » me dis-je après avoir vainement demandé le remède aux grandes fatigues. « Attaquons la pensée par la pensée... » Il y eut donc une seconde période durant laquelle je voulus déplacer le centre même de mes forces d'esprit. J'entrepris l'étude la plus complètement opposée à toute préoccupation féminine. Je dépouillai en moins de quinze jours, la plume à la main, deux cents pages de cette *Physiologie* de Beaunis emportée dans ma malle, et les plus dures pour moi, celles qui traitent de la chimie des corps vivants. Mes efforts pour entendre et pour résumer ces analyses qui exigent le laboratoire, eurent beau être suprêmes, je n'arrivai qu'à m'hébéter l'intellect et je me trouvai moins capable de résister à l'idée fixe. Je reconnus que je faisais de nouveau fausse route. La vraie méthode n'était-elle pas plutôt celle que professait Gœthe : appliquer sa pensée à la douleur même dont on veut se délivrer ? Ce grand esprit, qui a su vivre, mettait ainsi en pratique la théorie exposée dans le cinquième livre de Spinoza et qui consiste à dégager derrière les accidents de notre vie personnelle, la loi qui les rattache à la grande vie de l'Univers. M. Taine, dans d'éloquentes pages sur Byron, nous conseille de même de « nous comprendre, » afin que « la lumière de l'esprit produise en nous la séré« nité du cœur. » Et vous, mon cher maître, que dites-vous d'autre dans la préface de votre *Théorie des passions* : « Considérer sa propre des« tinée comme un corollaire dans cette géomé« trie vivante qui est la nature, et par suite « comme une conséquence inévitable de cet « axiome éternel dont le développement indéfini « se prolonge à travers le Temps et l'Espace, tel « est l'unique principe de l'affranchissement. » Et que fais-je d'autre, à cette heure, en rédigeant ce mémoire, que de me conformer à ces maximes? Puissent-elles me réussir mieux qu'alors ! J'essayai, en effet, à cette époque, de résumer, dans une espèce de nouvelle autobiographique, l'histoire de mes sentiments pour Charlotte. J'y supposais, — voyez comme le hasard se charge parfois de réaliser étrangement nos rêves, — un grand psychologue consulté par un jeune homme; et, vers la fin, le psychologue rédigeait à l'usage du malade moral venu à lui, un diagnostic passionnel avec indication des causes. J'écrivis ce morceau pendant le mois d'août et sous l'influence accablante de la plus torride chaleur. J'y consacrai quinze séances environ, poussées de dix heures du soir à une heure du matin, toutes fenêtres ouvertes, avec le vol autour de ma lampe allumée des grands sphinx de nuit, de ces larges papillons de velours sombre qui portent sur leur corselet l'empreinte blanche d'une tête de mort. La lune se levait, inondant de ses clartés bleuâtres le lac où couraient des reflets nacrés, les bois dont le mystère s'approfondissait, et la ligne des volcans éteints, — ces volcans pareils à ceux que mon père montrait à mes yeux d'enfant par le télescope dans cette lune elle-même. Je posais ma plume pour m'abîmer, devant ce paysage muet, dans une de ces rêveries cosmogoniques dont j'étais coutumier jadis. Comme aux temps où la parole de ce pauvre père me révélait l'histoire du monde, je revoyais la nébuleuse primitive, puis la terre détachée d'elle, et la lune détachée de la terre. Cette lune était morte aujourd'hui, et la terre mourrait aussi. Elle allait, se glaçant de seconde en seconde ; et la suite imperceptible de ces secondes, s'additionnant durant des milliers d'années, avait déjà éteint l'incendie des volcans d'où jaillissait autrefois, brûlante et dévastatrice, la lave sur laquelle posait le château. En se refroidissant, cette lave avait dressé comme une barrière au cours d'eau qui s'étalait maintenant en lac, et l'eau de ce lac irait aussi s'évaporant, à mesure que l'atmosphère irait diminuant, — ces quatorze pauvres kilomètres d'air respirable qui environnent la planète. Je fermais les yeux, et je le sentais rouler, ce globe mortel, à travers le vide infini, inconscient des petits univers qui vont et qui viennent sur lui, comme l'immense espace est inconscient des soleils, des lunes et des terres. La planète roulera ainsi quand elle ne sera plus qu'une boule sans air et sans eau, d'où l'homme aura disparu, comme les bêtes et les plantes. Au lieu de me procurer la sérénité du contemplateur, cette vision de l'irrémédiable écoulement me faisait me ramasser sur moi-même et sentir avec terreur cette conscience de ma personne, la seule réalité que j'eusse à moi, et pendant combien de temps? A peine un point et un moment! Je me souvenais alors d'une phrase naïve que Marianne disait en pleurant, un jour que je lui avais fait de la peine : « On n'a que soi..., » répétait cette fille à travers ses larmes, « on n'a que soi... » Et moi aussi je la redisais, cette phrase, et j'en extrayais tout le sens. Puisque, dans cette fuite irréparable des choses, ce point et ce moment de notre conscience demeure notre unique bien, il faut en exalter, en exaspérer l'intensité. Je repoussais les papiers sur lesquels j'étais en train d'écrire ma confession plus ou moins doctement commentée. Je sentais, avec une évidence affreuse, que cette intensité souveraine de l'émotion, seule Charlotte me la procurerait si elle était dans cette chambre, assise sur ce fauteuil, couchée sur ce lit, unissant sa chair périssable à ma chair périssable, son âme condamnée à mon âme condamnée, sa fugitive jeunesse à ma jeunesse, et comme tous les instruments d'un orchestre s'accordent pour produire une note unique, toutes les forces diverses de mon être, les intellectuelles, les sentimentales, les sensuelles, s'accordaient dans un cri aigu de désir. Hélas! de savoir les causes de ce désir en exaspérait encore la folie, et la vision de l'univers avivait en moi la frénésie de la vie personnelle au lieu de la calmer.

« La phrase de Marianne, subitement revenue à ma pensée, me fit souvenir des temps dont je vous ai parlé, et des ardeurs que j'avais connues alors. Je me dis que sans doute je me trompais sur moi-même en me croyant un abstrait, un intellectuel pur. Depuis des mois et des mois que j'étais entièrement sage, ne vivais-je pas au rebours de mon caractère? Les phénomènes de passion pour Charlotte dont j'étais le théâtre ne dérivaient-ils pas simplement d'une chasteté trop prolongée? Peut-être ce désir n'avait-il rien de psychologique, et manifestait-il une apoplexie de jeunesse, un excès de sève à dépenser? « Ce serait alors un prurit de désirs à détruire par l'assou vissement. » Sous le prétexte de quelque affaire de famille à régler, j'obtins du marquis huit jours de vacances, et j'arrivai à Clermont bien résolu de m'y livrer à la plus violente frénésie de débauche avec la première créature venue. Comme j'avais, ces temps derniers, pensé à Marianne à cause du mot que je vous ai cité, je la cherchai. J'eus tôt fait de la retrouver. Ce n'était plus la simple ouvrière d'autrefois. Un propriétaire de campagne l'entretenait; il l'avait installée, nippée, et, ne venant à la ville qu'un jour sur huit, ce protecteur lui laissait une sorte de liberté de petite bourgeoise. Cette demi-métamorphose, jointe à la résistance qu'elle m'opposa d'abord, donnaient à la reprise de cette ancienne histoire un rien de piquant et qui m'amusa vingt-quatre heures. La pauvre fille conservait pour moi, malgré mes duretés lors de notre rupture, un sentiment tendre, et, le surlendemain de mon arrivée, ayant tout organisé pour bien tromper la surveillance maternelle, je passai la nuit dans sa chambre. Mon cœur battait, tandis que je montais l'escalier de la maison qu'elle habitait rue Tranchée-des-Gras, pas très loin de la sombre cathédrale que je contournai pour aller chez elle. Cette rentrée dans le monde des sens m'émouvait comme un renouveau d'initiation. J'allais savoir jusqu'à quel degré le souvenir de Charlotte gangrenait mon âme. Assis au pied du lit, je regardais se dévêtir cette femme sur qui je m'étais rué dans la première fureur de la puberté. Elle était lourde, mais jeune, fraîche et robuste. Ah ! comme l'image de

Mlle de Jussat se fit présente à cette minute, et sa silhouette de frêle madone et la délicatesse de son être entier! Comme cette image était encore là vivante devant mes yeux tandis qu'étendu dans le lit, j'étreignais ma première maîtresse, avec une ardeur de brutalité qui se mélangeait d'une tristesse infinie! Certes c'était, cette créature, une simple fille du peuple et qui ne se raisonnait guère. Mais les plus matérielles ont d'étranges finesses quand elles aiment, et celle-là m'aimait à sa façon. Je m'aperçus qu'elle aussi n'éprouvait plus auprès de moi les sensations anciennes. Je la vis s'exalter sous mes caresses, puis, au lieu de cette fougue heureuse d'autrefois, elle parut déçue dans son désir, comme déconcertée par mes regards, comme gagnée par ma tristesse, et elle me dit, dans l'intervalle de nos baisers :

— « Qu'as-tu qui te peine ?... » et, employant une locution bien Clermontoise : « Je ne t'ai plus vu si triste, » et, plaisantant avec la bonhomie matoise des Auvergnats : « C'est quelque femme mariée qui t'a monté le coup... Il est assez long, ton cou, tu n'as pas besoin qu'on te le hausse... »

« Elle m'avait, en commentaire de son mauvais jeu de mots, mis ses deux mains autour du cou, deux grosses mains aux doigts épais. — Celles de Charlotte étaient si fines, aussi fines que son délicat esprit comparé à la vulgarité de Marianne. Ce qui me désespérait, ce qui me serra le cœur aux paroles de cette dernière, ce ne fut ni cette vulgarité, ni ce contraste. Non. Mais fallait-il que j'eusse l'âme malade pour que même cette créature s'en aperçût? Je réagis cependant contre cette impression, je me moquai de ses hypothèses, et je me forçai à des transports d'un libertinage bestial dont le plus clair résultat fut que je rentrai, au matin, avec un débordement d'amertume. Il me fut impossible de retourner chez la fille, impossible d'aller chez d'autres. Je passai les quelques jours qui me restaient à me promener avec ma mère, qui, me voyant plongé dans une mélancolie profonde, s'en inquiétait et en redoublait la profondeur par ses questions. Ce fut au point que je vis approcher l'instant du retour au château avec un soulagement. Du moins j'allais y vivre parmi mes souvenirs. Mais un coup terrible m'y attendait, qui me fut porté par le marquis dès mon arrivée.

— « Une bonne nouvelle, » me dit-il, sitôt qu'il me vit. « Charlotte va mieux. Et une autre aussi bonne... Elle se marie.... Oui, elle accepte M. de Plane. Mais, c'est vrai, vous ne savez pas : un ami d'André qu'elle avait refusé une fois, et maintenant elle veut bien... » Et il continua, revenant comme à son habitude sur lui-même : « Oui, c'est une très bonne nouvelle, car, voyez-vous, je n'ai plus beaucoup à vivre... Je suis frappé, très frappé... »

« Il pouvait me détailler ses maux imaginaires, m'analyser tant qu'il voulait son estomac, sa goutte, son intestin, son cœur, sa tête, je ne l'écoutais pas plus qu'un condamné à qui l'on vient d'annoncer la sentence n'écoute les propos de son geôlier. Je ne voyais que le fait, pour moi si douloureux à cette seconde. Vous qui avez écrit des pages admirables sur la jalousie, mon cher maître, et sur les ravages que produit dans l'imagination d'un amant la seule pensée des caresses d'un rival, vous devinez quel cuisant poison cette nouvelle versa sur ma blessure. Mai, juin, juillet, août, septembre, — il y avait presque cinq mois que Charlotte était partie, et cette blessure, au lieu de se cicatriser, était allée s'élargissant, s'envenimant jusqu'à cette dernière atteinte, qui m'achevait. Cette fois, je n'avais plus même la cruelle consolation de me dire que du moins ma souffrance était partagée. Ce mariage ne me démontrait-il pas qu'elle était guérie de son sentiment pour moi, tandis que j'agonisais de mon sentiment pour elle ? Ma fureur s'exaspérait encore à me dire que cet amour, né de la veille, m'avait été arraché juste au moment où j'allais pouvoir le développer dans sa plénitude, à l'heure précise de l'action décisive. Il doit y avoir de cette rage-là chez le joueur qui, forcé de quitter la table, apprend la sortie du numéro sur lequel il voulait ponter et qui lui aurait ramené trente-six fois sa mise. J'en venais à me reprocher de n'avoir pas tout quitté, sitôt Charlotte partie; de ne pas l'avoir suivie, avec les quelques cents francs que je possédais déjà de par moi. C'était trop tard. Je la voyais à Paris, où je savais que M. de Plane passait un congé, recevant son fiancé dans le demi-tête-à-tête d'une familiarité permise, sous les yeux indulgents de la marquise. Ils étaient pour cet homme maintenant, ces sourires fiers et intimidés tout ensemble, ces regards tendres et troublés, ces passages de pâleur et de rougeur pudique sur ce délicat visage, ces gestes d'une grâce toujours un peu farouche. Enfin, elle l'aimait, puisqu'elle l'épousait. Et il m'apparaissait semblable à ce comte André dont je retrouvais là encore la détestable influence, et que je me reprenais à haïr dans le fiancé de sa sœur, confondant ces deux gentilshommes, ces deux oisifs, ces deux officiers, dans la même antipathie forcenée. Vaines et puériles colères que je promenais dans les bois déjà revêtus de ces vagues teintes blondes qui vont se changer en teintes rousses! Les hirondelles se rassemblaient pour le départ. Comme la chasse avait commencé, sans cesse des coups de fusil partaient auprès d'elles, et alors elles s'épouvantaient, elles s'enlevaient, serrées et frémissantes, d'un vol plus rapide, un vol pareil à celui dont s'était échappé le sauvage oiseau que j'avais cru abattre un jour. Du côté de Saint-Saturnin, les coteaux plantés de vignes étalaient par grappes encore rouges les raisins bientôt mûrs pour la vendange. Je regardais les ceps veufs de fruits, ceux que les grêles du printemps avaient hachés dans leur fleur. Ainsi était morte sur place, avant d'être mûre, ma vendange à moi, vendange d'émotions enivrantes, de félicités douces, de brûlantes extases. J'éprouvais un morne et indéfinissable plaisir à chercher partout dans le paysage des symboles de mon sentiment; car j'étais, pour une courte période, purifié de tout calcul par l'alchimie de la douleur. Si je fus jamais un véritable amant et livré sans réflexion au cruel va-et-vient des regrets, des souvenirs et des désespoirs, c'est alors et dans ces journées qui devaient être les dernières de mon séjour à Aydat. Le marquis en effet annonçait l'intention de rapprocher son départ. Il avait abdiqué son hypocondrie, et, allègre, ses yeux gris tout clairs dans son teint moins rouge, il me disait :

— « Je l'adore, moi, mon futur gendre... Je voudrais que vous le connussiez... C'est loyal, c'est brave, c'est bon, c'est fier. Du vrai sang de gentilhomme dans les veines... Enfin, comprenez-vous les femmes? En voilà une qui n'est pas plus folle qu'une autre, au contraire, n'est-ce pas? Il y a deux ans, on le lui offre. Elle dit non. Voilà mon garçon qui perd la tête et qui va là-bas pour en revenir à moitié mort... Et puis, c'est oui... Vous savez, j'ai toujours pensé qu'il y avait de cette amourette-là dans sa maladie nerveuse... Je m'y connais. Je me disais : elle aime quelqu'un... C'était lui. Et s'il n'avait plus voulu d'elle, tout de même ?... »

« Je vous cite ce discours entre vingt autres, il vous expliquera comment je trouvais à chaque minute une occasion de m'ensanglanter le cœur. Non, ce n'était pas M. de Plane que Charlotte avait aimé cet hiver ; mais elle avait aimé, voilà qui était certain. Nos existences s'étaient croisées en un point, comme les deux routes que je voyais, de ma fenêtre, se coupent toutes deux, l'une qui descend des montagnes et va vers le bois fatal de la Pradat, l'autre qui remonte vers le puy de la Rodde. Il m'arrivait, tout seul, à la tombée du jour, de regarder les voitures suivre l'une et l'autre de ces deux routes. — Après s'être presque effleurées, elles se perdaient vers ces directions contraires. Ainsi s'étaient séparées nos destinées, et pour toujours. La baronne de Plane vivrait dans le monde, à Paris, et cela me représentait un tourbillonnement de sensations inconnues et fascinantes, dans le décor d'une fête ininterrompue. Moi, je la connaissais trop bien, ma vie prochaine. En pensée, je me réveillais dans la petite chambre de la rue du Billard. En pensée, je suivais les trois rues qu'il faut prendre pour aller de là jusqu'à la Faculté. J'entrais dans le palais de l'Académie, bâti en briques rouges, et je gagnais la salle des conférences avec ses murs nus, garnis de tableaux noirs. J'écoutais le professeur analyser quelque auteur de licence ou d'agrégation. Cela durait une heure et demie, puis je revenais, ma serviette sous mon bras, par les froides ruelles de la vieille ville, car il m'y faudrait passer cette année encore, n'ayant pas travaillé de manière à subir mon examen avec succès. Je continuerais d'aller et de venir dans ce décor de maisons noires, avec cet horizon de montagnes neigeuses, de voir le père et la mère du petit Émile assis à leur fenêtre et jouant au mariage, le vieux Limasset lisant son journal dans l'angle du café de Paris, les omnibus de Royat au coin de Jaude. Oui, j'en étais descendu là, mon cher maître, à cette misère des esprits sans psychologie, et qui, s'attachant à la forme extérieure de la vie, n'en pénètrent pas l'essence. Je méconnaissais ma foi ancienne dans la supériorité de la Science, à qui trois mètres carrés d'une chambrette suffisent, pour qu'un Spinoza ou un Adrien Sixte y possède l'immense univers en le comprenant. Ah! J'ai été bien médiocre dans cette période d'impuissantes convoitises et d'amour vaincu! J'ai bien maudit, et avec quelle injustice, cette existence d'études abstraites que j'allais reprendre! Et comme je voudrais aujourd'hui que c'eût été là en effet mon sort, et me réveiller, pauvre étudiant près la Faculté des lettres de Clermont, locataire du père d'Émile, élève du vieux Limasset, le passant morose de ces ruelles noires, — mais un innocent! un innocent! Et non pas celui qui a traversé ce que j'ai traversé, et qu'il faut dire.

§ VI. — *Troisième crise.*

« Vers la fin de ce dur mois de septembre, Lucien se plaignit d'un malaise que le docteur attribua d'abord à un simple refroidissement. Deux jours après, les symptômes s'aggravaient. Deux médecins de Clermont, appelés en hâte, diagnostiquaient une fièvre scarlatine, mais d'un caractère bénin. Si ma pensée n'avait pas été tout entière absorbée par l'idée fixe qui faisait de moi, à cette époque, un véritable maniaque, j'aurais trouvé de quoi remplir de notes tout mon livre à serrure. Je n'avais qu'à suivre les évolutions de l'esprit du marquis et la lutte engagée dans son cœur entre l'hypocondrie et l'amour paternel. Tantôt, et malgré les propos rassurants des docteurs, il était inquiet de son fils jusqu'à l'angoisse et il passait la nuit à le veiller. Tantôt, l'épouvante de la contagion le saisissait; il se mettait lui-même au lit, se plaignant de douleurs imaginaires et comptant les heures jusqu'à la visite du médecin. Il en arrivait, tant les symptômes lui semblaient graves, à demander que cette visite commençât par lui. Puis, il avait honte de sa panique. Le fond de bonne race qui était dans son sang reparaissait. Il se levait, il se châtiait de ses terreurs par des phrases amères sur la faiblesse qu'amène l'âge, et il retournait au chevet de son fils. Sa première idée fut de cacher à la marquise, aussi bien qu'à Charlotte et au comte André, la maladie de l'enfant. Mais, après deux semaines, ces alternatives de zèle et de terreur ayant épuisé son énergie, il éprouva le besoin d'avoir sa femme auprès de lui pour le soutenir, et son incohérence d'idées était si grande qu'il me consulta.

— « Ne croyez-vous pas que c'est mon devoir?... » conclut-il.

« Il y a des âmes de mensonge, mon cher maître, et qui excellent à excuser par de beaux motifs leurs plus vilaines actions. Si j'étais de ce nombre, je pourrais me faire un mérite d'avoir insisté pour que le marquis ne rappelât point sa femme. Certes, je savais toute la portée de ma réponse et de la résolution qu'allait prendre M. de Jussat. Je savais que, s'il prévenait la marquise, elle arriverait par le premier train, et je connaissais assez Charlotte pour être assuré que la fille viendrait avec la mère. Je la reverrais, je tiendrais une suprême occasion de réveiller en elle l'amour naissant dont j'avais surpris la preuve. Je pourrais dire que ce fut une loyauté de ma part, ce conseil donné au marquis de laisser Mme de Jussat heureuse à Paris. Oui, j'eus cette apparence de loyauté. Pourquoi ? Si je n'étais convaincu qu'il n'y a pas d'effet sans cause et pas de ces loyautés-là sans un secret égoïsme, j'y reconnaîtrais une horreur d'exploiter, au profit d'une passion coupable, le plus noble des sentiments, celui d'une sœur pour son frère. Voici la nue vérité : en essayant de dissuader M. de Jussat, j'étais convaincu que tout effort pour reprendre le cœur de Charlotte serait inutile. Je prévoyais dans ce retour seulement une humiliation certaine. Usé par ces longs mois de luttes intérieures, je ne me sentais plus la force de manœuvrer. Je n'eus donc aucune vertu à représenter au marquis les inconvénients, les dangers même du séjour de ces deux femmes au château, près d'un malade qui pouvait leur donner sa maladie.

— « Et moi ! » répondit-il ingénument, « est-ce que je ne m'expose pas tous les jours ? Mais vous avez raison pour Charlotte ; j'écrirai que je ne la veux pas... »

— « Ah ! Greslou, » me disait-il deux jours après, au reçu d'un télégramme, « voilà ce qu'elles me font, lisez... » Il me tendit la dépêche qui annonçait l'arrivée de Mlle de Jussat avec sa mère. « Naturellement, » gémissait l'hypocondriaque, « elle a voulu venir, sans penser que je n'ai pas besoin de ces émotions-là. »

« Le marquis me parlait de la sorte à deux heures de l'après-midi. Je savais, pour l'avoir pris à mon retour du voyage où je vous ai connu, que le train de Paris part à neuf heures du soir et arrive à Clermont vers cinq heures du matin. Le temps de monter en voiture, Mme de Jussat et Charlotte seraient au château avant dix heures. Je passai une soirée et une nuit affreuses, dépourvu maintenant de cette tension philosophique, hors de laquelle je flotte, créature sans énergie, au gré d'impressions nerveuses et irrésistibles. Le bon sens m'indiquait pourtant une solution bien simple. Mon engagement finissait, comme je vous l'ai dit, le 15 octobre. Nous étions au 5 de ce mois. L'enfant entrait en pleine convalescence. Il avait auprès de lui sa mère et sa sœur. Je pouvais retourner chez moi sans scrupule et sous le premier prétexte venu. Je le pouvais et je le devais, — pour ma dignité aussi bien que pour mon repos. Au matin de cette nuit d'insomnie, j'avais pris cette résolution et j'allai jusqu'à en toucher un mot au marquis tout de suite; il ne me laissa pas lui parler, tant il était agité par l'arrivée de sa fille :

— « C'est bon, » me dit-il, « plus tard, plus tard, en ce moment je n'ai la tête à rien... Cette contrariété !... Voilà comment j'ai vieilli si vite... Toujours des coups nouveaux... »

« Qui sait ? ma destinée aura peut-être dépendu tout entière du mouvement d'humeur par lequel ce vieux fou refusait de m'entendre. Si je lui eusse parlé à cette minute, et si nous eussions fixé mon départ, je me serais vu obligé de partir en effet ; au lieu que la seule présence de Charlotte changea ce projet de partir en un projet de rester, comme une lampe apportée dans une chambre change les ténèbres en lumière, aussitôt. Je vous le répète, j'étais convaincu qu'elle avait cessé absolument de s'intéresser à moi d'une part, et, de l'autre, que, moi-même, je traversais, par rapport à elle, une crise non pas de véritable amour, mais de vanité blessée et de sexualité morbide. Hé bien ! A la voir descendre de voiture devant le perron, à constater comme ma présence la bouleversait, comme la sienne m'affolait, je compris avec une égale évidence deux choses : d'abord qu'il me serait physiquement impossible de quitter le château tant qu'elle y serait ; ensuite, qu'elle avait traversé depuis le mois de mai des troubles pareils aux miens, sinon pires. Ma divination devant l'enveloppe qui contenait les brins de muguet ne m'avait pas trompé. Elle pouvait m'avoir fui avec le plus sincère courage, n'avoir pas répondu à mes lettres, ne pas les avoir lues, s'être fiancée pour mettre entre nous l'irréparable, avoir cru même qu'elle ne m'aimait plus, être revenue au château avec cette persuasion. Elle m'aimait. Pour le reconnaître, cet amour, je n'eus pas besoin d'une analyse détaillée comme celles où je m'étais trop complu et qui m'avaient tant trompé. Ce fut une intuition soudaine, irraisonnée, invincible, à me faire croire que les théories sur la double vue, si discutées par la Science, sont absolument vraies. Je le lus, cet amour inespéré, à travers les yeux émus de cette enfant, comme vous lisez les mots par lesquels j'essaie de vous reproduire ici l'éclair et le foudroiement de cette évidence. Elle était là, devant moi, dans son costume de voyage, et blanche, blanche comme cette feuille de papier. J'aurais dû expliquer cette pâleur par les lassitudes de la nuit passée en wagon, n'est-ce pas, et par l'inquiétude sur son frère malade ? Ses yeux, en rencontrant mes yeux, tremblèrent d'émotion. Cela pouvait être la pudeur offensée ? Elle était maigrie, comme fondue ; et quand, arrivée dans le vestibule, elle ôta son manteau, je vis que sa robe, une robe de l'année dernière que je lui reconnus, faisait comme des plis autour de ses épaules. N'avait-elle pas été malade ? Ah ! moi qui avais tant cru à la méthode, aux inductions, aux complications du raisonnement, que j'ai senti là cette toute-puissance de l'instinct contre quoi rien ne prévaut! Elle m'aimait toujours. Elle m'aimait davantage encore. Que m'importait qu'elle ne m'eût pas donné la main à notre première rencontre; qu'elle m'eût à peine parlé dans le vestibule; qu'elle montât les marches du grand escalier avec sa mère sans détourner la tête? Elle m'aimait. Cette certitude, après un si long desséchement de doute et d'anxiété, m'inondait tout le cœur d'un flot de joie à me trouver mal, là, sur le tapis de cet escalier que je dus gravir à mon tour pour remonter dans ma chambre. Qu'allais-je faire, cependant? Accoudé sur ma table et contenant mon front avec mes mains pour réprimer les battements de mes tempes, je me posai cette question sans rien y répondre, sinon que je ne pouvais plus m'en aller, que cela ne pouvait pas finir entre Charlotte et moi sur une absence et sur un silence; enfin que nous approchions d'une heure où tant d'efforts réciproques, de luttes cachées, de désirs combattus de part et d'autre, nous précipitaient vers une scène suprême, et cette scène, je la sentais toute proche, tragique, décisive, inévitable.

« D'abord, Charlotte était contrainte de subir ma présence. Quoiqu'elle en eût, nous devions nous rencontrer au chevet de son frère et, ce matin même de son arrivée, quand ce fut mon tour d'aller tenir compagnie au petit malade, vers onze heures, je la trouvai là, qui causait avec lui, tandis que la marquise interrogeait la sœur Anaclet, toutes deux se parlant à mi-voix et debout près de la fenêtre. Lucien, à qui l'on avait caché la venue des deux femmes, montrait sur son visage et dans ses gestes cette joie un peu excitée, presque fiévreuse, qui se remarque chez les convalescents; il me salua de son plus gai sourire, et, me prenant la main, dit à sa sœur :

— « Si tu savais comme M. Greslou a été bon pour moi tous ces jours-ci ?... »

« Elle ne répondit rien, mais je vis que sa main, à elle, posée près de la joue de son frère sur l'oreiller, était comme secouée d'un frisson. Elle fit un effort, pour me regarder d'un regard qui ne la trahît point. Sans doute mon visage à moi exprimait une émotion qui la toucha. Elle sentit que de laisser ainsi tomber la phrase innocente du petit garçon me ferait mal, et, avec sa voix des jours passés, avec sa douce et vivante voix, où passait la palpitation étouffée d'un cœur trop ému, elle dit, sans m'adresser la parole directement :

— « Oui, je le sais et je l'en remercie. Nous le remercions tous beaucoup... »

« Elle n'ajouta pas un mot. Je suis sûr que si je lui avais de nouveau pris la main à cette minute, elle se serait évanouie devant moi, tant elle était remuée par ce simple entretien. Je balbutiai une réponse vague, un : « C'est trop naturel, » ou je ne sais quoi de semblable. Je n'avais pas moi-même beaucoup plus de sang-froid. Lucien cependant, qui n'avait remarqué ni l'accent altéré de sa sœur ni ma gêne, continuait :

— « Et André, ne viendra-t-il pas me voir ? »

— « Tu sais bien qu'il est retenu au régiment, » répondit-elle.

— « Et Maxime ? » insista l'enfant.

« Je n'ignorais pas que c'était le petit nom du fiancé de Mlle de Jussat. Ces deux syllabes ne furent pas plutôt sorties des lèvres du malade que je vis sa pâleur à elle s'empourprer soudain d'un flot de sang. Il y eut un passage de silence durant lequel j'entendis le susurrement de la sœur Anaclet, le crépitement du feu dans la cheminée, le balancier de la pendule allant et venant, et l'enfant reprit, étonné lui-même de ce mutisme :

— « Oui, Maxime ? il ne viendra pas non plus ?... »

— « M. de Plane a rejoint le régiment, lui aussi, » fit Charlotte.

— « Vous montez déjà, monsieur Greslou ? » me demanda Lucien comme je me levais brusquement.

— « Je reviens, » répliquai-je ; « j'ai oublié une lettre sur ma table... » Et je sortis laissant Lucien sur un sourire et Charlotte les yeux baissés.

« Ah ! mon cher maître, j'ai besoin que vous me

croyiez dans ce que je vais vous dire; besoin qu'en dépit des incohérences d'un cœur presque inintelligible à lui-même, vous ne doutiez pas de ma sincérité en ce moment-là. J'ai tant besoin de ne pas en douter, moi non plus; besoin de me répéter que je n'ai pas menti alors. Croyez-moi. Il n'y avait plus un atome de comédie volontaire dans le mouvement subit par lequel je me levai au seul rappel du nom de l'homme à qui Charlotte devait appartenir, à qui elle appartenait. Il n'y avait pas de comédie dans les larmes qui me jaillirent des yeux, sitôt passé le seuil de la porte, ni dans celles que je versai encore la nuit qui suivit, désespéré par cette double et affreuse certitude que nous nous aimions, elle et moi, et que jamais, jamais, nous ne serions l'un à l'autre; pas de comédie dans les sursauts de douleur que sa présence m'infligea durant les jours d'après. Son pâle visage, sa silhouette émaciée, ses prunelles souffrantes étaient là qui me bouleversaient, et cette pâleur me navrait l'âme, et cette ligne mince de son corps affolait mon désir, et ces prunelles me suppliaient : « Ne parle pas... Je sais que tu es misérable aussi... Tu serais trop cruel de reprocher, de te plaindre, de montrer ta plaie... » Dites, si je n'avais pas été de bonne foi dans ces journées, est-ce que je les aurais laissées passer sans agir, lorsque les heures m'étaient comptées? Mais je ne me rappelle pas une réflexion, pas une combinaison. Je me rappelle des sensations tourbillonnantes, quelque chose de brûlant, de frénétique, d'intolérable, une terrassante névralgie de tout mon être intime, une lancination continue, et, — grandissant, grandissant toujours, le rêve d'en finir, un projet de suicide... Commencé où, quand et à propos de quelle souffrance particulière ? Je ne peux pas le dire... Vous le voyez bien, que j'ai aimé vraiment dans ces instants-là, puisque toutes mes subtilités s'étaient fondues à la flamme de cette passion, comme du plomb dans un brasier ; puisque je ne trouve pas matière à une analyse dans ce qui fut une réelle aliénation, une abdication de tout mon Moi ancien dans le martyre. Cette idée de la mort sortie des profondeurs intimes de ma personne, cet obscur appétit du tombeau dont je me sentis possédé comme d'une soif et d'une faim physiques, vous y reconnaîtrez, mon cher maître, une conséquence nécessaire de cette maladie de l'Amour, si admirablement étudiée par vous. Ce fut, retourné contre moi-même, cet instinct de destruction dont vous signalez le mystérieux éveil dans l'homme en même temps que l'instinct du sexe. Cela s'annonça d'abord par une lassitude infinie, lassitude de tant sentir sans rien exprimer jamais. Car, je vous le répète, l'angoisse des yeux de Charlotte, quand ces yeux rencontraient les miens, la défendait plus que n'auraient fait toutes les paroles. D'ailleurs, nous n'étions jamais seuls, sinon parfois quelques minutes au salon, par hasard, et ces quelques minutes se passaient dans un de ces silences imbrisables qui vous prennent à la gorge comme avec une main. Parler alors est aussi impossible que pour un paralytique de remuer ses pieds. Un effort surhumain n'y suffirait pas. On éprouve combien l'émotion, à un certain degré d'intensité, devient incommunicable. On se sent emprisonné, muré dans son Moi, et l'on voudrait s'en aller de ce Moi malheureux, se plonger, se rouler, s'abîmer dans la fraîcheur de la mort où tout s'abolit. Cela continua par une sorte d'envie délirante de marquer sur le cœur de Charlotte une empreinte qui ne pût s'effacer, par un désir insensé de lui donner une preuve d'amour contre laquelle ne pussent jamais prévaloir ni la tendresse de son futur mari ni la magnificence du décor social où elle allait vivre. « Si je meurs du désespoir d'être séparé d'elle pour toujours, il faudra bien qu'elle se souvienne longtemps, longtemps, du simple précepteur, du pauvre petit provincial capable de cette énergie dans ses sentiments !... » Il me semble que je me suis formulé ces réflexions-là. Vous voyez, je dis : « Il me semble. » Car, en vérité, je ne me suis pas compris dans toute cette période. Je ne me suis pas reconnu dans cette fièvre de violence et de tragédie dont je fus consumé. A peine si je démêle sous ce va-et-vient effréné de mes pensées une espèce d'auto-suggestion, comme vous dites. Je me suis hypnotisé moi-même, et c'est comme un somnambule que j'ai arrêté de me tuer à tel jour, à telle heure, que je suis allé chez le pharmacien me procurer la fatale bouteille de noix vomique.

« Durant tous ces préparatifs et sous l'influence de cette résolution, je n'espérais rien, je ne calculais rien. Une force vraiment étrangère à ma propre conscience agissait en moi. Non. A aucun moment je n'ai été, comme à celui-là, le spectateur de mes gestes, de mes pensées et de mes actions, avec une extériorité presque absolue du Moi agissant par rapport au Moi pensant. — Mais j'ai rédigé une note sur ce point, vous la trouverez sur la feuille de garde, dans mon exemplaire du livre de Brière de Boismont consacré au suicide. — J'éprouvais à ces préparatifs une sensation indéfinissable de rêve éveillé, d'automatisme lucide. J'attribue ces phénomènes étranges à un désordre nerveux tout voisin de la folie et causé par les ravages d'une idée fixe. Ce fut seulement le matin du jour choisi pour exécuter mon projet que je pensai à une dernière tentative auprès de Charlotte. Je m'étais mis à ma table pour lui écrire une lettre d'adieu. Je la vis lisant cette lettre, et cette question se posa soudain à moi : « Que fera-t-elle ? » Était-il possible qu'elle ne fût pas remuée par cette annonce de mon suicide possible?

n'allait-elle pas se précipiter pour l'empêcher ? Oui, elle courrait à ma chambre. Elle me trouverait mort... A moins que je n'attendisse, pour me tuer, l'effet de cette dernière épreuve ?... Là, je suis bien sûr d'y voir clair en moi. — Je sais que cette espérance naquit en moi exactement ainsi et précisément à ce point de mon projet. « Hé bien ! » me dis-je, « essayons. » J'arrêtai que si, à minuit, elle n'était pas venue chez moi, je boirais le poison. J'en avais étudié les effets. Je le savais quasi foudroyant, et j'espérais souffrir très peu de temps. Il est étrange que toute cette journée se soit passée pour moi dans une sérénité singulière. Mais je dois noter cela encore. J'étais comme allégé d'un poids, comme réellement détaché de moi-même, et mon anxiété ne commença que vers dix heures, quand, m'étant retiré le premier, j'eus placé la lettre sur la table dans la chambre de la jeune fille. A dix heures et demie, j'entendis par ma porte entr'ouverte le marquis, la marquise et elle qui montaient. Ils s'arrêtèrent pour causer une dernière minute dans les couloirs, puis ce furent les bonsoirs habituels, et l'entrée de chacun dans sa chambre... Onze heures... Onze heures un quart... Rien encore. Je regardais ma montre posée devant moi, auprès de trois autres lettres préparées, pour M. de Jussat, pour ma mère et pour vous, mon cher maître. Mon cœur battait à me rompre la poitrine ; mais la volonté était ferme et froide. J'avais annoncé à Mlle de Jussat qu'elle ne me reverrait pas le lendemain. J'étais sûr de ne pas manquer à ma parole si... Je n'osais creuser ce que ce *si* enveloppait d'espérance. Je regardais marcher l'aiguille des secondes et je faisais un calcul machinal, une multiplication exacte : « à soixante secondes par minute, je dois voir l'aiguille tourner encore tant de fois, car à minuit je me tuerai... » Un bruit de pas dans l'escalier et que je perçus tout furtif, tout léger, avec une émotion suprême, me fit interrompre mon calcul. Ces pas s'approchaient. Ils s'arrêtèrent devant ma porte. Brusquement cette porte s'ouvrit. Charlotte était devant moi.

« Je m'étais levé. Nous restâmes ainsi face à face, et tous les deux debout. Son visage était décomposé par le saisissement de sa propre action, très pâle, et ses yeux y luisaient d'un éclat extraordinaire, presque noirs, tant le point central en était agrandi par l'émotion, jusqu'à envahir toute la prunelle. Je remarquai ce détail parce qu'il transformait toute sa physionomie. D'ordinaire si réservée, presque effacée, cette physionomie respirait l'égarement d'un être dominé par une passion plus forte que sa volonté. Elle avait dû se coucher, puis se relever, car ses cheveux étaient tressés dans une grosse natte au lieu d'être noués derrière sa tête. Une robe de chambre blanche, attachée par une cordelière, se plissait autour de sa taille, et, preuve de son trouble affolé, elle avait passé en hâte ses pieds nus dans ses mules sans même s'en rendre compte. Évidemment une angoisse insoutenable l'avait précipitée de son lit dans ma chambre. Elle ne se souciait ni de ce que je penserais d'elle, ni de ce que je pourrais être tenté de dire. Elle avait cru à ma lettre, et elle arrivait, en proie à une exaltation si vive qu'elle ne tremblait pas.

— « Ah ! » fit-elle d'une voix brisée après ce silence de la première minute, « Dieu soit loué, je ne suis pas arrivée trop tard... Mort! je vous ai cru mort!... Ah! c'est horrible!... Mais c'est fini, n'est-ce pas? Dites que vous m'obéirez, dites que vous n'attenterez pas à vos jours. Ah! jurez, jurez-le-moi... »

« Elle prit ma main dans les siennes par un geste suppliant. Ses doigts étaient glacés. C'était quelque chose de si décisif que cette entrée, une telle preuve d'amour dans un instant où je me trouvais moi-même si exalté, que je ne réfléchis pas, et, sans lui répondre, je me souviens que je la pris dans mes bras en pleurant, que mes lèvres cherchèrent ses lèvres, que je lui donnai, à travers ces larmes, le plus brûlant, le plus tendre des baisers, le plus sincère; que ce fut une seconde d'extase infinie, de félicité suprême, et aussi qu'elle s'arracha de moi, avec toute la honte de ce qu'elle venait de permettre sur son visage toujours égaré.

— « Malheureuse, » disait-elle. « Ah ! il faut que je m'en aille !... Laissez-moi m'en aller !... Ne m'approchez plus... »

— « Vous voyez bien qu'il faut que je meure, » lui répondis-je, « puisque vous ne m'aimez pas, puisque vous allez être la femme d'un autre, puisque tout nous sépare... et pour toujours. »

« Je pris la fiole noire sur la table et je la lui montrai à la lueur de la lampe.

— « Le quart seulement de ce flacon, » continuai-je, « et c'est le remède à tant de souffrances... Dans cinq minutes ce sera fini, » et doucement sans faire un seul geste qui pût la forcer encore à se défendre : « Partez, et merci d'être venue. Avant un quart d'heure j'aurai cessé de sentir ce que je sens, cette intolérable privation de vous depuis tant de mois... Allons, adieu, ne m'ôtez pas mon courage... »

« Elle avait tressailli tout entière quand la flamme avait éclairé la noire liqueur. Elle étendit sa main vers moi et m'arracha le flacon en disant : « Non ! Non !... » Elle le regarda, lut la petite inscription sur l'étiquette rouge, et elle trembla. Son visage s'altéra davantage encore. Une ride se creusa entre ses sourcils. Ses lèvres palpitèrent. Ses yeux exprimèrent l'agonie d'une anxiété dernière, puis, d'un accent presque dur, saccadant ses mots comme s'ils lui étaient arrachés par une puissance à la fois torturante et irrésistible :

— « Moi aussi, » dit-elle, « j'ai trop souffert, j'ai trop lutté... Non, » continua-t-elle en s'avançant vers moi et me prenant le bras, « pas seul, pas seul... Nous mourrons ensemble. Après ce que j'ai fait, il n'y a plus que cela... » Elle fit le geste de porter la fiole à ses lèvres. Je la lui enlevai, et elle, avec un sourire presque fou : « Mourir, oui, mourir là, près de vous, avec vous..., » et elle s'approchait encore, posant sa tête sur mon épaule, si bien que je sentais contre le bas de ma joue la soie fine de ses cheveux. « Ainsi... Ah! il y a si longtemps que je vous aime, si longtemps... Je peux bien vous le dire maintenant, puisque je paie ce droit de ma vie... Vous voulez bien me prendre avec vous, nous en aller ensemble tous deux, tous deux... »

— « Oh! oui, » lui répondais-je, « ensemble, nous mourrons ensemble. Je te le jure. Mais pas tout de suite... Ah! laisse-moi le temps de sentir que tu m'aimes... » Nos lèvres s'étaient unies de nouveau, mais cette fois elle me rendait mes baisers. Je la serrai contre moi. Je la sentis qui défaillait sous cette étreinte. Je l'entraînai jusqu'à mon lit, ainsi enlacée à moi, et elle s'abandonna tout entière. Ah! Ce furent de ces baisers où l'extase des sens et l'extase de l'âme se confondent délicieusement, où le passé, le présent, l'avenir s'abolissent pour ne plus laisser de place à rien qu'à l'amour, à la douloureuse, à l'enivrante folie de l'amour. Ce frêle corps, cette vivante statuette de Tanagra était à moi dans sa grâce et son innocence, et il me semblait que cette heure n'était pas vraie, tant elle dépassait les forces de mon espérance, presque celles de mon désir. Dans le jour adouci que jetaient la flamme de la lampe et celle du feu à demi éteint, la délicatesse de ses traits amaigris, sa pâleur consumée, ses cheveux maintenant épars, la faisaient ressembler à une apparition, et c'est avec une voix de fantôme, une voix d'au delà de la vie qu'elle me parlait, me racontant la longue histoire de ses sentiments pour moi. Elle disait comme elle s'était prise presque au premier regard et sans même s'en douter; puis comme elle avait souffert de mes tristesses et de ma confidence; puis comme elle avait rêvé d'être mon amie, une amie qui me consolerait doucement; puis la lumière affreuse que ma déclaration dans la forêt avait soudain jetée sur son cœur, et qu'elle s'était juré de mettre un abîme entre nous. Elle me racontait ses luttes quand elle recevait mes lettres, et ses vaines résolutions de ne pas les lire, et la folie de ses fiançailles afin que tout fût irrémédiable, et son retour, et le reste. Elle trouvait pour me révéler le secret et cruel roman de sa tendresse, de ces phrases pudiques et passionnées qui tombent du bord mystérieux de l'âme comme les larmes tombent du bord des yeux.

Elle disait : « Je le pourrais que je ne voudrais rien effacer de ces douleurs, tellement j'ai besoin de sentir que j'ai vécu par toi... » Elle disait : « Tu me laisseras mourir la première, pour que je ne te voie pas souffrir... » Et elle m'enveloppait de ses cheveux, et c'était, sur ce visage que j'avais connu si maître de lui, une espèce d'extase du martyre, une joie comme surnaturelle avec un fond de douleur, une exaltation mêlée de remords. Quand elle se taisait, serrée à moi, absorbée en moi, nos bouches unies, nos bras liés, nous pouvions entendre le vent qui tournait, tournait, mélancolique, autour des fenêtres closes, et ce château endormi avec son silence paisible, c'était déjà la tombe, cette tombe vers laquelle nous roulions, roulions, entraînés hors de la vie par l'ardeur d'amour qui nous avait ainsi jetés sur le cœur l'un de l'autre.

« C'est ici, mon cher maître, que se place l'épisode le plus singulier de cette aventure, celui que les hommes appelleraient le plus honteux ; mais de vous à moi ces mots-là n'ont pas de sens, et j'aurai le courage de tout vous raconter de cette heure. J'avais été sincère, je vous l'ai dit, et sincère sans l'ombre de calcul, dans cette résolution de suicide qui m'avait fait acheter la fiole de noix vomique, puis écrire à Charlotte. Lorsqu'elle était venue, qu'elle était tombée dans mes bras, qu'elle s'était écriée : « Mourons ensemble ! »

j'avais répondu : « Mourons ensemble, » avec la plus entière bonne foi. Il m'avait paru si simple, si naturel, si facile de nous en aller ainsi tous les deux! Vous qui avez décrit en des pages si fortes la vapeur d'illusion soulevée en nous par le désir physique, cette ivresse du sexe dont nous sommes pris comme d'un vin, vous ne me jugerez pas monstrueux d'avoir senti cette vapeur se dissiper avec le désir, cette ivresse s'en aller avec la possession. Au milieu de cette nuit de folie, une heure arriva où, lassés de caresses, alanguis de volupté, nous nous laissâmes aller à nous reposer l'un près de l'autre. Nous nous taisions. Charlotte avait posé sa tête sur ma poitrine, et elle fermait ses yeux, épuisée par l'excès des émotions subies. Je me souviens. Je la regardais et je me sentais, sans savoir comment, retomber de mon âme exaltée et frénétique d'avant le bonheur, à cette âme réfléchie, philosophique et lucide qui avait été la mienne autrefois et que le sortilège du désir avait métamorphosée en une autre. Je regardais Charlotte, et cette idée s'emparait de moi, que dans quelques heures ce corps adorable, et animé en ce moment de toutes les ardeurs de la vie, serait immobile, glacé, mort, — morte cette bouche qui frémissait encore de mon baiser, morts ces beaux yeux abrités sous leurs tremblantes paupières pour mieux retenir leur rêve, morte cette âme à moi, pleine de moi, ivre de moi! Je répétai mentalement à plusieurs reprises cette syllabe : « Morte, morte, morte...., » et ce qu'elle représente de subit écroulement dans la nuit, d'irréparable chute dans le noir, le froid, le vide, me serra soudain le cœur. Cette entrée dans le gouffre sans fond du néant qui me semblait, non pas seulement aisée, mais profondément désirable quand la fureur de l'amour malheureux me dominait, — tout d'un coup, et cette fureur une fois apaisée, m'apparut comme la plus redoutable des actions, la plus folle, la plus impossible à exécuter ainsi... Charlotte continuait de fermer ses yeux. Qu'elle était jeune, fragile, enfantine presque, dans son attitude, combien à ma merci! L'amaigrissement de sa pauvre figure, rendu plus visible par la manière dont la clarté adoucie de la lampe éclairait ses traits ainsi aperçus, me disait trop ce qu'elle avait senti depuis des jours. Et j'allais la tuer, ou du moins l'aider à se tuer. Nous allions nous tuer... Un frisson me secoua tout entier à cette pensée, et j'eus peur... Pour elle? Pour moi? Pour tous les deux? Je ne sais pas. J'eus peur, une peur à sentir se glacer mon être le plus secret, cette âme de mon âme, cet indéfinissable centre de toute notre énergie. Et subitement, par une volte-face d'idées pareille à celle des mourants qui jettent un dernier regard sur leur existence, et qui aperçoivent, dans le mirage d'un infini regret, les joies connues ou convoitées, la vision s'évoqua de cette vie toute en pensée que j'avais tour à tour tant désirée et tant reniée. Je vous vis dans votre cellule, mon cher maître, en train de méditer, et l'univers de l'intelligence développa de nouveau devant moi la splendeur de ses horizons. Mes travaux personnels, si négligés depuis quelque temps, ce cerveau dont j'avais été si fier, ce Moi cultivé si complaisamment, j'allais sacrifier tous ces trésors... « A la parole donnée..., » eussé-je dû répondre. « A un caprice d'exaltation..., » répondis-je. A la rigueur, ce suicide avait une signification tout à l'heure, quand d'être à jamais séparé de Charlotte me bouleversait de désespoir. Mais maintenant? Nous nous aimions, nous étions l'un à l'autre. Qui nous empêchait, libres et jeunes tous deux, de fuir ensemble, si, au lendemain de cette nuit d'ivresse, nous ne pouvions supporter l'absence? Cette hypothèse d'un enlèvement fit surgir devant ma mémoire l'image du comte André. Pourquoi ne pas noter cela aussi? Un chatouillement enivrant d'amour-propre me courut sur tout le cœur à ce souvenir. Je regardai Charlotte de nouveau, et je me sentis, cette fois, rempli du plus farouche orgueil. La rivalité instituée autrefois par ma secrète envie entre son frère et moi se réveilla dans un sursaut de triomphe. Il y a un proverbe célèbre qui dit que tout animal est triste après la volupté : « *Omne animal...* » Ce n'est pas cette tristesse que j'éprouvai alors, mais un desséchement absolu de ma tendresse, un retour rapide, — rapide comme l'action d'un précipité chimique, — à un état d'âme antérieur. Je ne crois pas que ce déplacement de sensibilité ait demandé plus d'une demi-heure. Je continuais de regarder Charlotte en m'abandonnant à ces passages d'idées, avec le délice d'une liberté reconquise. La plénitude de la vie volontaire et réfléchie affluait en moi maintenant, comme l'eau d'une rivière dont on a levé l'écluse. Le maladif désir de cette enfant absente avait dressé une barrière contre laquelle s'était endigué le flot de mes sentiments anciens. Cette barrière supprimée, je redevenais moi, et tout entier. Elle, cependant, s'était assoupie peu à peu. J'entendais son souffle égal et léger, puis brusquement un grand soupir, et elle s'éveilla :

— « Ah ! » me dit-elle en me serrant contre elle d'une façon presque convulsive, « tu es là, tu es là. J'avais perdu connaissance... J'ai rêvé... Ah ! quel rêve !... J'ai vu mon frère qui marchait sur toi... Ah ! l'horrible rêve !... »

« Elle me donna de nouveau un baiser, et, comme sa bouche était près de ma bouche, l'heure sonna. Elle écouta le tintement de la pendule, et compta jusqu'à quatre.

— « Quatre heures, » dit-elle, « il est temps... Adieu, mon amour, encore adieu... »

« Elle m'embrassa de nouveau. Sa physionomie

était redevenue calme dans son exaltation, presque souriante.

— « Donne-moi le poison, » dit-elle d'une voix ferme.

« Je restai immobile sans lui répondre.

— « Tu as peur pour moi, » reprit-elle; « va, je saurai mourir... Donne... »

« Je me levai du lit, toujours sans répondre. Elle s'était mise sur son séant, et joignait ses mains sans me regarder. Priait-elle? Était-ce le dernier effort de cette âme pour arracher d'elle cet amour de la vie qui pousse de si profondes racines dans un être de vingt ans? Je vous donnerai la mesure de mon sang-froid quand je vous aurai marqué ce détail puéril, mais bien significatif : je réparai en hâte le désordre de ma toilette en prévision d'éviter le ridicule dans la scène que je savais imminente. Car ma résolution d'empêcher ce double suicide était maintenant absolue. J'eus le sang-froid encore de saisir la fiole brune sur la table et de la porter dans une armoire à la clef de laquelle je donnai un tour. Ces préparatifs auxquels elle ne prenait pas garde semblèrent sans doute longs à Charlotte, car elle insista en se tournant vers moi :

— « Je suis prête, » dit-elle.

« Elle vit mes mains vides. L'expression extatique de son visage se changea en une angoisse extrême, et sa voix devint âpre pour répéter :

— « Le poison. Donnez-moi le poison... » Puis, comme répondant à une pensée qui se présentait tout d'un coup à son esprit, elle ajouta fébrilement : « Non, ce n'est pas possible... »

— « Non, » m'écriai-je en me jetant à genoux devant le lit et saisissant ses mains. « Non, tu dis vrai, ce n'est pas possible... Je ne peux pas te laisser mourir devant moi, pour moi, t'assassiner... Je t'en supplie, Charlotte, ne me demande pas de réaliser ce funeste projet... Quand je l'ai acheté, ce poison, j'étais fou, je croyais que tu ne m'aimais pas... Je voulais me tuer. Ah ! sincèrement !... Mais aujourd'hui que tu m'aimes, que je le sais, que tu t'es donnée à moi, non, je ne peux pas, je ne veux pas... Vivons, mon amour, vivons, consens à vivre... Nous partirons ensemble, si tu veux... Et si tu ne veux pas, si tu te repens de ces heures d'abandon, hé bien ! je souffrirai le martyre ; mais, je te le jure, ce sera comme si ce n'avait jamais été, rien de moi ne gênera ta vie... Mais t'aider à mourir, te tuer, toi ; non, non, non, ne me le demande plus... »

« Combien de temps lui parlai-je ainsi et que lui dis-je encore ? Je ne sais plus. J'épiais sur son visage une émotion douce, une faiblesse de femme, un de ces « oui » du regard qui démentent le « non » que prononce la bouche. Elle se taisait, les yeux fixés sur moi, et brillants cette fois d'un feu tragique. Elle avait retiré ses mains des miennes, croisé ses bras sur sa poitrine, et, tout enveloppée de ses cheveux, comme éloignée de moi par une horreur invincible, elle dit, lorsque je m'arrêtai de la supplier :

— « Ainsi, vous ne voulez pas tenir votre parole ?... »

— « Non, » balbutiai-je, « je ne peux pas... Je ne peux pas... Je ne savais pas ce que je disais... »

— « Ah ! » dit-elle avec un cruel dédain sur ses belles lèvres qui tremblaient, « mais dites-moi donc que vous avez peur !... Donnez-moi le poison. Je vous la rends pour vous, cette parole... Je mourrai seule... Mais m'avoir attirée dans ce piège ainsi... Lâche ! lâche ! lâche !... »

« Pourquoi je n'ai pas bondi sous cet outrage, pourquoi je n'ai pas pris de moi-même la fiole de poison, pourquoi je ne l'ai pas mise sur mes lèvres devant elle, en lui disant : « Regardez si je suis un lâche..., » je ne le comprends pas quand j'y songe, quand je me souviens de l'implacable mépris empreint alors sur ce visage. Il faut croire qu'en effet, à cette minute, j'avais peur, moi qui maintenant marcherais à l'échafaud sans trembler, moi qui ai le courage de me taire depuis trois mois en risquant ma tête. Mais c'est que maintenant une idée me soutient, une volonté froidement, intellectuellement conçue, au lieu que, durant cette affreuse scène, c'était un désarroi de toutes les forces de mon âme, entre mes sensations suraiguës de ces mois derniers et celles de l'heure présente, et, m'asseyant sur le tapis où je venais de m'agenouiller, comme si je n'avais plus eu même l'énergie de me tenir debout, je remuai la tête, et je dis : « Non, non. »

« Cette fois, ce fut elle qui ne répondit pas. Je la vis ramasser d'un geste ses beaux cheveux qu'elle tordit en un nœud fait à la hâte, assurer ses pieds dans ses mules, s'envelopper de sa robe blanche. Elle chercha des yeux le flacon noir à étiquette rouge, et, ne le voyant pas sur la table, elle marcha vers la porte, puis, sans même retourner sa tête, elle disparut après m'avoir lancé de nouveau le mot terrible :

— « Lâche ! lâche !... »

« Je restai là, écroulé devant ce lit, dont le désordre me témoignait seul que je n'avais pas rêvé, — longtemps, longtemps. Soudain une inquiétude effrayante m'étreignit le cœur. Si Charlotte, une fois rentrée chez elle, exaspérée comme elle était, oui, si Charlotte avait attenté à ses jours ? En proie aux affres de cette nouvelle angoisse, j'osai aller à travers les corridors et l'escalier jusqu'à sa chambre, et là, collant mon oreille contre la porte, j'épiai un bruit, un gémissement, un signe qui me révélât quel drame se jouait derrière ce mince rempart de bois que j'aurais fait sauter de l'épaule si vite pour lui porter secours. Rien. Je n'entendis rien. Les premières rumeurs du château commençaient de monter des sous-sols. Les gens de service se réveillaient. Je dus rentrer chez moi et je m'habillai. Dès six heures j'étais dans le jardin, sous la fenêtre de la jeune fille. Mon imagination en panique me l'avait montrée s'élançant par cette fenêtre et gisant à terre, les membres brisés. Je vis ses volets fermés, et, au bas, la plate-bande intacte avec sa ligne de rosiers où s'épanouissaient les dernières roses, toutes frileuses dans ce demi-jour glacé d'automne. Elle m'avait parlé, cette nuit, du charme qu'elle goûtait, dans ses heures de détresse et quand elle m'aimait sans me le dire, à s'accouder le soir au-dessus de ce parterre de roses et à respirer l'arome de ces douces fleurs, épars dans la brise. J'en cueillis une au hasard, et ce parfum me fit défaillir. Pour tromper une anxiété que chaque minute rendait plus intense, je marchai droit devant moi, dans la campagne noyée de vapeurs, par ce gris matin de novembre. J'allai très loin, puisque je dépassai dans cette course désordonnée le village de Saulzet-le-Froid, et pourtant, dès huit heures, j'étais en bas, à déjeuner, ou faire semblant, dans la salle à manger du château. C'était le moment, je le savais, où la femme de chambre entrait chez Mlle de Jussat. S'il était arrivé un malheur, cette fille appellerait tout de suite. Avec quel inexorimable soulagement je la vis qui, revenant de là-haut, se dirigeait vers l'office et en sortait, tenant à la main le plateau préparé pour le thé! Charlotte ne s'était pas tuée. Une espérance me reprit alors. A la réflexion, et une fois son premier mouvement de colère passé, peut-être interpréterait-elle comme une preuve d'amour mon refus de mourir et de la laisser mourir? J'allais savoir cela aussi. Il suffisait de l'attendre dans la chambre de son frère. Le petit malade touchait alors à la fin de sa convalescence, et, quoique privé de promenades, il déployait la gaieté d'un enfant en train de renaître à la vie. Il m'accueillit ce matin-là par toutes sortes de gentillesses, et sa gracieuse humeur redoubla mon espoir. Elle allait servir à briser la glace entre la sœur et moi. Les mains d'un jeune homme et d'une jeune fille se joignent si vite quand elles s'effleurent autour d'une tête innocente et bouclée. Mais quand Charlotte parut, toute blanche dans sa robe claire qui plombait davantage sa pâleur, prétextant une migraine pour se dérober aux gamineries de Lucien, les yeux brûlés de fièvre entre leurs paupières desséchées et presque fanées, je compris que j'avais cru trop vite à une réconciliation possible. Je la saluai. Elle trouva le moyen de ne pas même répondre à mon salut. J'avais connu d'elle trois personnes déjà : la créature tendre, délicate, compatissante, la jeune fille effarouchée, l'amante passionnée jusqu'à l'extase. Je rencontrais maintenant sur ce noble visage le plus froid, le plus impénétrable masque de mépris. Ah ! la vieille et banale formule : l'orgueil patricien, j'ai pu m'en rendre compte à cette minute et que certains silences vous exécutent comme le fer du bourreau. Cette impression fut si amère que je ne pus m'y résigner. Ce jour même, je la guettai pour avoir un mot de sa bouche, fût-ce un nouvel outrage, et, au moment où elle entrait dans sa chambre, vers la fin de l'après-midi, pour s'habiller avant le dîner, j'allai à elle dans l'escalier. Elle m'écarta d'un geste si altier avec un si cruel : « Monsieur, je ne vous connais plus ! » sur sa bouche frémissante, un regard si indigné dans les yeux, que je restai sans trouver une phrase à lui dire. Elle m'avait jugé et condamné.

« Oui, condamné. Cet arrêt aurait dû m'être d'autant plus cruel à subir qu'il était plus mérité. Elle me méprisait pour ma peur de la mort ; et c'était vrai, j'avais senti ce lâche frisson devant le trou noir, pendant que je la regardais reposer sur ma poitrine. J'avais certes le droit de me dire que cette peur toute seule ne m'aurait pas arrêté devant le suicide à deux, si la pitié pour elle ne s'y était point jointe et mon ambition de penseur. N'importe. Elle s'était donnée à moi sous une condition, et à cette condition tragique j'avais répondu « oui » avant, et « non » après. Hé bien ! Ce que vous appelez, mon cher maître, l'orgueil du mâle, est si fort, et le fait d'avoir vraiment possédé une femme, d'avoir eu d'elle et son corps, et son âme, et ses sentiments, et ses sensations, le satisfait, cet orgueil, si complètement, que l'atroce humiliation du mépris de Charlotte ne m'atteignait pas comme autrefois son silence après la première déclaration, sa fuite loin du château, ses fiançailles. Elle me méprisait, mais elle avait été à moi. Je l'avais tenue entre mes bras, ces bras-ci, et le premier. Oui, j'ai souffert cruellement entre cette nuit de délire et mon départ définitif de la maison. Pourtant ce ne fut pas le désespoir aride et vaincu de cet été, l'abdication totale dans la détresse. Je gardais au fond de mon être, je ne peux pas dire un bonheur, mais un je ne sais quoi d'assouvi qui me soutenait dans cette crise. Quand Charlotte passait devant moi, sans plus me regarder qu'un objet oublié là par quelque domestique, je la contemplais qui montait l'escalier, qui suivait le corridor, et je me la représentais en souvenir, ses cheveux défaits, ses pieds nus, sa bouche sur ma bouche, dans cet abandon virginal de toute sa personne qu'elle ne pourrait plus jamais, jamais, avoir pour aucun autre. Cela me faisait un mal horrible que cette nuit d'amour eût été si courte, si unique, et ne dût pas recommencer. Pour une heure de cette félicité une fois goûtée, peut-être aurais-je accepté à nouveau le pacte fatal, avec la froide résolution de le tenir. Mais cette félicité n'en avait pas moins été vraie, et cette certitude de la mémoire suffisait à me sauver des affolements d'auparavant. Et puis cet amour était-il réellement, irrémédiablement fini ? En agissant avec moi comme elle avait agi, Mlle de Jussat m'avait prouvé une passion très profonde. Était-il possible qu'il n'en demeurât rien dans ce cœur romanesque ? Aujourd'hui et à la lumière de la tragédie qui a terminé cette lamentable aventure, je comprends que précisément ce caractère romanesque empêchait tout retour dans ce cœur. Elle avait aimé en moi un mirage, un être absolument différent de moi-même, et la vision subite de ma vraie nature ayant du coup déplacé ses forces d'illusions, elle me haïssait de toute la puissance de son ancien amour. Hélas ! avec toutes mes prétentions à la psychologie savante, je n'ai pas vu cette évolution de cette âme, alors ! Je n'ai pas soupçonné non plus qu'elle chercherait à tout prix le moyen de me connaître davantage et qu'elle irait, dans l'égarement de ses dégoûts actuels, jusqu'à me traiter comme les juges traitent les accusés ; enfin qu'elle voudrait lire mes papiers et ne reculerait pour cela devant aucun scrupule. Je n'ai même pas su deviner qu'elle n'était pas fille à survivre aux hontes que lui représentait ce don d'elle-même accompli dans des circonstances pareilles, et je n'ai pas pensé à supprimer cette fiole de poison que je lui avais refusée. Je me croyais un grand observateur parce que je réfléchissais beaucoup. Les arguties de mes analyses m'en cachaient la fausseté. Il ne fallait pas réfléchir à cette époque. Il fallait regarder. Au lieu de cela, trompé par ce raisonnement que je vous ai fait tout à l'heure, et persuadé que Charlotte m'aimait toujours malgré son mépris, j'essayai de rappeler cet amour par les moyens les plus simples, les plus inefficaces dans cet instant. Je lui écrivis. Je retrouvai ma lettre sur mon bureau, le jour même, non décachetée. J'allai jusqu'à sa porte la nuit et j'appelai. Cette porte était fermée à double tour et l'on ne me répondit pas. Je voulus l'aborder de nouveau. Elle m'écarta de la main avec plus d'autorité encore que la première fois, sans me regarder.

« Enfin, le crève-cœur de cette insulte continue fut plus fort que les ardeurs du désir qui recommençaient de s'allumer en moi. Le soir du jour où elle m'avait ainsi repoussé, je me rappelle que je pleurai beaucoup, puis je m'arrêtai à un parti définitif. Un peu de mon énergie ancienne m'était revenue, car ce parti fut ce qu'il devait être. J'ajoute, pour dire la vérité entière, que la prochaine arrivée de M. de Plane et du comte André était annoncée. Cette nouvelle eût achevé de me décider si j'avais encore hésité. Leur présence à tous deux, dans ce double et sinistre désastre de mon amour et de ma fierté, non, je ne voulais pas, je ne pouvais pas la supporter. Voici donc ce que je décidai. Le marquis m'avait prié de prolonger mon séjour jusqu'au 15 novembre. Nous allions être au 3. J'annonçai, au matin de ce fatal 3 novembre, que je venais de recevoir de ma mère une lettre un peu inquiétante, puis dans la journée je racontai qu'une mauvaise dépêche avait encore augmenté mes inquiétudes. Je demandai donc à M. de Jussat la permission de partir pour Clermont dès le lendemain et à la première heure, ajoutant que, si je ne revenais pas, l'on voulût bien faire une caisse des objets que je laissais et me les renvoyer. Je tins ce discours devant Charlotte, assuré qu'elle le traduirait par sa vraie signification : « Il s'en va pour ne plus revenir. » Je comptais que la nouvelle de cette séparation définitive la remuerait, et, voulant profiter aussitôt de cette émotion, j'eus l'audace de lui écrire un nouveau billet, ces deux lignes seulement : « Sur le point de vous « quitter à jamais, j'ai le droit de vous demander « une dernière entrevue. Je viendrai chez vous à « onze heures. » Il fallait qu'elle ne pût pas me renvoyer ce billet sans le lire. Je le posai donc tout ouvert sur sa table de nuit, au risque de me perdre et de la perdre, si la femme de chambre y jetait les yeux. Ah ! comme mon cœur battait, lorsque à onze heures moins cinq minutes je m'acheminai vers sa porte et que j'appuyai sur le loquet! Le verrou n'était pas mis. Elle m'attendait. Je vis au premier regard que la lutte serait dure. Sa physionomie sombre disait trop clairement qu'elle ne m'avait pas laissé venir pour me pardonner. Elle portait sa robe du soir en étoffe sombre, et jamais l'éclair de ses yeux n'avait été plus fixe, plus implacablement fixe et froid.

— « Monsieur, » fit-elle dès que j'eus refermé la porte et comme j'étais là immobile, « j'ignore ce que vous avez l'intention de me dire, je l'ignore et je ne veux pas le savoir... Ce n'est pas pour vous écouter que je vous ai laissé entrer. Je vous le jure, — et je sais tenir ma parole, moi, — si vous faites un pas en avant et si vous essayez de me parler, j'appelle et je vous fais jeter dehors comme un voleur... »

« En prononçant ces mots, elle avait posé son doigt sur le bouton de la sonnette électrique placé au chevet de son lit. Son front, sa bouche, son geste, sa voix, traduisaient une telle résolution que je dus me taire. Elle continua :

— « Vous m'avez, monsieur, fait commettre trois actions indignes... La première a eu pour excuse que je ne vous ai pas cru capable d'une infamie comme celle que vous avez employée... D'ailleurs je saurai l'expier, » ajouta-t-elle comme se parlant à elle-même. « La seconde? Je ne lui cherche pas d'excuse... » Et son visage s'empourpra d'un flot de honte. « Il m'a été trop insupportable de penser que vous aviez agi ainsi. J'ai voulu être sûre de ce que vous étiez. J'ai voulu vous connaître... Vous m'aviez dit que vous teniez votre journal... J'ai voulu le lire... Je l'ai lu... Je suis entrée chez vous quand vous n'y étiez pas. J'ai fouillé vos papiers. J'ai forcé la serrure d'un cahier... Oui, moi, j'ai fait cela !... J'en ai été trop punie, puisque j'ai lu dans ces pages ce que j'y ai lu... La troisième... En vous la disant j'acquitte la dette que j'ai contractée avec vous par la seconde. La troisième..., » et elle hésita, « sous le coup de l'indignation qui m'a saisie, j'ai écrit à mon frère. Il sait tout. »

— « Ah! » m'écriai-je, « vous vous êtes perdue... »

— « Vous savez ce que j'ai juré, » interrompit-elle; et elle mit de nouveau la main sur la sonnette... « Taisez-vous... Je ne peux plus me perdre, » continua-t-elle, « et personne ne fera plus rien ni pour ni contre moi. Mon frère saura cela aussi, et ce que j'ai résolu. La lettre lui arrivera demain matin. Je devais vous prévenir..., puisque vous tenez à votre vie. Et maintenant, allez-vous-en... »

— « Charlotte..., » implorai-je.

— « Si dans une minute vous n'êtes pas sorti, » dit-elle en regardant la pendule, « j'appelle. »

§ VII. — *Conclusion.*

« Et j'obéis! Le lendemain, dès six heures, je quittai le château en proie aux plus sinistres pressentiments, essayant en vain de me persuader que cette scène ne serait pas suivie d'effet; que le comte André arriverait assez tôt pour la sauver d'une résolution désespérée; qu'elle-même, au dernier moment, elle hésiterait; qu'un incident inconnu surviendrait; que sais-je? Quant à fuir, à reculer devant la vengeance possible du frère, je n'y songeai pas une seconde. Cette fois, j'avais retrouvé du caractère parce qu'une idée était en moi, vivante et qui me soutenait, celle de ne plus me laisser humilier par personne. Oui, si j'avais eu, devant une fille affolée et dans la faiblesse de l'amour heureux, une heure de défaillance, je n'en aurais pas une autre devant la menace d'un homme. J'arrivai à Clermont, dévoré d'une anxiété qui ne fut pas de longue durée, puisque j'appris le suicide de Mlle de Jussat et que je fus arrêté, coup sur coup. Dès les premiers mots du juge d'instruction j'ai reconstitué tous les détails de ce suicide : Charlotte a pris dans la fiole de poison achetée par moi ce qu'elle a cru devoir suffire à sa mort. Elle a fait cela le jour même où elle a lu mon journal dont j'ai retrouvé en effet la serrure forcée. Je ne m'en étais seulement pas aperçu, tant j'avais l'âme ailleurs qu'à ces notes stériles. Elle eut soin, pour détourner mes soupçons, de remplacer par de l'eau la quantité de noix vomique ainsi dérobée. Elle a jeté le flacon qui lui avait servi par la fenêtre, parce qu'elle n'a pas voulu que son père et sa mère apprissent son suicide autrement que par son frère. Et moi qui savais toute la vérité sur cet horrible drame, moi qui pouvais du moins donner mon journal comme une présomption de mon innocence, je l'ai détruit, ce journal, au sortir de mon premier interrogatoire; j'ai refusé de parler, de me défendre, — à cause de ce frère! Je vous l'ai dit, j'avais vidé jusqu'au fond la coupe des humiliations et je n'en voulais plus. Je n'en veux plus. Cet homme que j'ai tant envié dès le premier jour, cet homme qui me représente la morte maintenant et qui, sachant toute la vérité, lui aussi, doit me considérer comme le dernier des derniers, je ne veux pas qu'il ait le droit de me mépriser tout à fait, et il ne l'a pas. Il ne l'a pas, parce que nous nous taisons tous deux. Mais se taire, pour moi, c'est risquer ma tête afin de sauver l'honneur de la morte, et pour lui, c'est immoler un innocent à cet honneur. De nous deux en ce moment, de moi qui ne veux pas me défendre en m'abritant derrière le cadavre de Charlotte, et de lui qui, ayant cette lettre où elle lui annonce son suicide, la garde devers lui, pour se venger de l'amant de sa sœur en le laissant condamner comme assassin, lequel est le brave? Lequel le gentilhomme? Toute la honte de ma faiblesse, dans cette nuit où Charlotte s'est donnée à moi, — s'il y a eu honte, — je l'efface en ne me défendant pas, et je trouve une volupté d'orgueil, comme une revanche de ces horribles derniers jours, à ne pas me tuer maintenant, à ne pas demander à la mort l'oubli de tant de tortures. Il faut que le comte André pousse, lui aussi, son infamie jusqu'au bout. Si je suis condamné, lui me sachant innocent, lui en ayant la preuve, lui se taisant, hé bien! les Jussat-Randon n'auront rien à me reprocher, nous serons quittes.

« Pourtant je vous ai tout dit à vous, mon vénéré, mon cher maître, je vous ai ouvert le fond et l'arrière-fond de mon être, et en confiant ce secret à votre honneur, je sais trop à qui je m'adresse pour même insister sur la promesse que j'ai pris le droit d'exiger de vous à la première feuille de ce cahier. Mais, voyez-vous, j'étouffe de ce silence; j'étouffe de ce poids que j'ai là toujours, toujours sur moi. Pour tout vous dire d'un mot, et appliqué à ma sensation, il est légitime, comme cette sensation même, j'étouffe de remords. J'ai besoin d'être compris, consolé, aimé; qu'une voix me plaigne et me dise des paroles qui dissipent les fantômes, les obsédants, les torturants fantômes. J'avais dressé en esprit, quand j'ai commencé ces pages, une liste des questions que je voulais vous poser à la fin. Je m'étais flatté que j'arriverais à vous raconter mon histoire comme vous exposez vos problèmes de psychologie dans vos livres que j'ai tant lus, et puis je ne trouve rien à vous dire que le mot du désespoir : « *De profundis !* » Écrivez-moi, mon cher maître, dirigez-moi. Renforcez-moi dans la doctrine qui fut, qui est encore la mienne, dans cette conviction de l'universelle nécessité qui veut que même nos actions les plus détestables, les plus funestes, même cette froide entreprise de séduction, même ma faiblesse devant le pacte de mort, se rattachent à l'ensemble des lois de cet immense univers. Dites-moi que je ne suis pas un monstre, qu'il n'y a pas de monstre, que vous serez encore là, si je sors de cette crise suprême, à me vouloir comme disciple, comme ami. Si vous étiez un médecin, et qu'un malade vînt vous montrer sa plaie, vous le panseriez par humanité. Vous êtes un médecin aussi, un grand médecin des âmes. Ah ! la mienne est bien profondément blessée, bien saignante. Je vous en supplie, une parole qui la soulage, une parole, une seule, et vous serez à jamais béni de votre fidèle

« Robert Greslou. »

V

TOURMENTS D'IDÉES

Un mois s'était écoulé depuis que la mère de Robert Greslou avait apporté dans l'ermitage de la rue Guy de la Brosse cet étrange manuscrit qu'Adrien Sixte avait tant hésité à lire. Et le philosophe restait à ce point l'esclave, après ces quatre semaines, du trouble infligé par cette lecture, que même les humbles comparses de son entourage avaient dû s'en apercevoir. C'étaient maintenant de continuelles consultations entre Mlle Trapenard et les Carbonnet, dans la loge, emplie d'une odeur de cuir, où la fidèle servante et les judicieux concierges discutaient à perte de vue la cause du bizarre changement survenu dans les manières du célèbre analyste. Cette admirable, cette automatique régularité des sorties et des rentrées qui pendant quinze ans avait fait de Sixte un chronomètre vivant pour tout ce paisible quartier du jardin des Plantes s'était transformée tout d'un coup en une anxiété fébrile et inexplicable. Le philosophe allait et venait, depuis cette visite de Mme Greslou, comme un homme agité, qui ne peut tenir en place, qui sitôt en promenade pense à rentrer, et, sitôt rentré, ne peut pas supporter sa chambre. Dans la rue, au lieu de cheminer de ce pas méthodique et qui révèle une machine nerveuse parfaitement équilibrée, il se pressait, il s'arrêtait, il gesticulait, comme disputant avec lui-même. Cet énervement se traduisait par des signes plus étranges encore. Mlle Trapenard avait raconté aux époux Carbonnet que son maître ne se couchait plus à présent avant des deux et trois heures du matin :

— « Et ce n'est pas pour travailler, » insistait la brave fille, « car il marche... Il marche... La première fois, j'ai cru qu'il était malade. Je me suis levée pour lui demander s'il voulait quelque infusion... Lui toujours si poli, si doux, qu'on ne se douterait pas que c'est un homme instruit comme il est, il m'a renvoyée en vrai brutal... »

— « Et moi qui l'ai vu l'autre jour, » répondait la mère Carbonnet, « comme je revenais d'une course, installé au café !... Je n'en croyais pas mes yeux... Il était là, derrière les vitres, qui lisait un journal... Si je ne le connaissais pas, j'en aurais eu peur... Il aurait fallu la voir, cette figure, et ce front plissé et cette bouche... »

— « Au café!... » s'était écriée Mlle Trapenard. « Depuis seize années tantôt que je suis chez lui, je ne lui ai seulement pas vu ouvrir un journal une fois... »

— « Cet homme-là, » conclut le père Carbonnet, « a un chagrin qui lui *malichaude* les sangs... Et le chagrin, voyez-vous, mam'zelle Mariette, c'est comme qui dirait le tonneau d'*Adélaïde*, ça n'a pas de fond... Pour un fait, c'est un fait que ça a commencé par l'histoire du juge et la visite de la dame en noir... Et savez-vous ce que je pense? C'est peut-être quéque fils qu'il a quéque part qui tourne mal... »

— « Jésus Dieu! » exclamait Mariette, « lui, un fils! »

— « Et pourquoi pas? » reprenait le concierge, clignant derrière ses lunettes un œil égrillard; « avec cela qu'il n'a pas pu *galipander* tout comme un autre en son jeune temps... C'est toi, canaille, qui voudrais bien t'en aller faire tes farces..., » continuait-il en s'adressant à son coq, qui se promenait en poussant de petits cris parmi les rognures, happant les boutons au passage et secouant sa crête. A regarder ce « courasson de Ferdinand, » comme il l'appelait encore, Carbonnet oubliait jusqu'à ses curiosités de pipelet parisien. Ferdinand lui sautait sur l'épaule et se tenait là, immobile, tandis que son maître reprenait son marteau et clouait une semelle assurée sur une forme en murmurant sa même joyeuse exclamation :

— « C'est-y une bête ? c'est-y une personne ?... Non... Je vous le demande... »

Puis il communiquait à Mlle Trapenard épouvantée les bruits qui couraient sur le compte de ce pauvre M. Sixte dans les rez-de-chaussée de la rue Linné, depuis ce changement visible d'habitudes. Toutes les mauvaises langues s'accordaient pour attribuer à la citation chez le juge le trouble actuel du philosophe. La blanchisseuse prétendait tenir d'un « pays » de M. Sixte que sa fortune provenait d'un dépôt dont son père avait abusé et qu'il devait rendre. Le boucher racontait à qui voulait l'entendre que le savant était marié et que sa femme était venue pour lui faire une scène atroce et qu'elle lui intentait un procès. Le charbonnier avait insinué que le digne homme était le frère d'un assassin dont l'exécution sous le faux nom de Campi tourmentait encore à cette époque les cervelles populaires.

— « Je n'irai plus chez eux, » gémissait Mlle Trapenard; « c'est-il Dieu possible d'imaginer de pareilles horreurs ! »

Et la pauvre fille quittait la loge toute navrée.

Cette grande créature, haute en couleur, forte comme un bœuf malgré ses cinquante-cinq ans, demeurée paysanne avec ses gros souliers, ses bas de laine bleue tricotés par elle-même et son bonnet collé sur son chignon serré, ressentait pour son maître une affection d'autant plus forte que les divers éléments de sa franche et simple nature y étaient à la fois engagés. Elle respectait en lui le Monsieur, le personnage éduqué, dont elle savait que les journaux avaient parlé souvent. Elle chérissait, dans le vieux garçon qui ne vérifiait jamais ses comptes et qui la laissait maîtresse au logis, une source assurée pour son bien-être et les rentes de ses vieux jours. Enfin, elle protégeait, elle, la solide, la robuste, cet être, faible de corps, presque chétif et si simplet, comme elle disait, qu'un enfant de dix ans l'aurait dupé... Aussi de pareils propos la froissaient-ils dans son orgueil, en même temps que l'altération d'humeur si soudaine du savant lui rendait leur commun intérieur presque inconfortable. Par véritable affection, elle s'inquiétait de ce que son maître ne mangeait presque plus et ne dormait guère. Elle le voyait triste, soucieux, malade, et elle n'arrivait pas à l'égayer, ni même à deviner le motif de cette mélancolie grandissante et de cette agitation. Que devint-elle lorsqu'une après-midi du mois de mars Sixte revint vers cinq heures, après avoir déjeuné au dehors, et qu'il lui dit :

— « La valise est-elle en bon état, Mariette ? »

— « Je ne sais pas, monsieur, » répondit la servante. « Monsieur ne s'en est pas servi depuis mon entrée dans la maison... »

— « Allez la chercher, » dit le philosophe.

La fille obéit. Elle apporta d'une soupente qui servait de grenier et de bûcher tout ensemble une mallette en cuir poussiéreuse, aux serrures rouillées, et dont les clefs manquaient.

— « Très bien, » reprit M. Sixte; « vous allez en acheter une à peu près pareille, tout de suite, et vous y mettrez ce qu'il faut pour voyager... »

— « Monsieur part ? » interrogea Mlle Trapenard.

— « Oui, » dit le philosophe, « pour quelques jours... »

— « Mais, Monsieur n'a rien de ce qu'il faut, » insista la vieille servante, « Monsieur ne peut pas s'en aller comme cela, sans couverture de voyage, sans... »

— « Procurez-vous ce qui est nécessaire, » interrompit le philosophe, « et dépêchez-vous, je prends le train à neuf heures. »

— « Et il faudra que j'accompagne Monsieur ?... »

— « Non, c'est inutile, » dit Sixte; « allons, vous n'avez que le temps... »

— « Pourvu qu'il n'ait pas l'idée de se périr..., » fit Carbonnet quand Mariette, descendue à la loge, lui eut raconté ce nouvel événement, presque aussi extraordinaire dans ce petit coin du monde que si le philosophe eût annoncé son mariage.

— « Ah! » dit la servante suivant son idée, « si seulement il voulait me prendre avec lui!... Quand je devrais payer de ma poche, j'irais... »

Ce cri, sublime dans la bouche d'une créature arrivée de Péaugres en Ardèche, pour être domestique et qui poussait l'économie jusqu'à se tailler ses casaques d'appartement dans les vieilles redingotes du savant, prouvera mieux que toutes les analyses quelles inquiétudes inspirait à ces petites gens la métamorphose opérée dans cet homme qui traversait en effet une crise morale, pour lui terrible. Ne se sachant pas regardé, il en laissait voir toute l'intensité dans ses moindres gestes aussi bien que dans les traits de son visage. Depuis la mort de sa mère, il n'avait pas connu d'heures aussi dures, et du moins la souffrance infligée alors par l'irréparable séparation était demeurée toute sentimentale; au lieu que la lecture du mémoire de Robert Greslou avait du coup atteint le philosophe dans le centre même de son être, au plus profond de cette vie intellectuelle, sa seule raison d'exister. Au moment où il donnait à Mariette l'ordre de préparer sa valise pour son départ, il était aussi pénétré d'épouvante que dans la nuit où il feuilletait ce cahier de confidences. Elle avait commencé, cette épouvante consternée, dès les premières pages de ce récit où une criminelle aberration d'âme était étudiée, comme étalée avec un tel mélange d'orgueil et de honte, de cynisme et de candeur, d'infamie et de supériorité. A rencontrer la phrase où Robert Greslou se déclarait lié à lui par un lien aussi étroit qu'imbrisable, le grand psychologue avait tressailli, et il avait tressailli de même à chaque rappel nouveau de son nom dans cette singulière analyse, à chaque citation d'un de ses ouvrages qui lui prouvait le droit de cet abominable séducteur à se dire son élève. Une fascination faite d'horreur et de curiosité l'avait contraint d'aller d'un trait jusqu'au bout de ce fragment de biographie dans lequel ses idées, ses chères idées, sa Science, sa chère Science, apparaissaient unies à des actes si honteux. Ah! si elles y avaient été seulement unies! Mais non, ces idées, cette Science, l'accusé de Riom les revendiquait comme l'excuse, comme la cause de la plus monstrueuse, de la plus complaisante dépravation! A mesure que Sixte avançait dans le manuscrit, il lui semblait qu'un peu de sa personne intime se souillait, se corrompait, se gangrenait, tant il retrouvait de lui-même dans ce jeune homme, mais un « lui-même » cousu, par quel mystère? aux sentiments qu'il détestait le plus au monde. Car dans ce philosophe illustre les saintes virginités de la conscience demeuraient intactes, et, derrière le hardi nihiliste d'esprit, un noble cœur d'homme naïf se dissimulait toujours. C'était là, dans cette conscience intacte, dans cette honnêteté irréprochable, que le maître du précepteur félon se sentait soudain déchiré. Cette sinistre histoire d'une séduction si bassement poussée, d'une trahison si noire, d'un suicide si mélancolique, le mettait face à face avec la plus affreuse vision : celle de sa pensée agissante et corruptrice, lui qui avait vécu dans le renoncement volontaire et avec un idéal quotidien de pureté. Toute l'aventure de Robert Greslou lui montrait dans ses livres les complices d'un hideux orgueil et d'une abjecte sensualité, lui qui n'avait jamais travaillé que pour servir la psychologie, en modeste ouvrier d'un travail qu'il croyait bienfaisant, et dans l'ascétisme le plus sévère, afin que jamais les ennemis de ses doctrines ne pussent arguer de son exemple contre ses principes. Cette impression fut d'autant plus violente qu'elle fut plus subite. Un médecin de grand cœur éprouverait une angoisse d'un ordre analogue si, ayant établi la théorie d'un remède, il apprenait qu'un de ses internes en a essayé l'application et que toute une salle d'hôpital est à l'agonie. Avoir fait le mal le sachant et le voulant, c'est très amer pour un homme qui vaut mieux que ses actes. Mais avoir dévoué trente années à une œuvre, avoir cru cette œuvre utile, l'avoir poursuivie sincèrement, simplement, avoir repoussé comme injurieuses les accusations d'immoralité lancées par des adversaires passionnés, s'être tendu à ne jamais douter de son esprit et, tout d'un coup, à la lumière d'une révélation foudroyante, tenir une preuve indiscutable, une preuve réelle comme la vie elle-même, que cette œuvre a empoisonné une âme, qu'elle portait en elle un principe de mort, qu'elle répand à l'heure présente ce principe dans tous les coins du monde, — ah ! la cruelle secousse à recevoir, et la cruelle blessure, quand la secousse ne devrait durer qu'une heure et la blessure se fermer aussitôt !

Tous les penseurs révolutionnaires ont connu de ces heures d'angoisse. Mais la plupart les traversent vite. Voici pourquoi. Il est rare qu'un homme soit lancé dans la bataille des idées sans bien vite devenir le comédien de ses premières sincérités. On soutient son rôle. On a des partisans, et surtout on arrive bientôt, par le frottement avec la vie, à cette conception de l'à peu près qui vous fait admettre comme inévitable un certain déchet de votre Idéal. On se dit que l'on fait du mal ici, du bien ailleurs, et quelquefois qu'au demeurant le monde et les gens iront toujours de même. Chez Adrien Sixte, la sincérité était trop entière pour qu'un pareil raisonnement fût possible. Il n'avait, lui, ni rôle à jouer ni fidèles à ménager. Il était seul. Sa philosophie et lui ne formaient qu'un, et les compromis dont s'accompagne toute grande renommée n'avaient rien entamé dans sa belle âme farouche et fière de savant. Il faut ajouter qu'il avait trouvé le moyen, grâce à sa parfaite bonne foi, de traverser la société sans jamais la voir. Les passions qu'il avait dépeintes, les crimes qu'il avait étudiés, il les voyait comme ces personnages que désignent les observations médicales, « A..., 35 ans..., telle profession..., célibataire... » Et l'exposition du cas se développe, sans un détail qui donne au lecteur la sensation de l'individuel. Pour tout dire, jamais le théoricien rigoureux des passions, l'anatomiste minutieux de la volonté, n'avait vu bien en face une créature de chair et d'os; en sorte que le mémoire de Robert Greslou ne se trouvait pas seulement parler à sa conscience d'honnête homme. Il devait mordre et il mordait sur l'imagination du philosophe à la manière dont la clarté du soleil mord sur la pupille d'un malade opéré soudain de la cataracte. Aussi, pendant les huit jours qui suivirent cette première lecture, ce fut comme une obsession continuelle, et cette obsession augmenta la douleur morale en la doublant d'une sorte de malaise physique. Ce cerveau de manieur d'abstractions, subissait l'étreinte obsédante d'un cauchemar précis et concret. Le psychologue le voyait, son funeste disciple, tel qu'il l'avait vu là, dans cette même chambre, posant les pieds sur ce même tapis, appuyant son bras sur cette même table, respirant, bougeant. Derrière les mots écrits sur le papier, il entendait cette voix un peu sourde qui lui prononçait la terrible phrase : « J'ai « vécu avec votre pensée et de votre pensée, si « passionnément, si complètement... » Et les mots de la confession, au lieu de rester de simples caractères, écr ts avec l'encre froide sur l'inerte papier, s'animaient ainsi en paroles derrière lesquelles il sentait vivre un être. « Ah! » songeait-il quand cette image était trop forte, « pourquoi la mère m'a-t-elle apporté ce cahier? » Il était si naturel que la malheureuse femme, en proie à sa folle anxiété de prouver l'innocence de son fils, eût violé ce dépôt. Mais non, Robert l'avait sans doute trompée avec cette hypocrisie dont il se vantait, le misérable, comme d'une conquête psychologique... Cela seul, cette hantise hallucinante du visage du jeune homme, suffisait à bouleverser Adrien Sixte. Quand cette mère lui avait crié : « Vous avez corrompu mon fils..., » car elle le lui avait crié, sa sérénité de savant avait à peine été touchée. Pareillement il n'avait opposé que le mépris aux accusations du vieux Jussat, répétées par le juge, et à la phrase de ce dernier sur la responsabilité morale. Comme il était sorti tranquille, intéressé même et presque allègre, du Palais de Justice! Et maintenant ce mépris, il ne le retrouvait plus en lui; cette sérénité, elle était vaincue, et lui, le négateur de toute liberté, lui, le fataliste qui décomposait la vertu et le vice avec la brutalité d'un chimiste étudiant un gaz, lui, le prophète hardi de l'universel mécanisme, et qui jusqu'alors avait toujours connu l'harmonie parfaite de son cœur et de son esprit, il souffrait d'une souffrance en contradiction avec toutes ses doctrines : — il avait des remords, il se sentait responsable !

Ce fut seulement après ces huit jours d'un premier saisissement, une fois le mémoire lu et relu, à pouvoir en réciter toutes les phrases, que ce conflit du cœur et de l'esprit devint lucide chez Adrien Sixte, et le philosophe tenta de réagir. Il se promenait au jardin des Plantes, par une après-midi de cette fin de février, douce comme un printemps. Il s'assit sur un banc, dans son allée favorite, celle qui longe la rue de Buffon, et au pied d'un acacia de Virginie, étayé de béquilles de fer, garni de plâtras comme un mur, avec des branches nouées comme les doigts d'un géant goutteux. L'auteur de la *Psychologie de Dieu* aimait ce vieux tronc desséché de toute sève, à cause de la date inscrite sur la pancarte et qui constituait l'état civil du pauvre arbre... « Planté « en 1632... » 1632 ! L'année de la naissance de Spinoza ! Le soleil de deux heures était ce jour-là très doux et cette impression détendit les nerfs du promeneur. Il regarda autour de lui distraitement, et se plut à suivre le manège de deux enfants qui jouaient auprès de leur mère. Ils ramassaient du sable avec des pelles de bois pour en construire une maison imaginaire. A un moment, l'un d'eux se releva dans un geste de brusquerie et cogna de la tête contre le banc qui se trouvait derrière lui. Il devait s'être fait beaucoup de mal, car son petit visage se contracta dans une grimace de douleur, et il eut, avant de fondre en larmes, ces quelques secondes de silence suffoqué qui précèdent les sanglots des enfants. Puis, dans un accès de rage furieuse, il se retourna contre le banc dont il frappa le bois avec son poing fermé, furieusement.

— « Es-tu bête, mon pauvre Constant, » lui dit sa mère en le secouant et lui essuyant les yeux; « allons, mouche-toi, » et elle le moucha; « quand tu te seras mis en colère contre un morceau de bois, ça t'avancera bien... »

Cette scène avait diverti le savant. Lorsqu'il se leva pour continuer sa promenade sous ce bon soleil, il y pensa longuement : « Je ressemble à ce petit garçon, » se disait-il. « Dans sa naïveté d'enfant, il anime un objet inanimé, il le rend responsable... Et moi, que fais-je d'autre, depuis plus d'une semaine?... » Pour la première fois depuis la lecture du mémoire, il osa formuler sa pensée avec la netteté qui était la marque propre de son esprit et de tous ses travaux : « Moi aussi, je me suis cru responsable pour une part dans cette affreuse aventure... Responsable?... Ce mot n'a pas de sens... » Tout en cheminant vers la porte du jardin, puis vers l'île Saint-Louis et vers Notre-Dame, il reprenait le détail des raisonnements dirigés contre cette notion de responsabilité dans l'*Anatomie de la volonté*, surtout sa critique de l'idée de cause. Il avait toujours tenu particulièrement à ce morceau. « Voilà qui est évident, » conclut-il, et puis, après s'être ainsi enfoncé la certitude une fois de plus dans son intelligence, il se contraignit de penser à Greslou, à celui de maintenant, prisonnier dans la cellule n° 7, au fond de la maison d'arrêt de Riom, et au Greslou d'autrefois, au jeune étudiant de Clermont penché sur les pages de la *Théorie des passions* et de la *Psychologie de Dieu*. Il éprouva de nouveau une sensation insupportable que ses livres eussent été ainsi maniés, médités, aimés par cet enfant. « Que nous sommes doubles! » songea-t-il, « et pourquoi cette impuissance à vaincre des illusions que nous savons mensongères?... » Tout d'un coup une phrase du mémoire de Greslou lui revint à la tête : « J'ai des remords, quand les doctrines « auxquelles je crois, les vérités que je sais, les con- « victions qui forment l'essence même de mon in- « telligence me font considérer le remords comme « la plus niaise des illusions humaines... » L'identité entre son état moral actuel et l'état moral de son élève lui apparut comme si haïssable qu'il essaya de s'en débarrasser par un nouveau raisonnement. « Hé bien! » se dit-il, « imitons les géomètres, admettons comme vrai ce que nous savons être faux... Procédons par l'absurde. Oui, l'homme est une cause, et une cause libre. Donc il est responsable... Soit. Mais quand, où, comment ai-je mal agi? Pourquoi ai-je des remords à propos de ce scélérat? Quelle est ma faute?... » Il rentra, décidé à passer en revue toute sa vie. Il s'aperçut tout petit enfant et qui travaillait à ses devoirs avec une minutie de conscience digne de son père l'horloger. Plus tard, quand il avait commencé de penser, qu'avait-il aimé, qu'avait-il voulu? La vérité. Quand il avait pris la plume, pourquoi avait-il écrit, pour servir quelle cause, sinon la vérité? A la vérité, il avait tout sacrifié : fortune, place, famille, santé, amours, amitiés. Et qu'enseignait même le Christianisme, la doctrine la plus pénétrée des idées contraires aux siennes? « Paix sur la terre aux hommes de bon vouloir, » c'est-à-dire à ceux qui ont cherché la vérité. Pas un jour, pas une heure, dans ce passé qu'il scrutait avec toute la force du plus subtil génie mis au service de la plus intègre conscience, il n'avait manqué au programme idéal de sa jeunesse, formulé autrefois dans cette noble et modeste devise : « Dire toute sa pensée, ne dire que sa pensée. » — « C'est le devoir, cela, pour ceux qui croient au devoir, » se dit-il, « et je l'ai rempli... » Cette nuit-là, et au sortir de cette méditation courageuse sur sa destinée de travailleur intègre, ce grand honnête homme put s'endormir enfin et d'un sommeil que le souvenir de Robert Greslou ne troubla pas.

En se réveillant, au lendemain de cette sorte de confession générale faite à lui-même et pour lui-même, Adrien Sixte se retrouva calme encore. Il était trop habitué à se regarder vivre pour ne pas chercher une cause à cette volte-face de ses impressions, et d'une bonne foi trop entière pour ne pas reconnaître cette cause. Il devait cette accalmie momentanée de ses remords, au simple fait d'avoir admis comme vraies, pendant quelques heures, des idées sur la vie morale qu'il condamnait par sa raison. « Il y a donc des idées bienfaisantes et des idées malfaisantes, » conclut-il. « Mais quoi ? La malfaisance d'une idée prouve-t-elle sa fausseté ? Supposons que l'on puisse cacher au marquis de Jussat la mort de Charlotte, il s'apaiserait dans l'idée que sa fille est vivante. Cette idée lui serait salutaire. En serait-elle vraie pour cela ?... Et inversement... » Adrien Sixte avait toujours considéré comme un sophisme, comme une lâcheté, l'argumentation dirigée par certains philosophes spiritualistes contre les funestes conséquences des doctrines nouvelles, et, généralisant le problème, il se dit encore : « Tant vaut l'âme, tant vaut la doctrine. La preuve en est que ce Robert Greslou a transformé les pratiques religieuses en un instrument de sa propre perversité... » Il reprit le mémoire pour y rechercher les pages consacrées par l'accusé à ses sensations d'église ; puis, cette lecture le fascinant de nouveau, il relut ce long morceau d'analyse, mais en s'attachant cette fois à chacun des passages où son nom, ses théories, ses ouvrages étaient mentionnés. Il appliquait toute sa force d'esprit à se démontrer que chacune des phrases citées par Greslou eût justifié des actes absolument contraires à ceux que le morbide jeune homme avait justifiés par elles. Cette reprise attentive et minutieuse du fatal manuscrit eut pour effet de le rejeter dans un nouvel accès de son trouble intime. Les raisonnements n'y faisaient rien. Avec sa magnifique sincérité, le philosophe le reconnaissait : le caractère de Robert Greslou, déjà dangereux par nature, avait rencontré, dans ses doctrines à lui, comme un terrain où se développer dans le sens de ses pires instincts, et, ce qui ajoutait à cette première évidence une autre, non moins douloureuse, c'est qu'Adrien Sixte se trouvait radicalement impuissant à répondre au suprême appel jeté vers lui par son disciple, du fond de son cachot. De tout ce mémoire, les dernières lignes remuaient dans le philosophe la corde la plus profonde. Quoique le mot de dette n'y fût pas prononcé, il sentait comme un droit de ce malheureux sur lui. Greslou disait vrai : un maître est uni à l'âme qu'il a dirigée, même s'il n'a pas voulu cette direction, même si cette âme n'a pas bien interprété l'enseignement, par une sorte de lien mystique, et qui ne permet pas de jeter à certaines agonies morales le geste indifférent de Ponce Pilate. Ce fut là une seconde crise, plus cruelle peut-être que la première. Quand il avait été saisi de cette affolante angoisse à l'aspect des ravages produits par son œuvre, le savant était surtout la victime d'une panique. Il pouvait se dire et il s'était dit que le sursaut de la terrible révélation agissait sur lui. A présent qu'il était de sang-froid, il mesurait, avec une précision affreuse, l'impuissance de sa psychologie, si savante fût-elle, à manier ce mécanisme étrange qui est une âme humaine. Que de fois, pendant cette fin de février et dans les premiers jours de mars, il commença pour Robert Greslou des lettres qu'il se sentait incapable d'achever ! Qu'avait-il à dire en effet à ce misérable enfant ? Qu'il faut accepter l'inévitable dans le monde intérieur comme dans le monde extérieur, accepter son âme comme on accepte son corps ? Oui, c'était là le résumé de toute sa philosophie. Mais cet inévitable, c'était ici la plus hideuse corruption dans le passé et dans le présent. Conseiller à cet homme de s'accepter lui-même, avec toutes les scélératesses d'une nature pareille, c'était se faire le complice de cette scélératesse. Le blâmer? Au nom de quel principe l'eût-il fait, après avoir professé que la vertu et le vice sont des additions, le bien et le mal, des étiquettes sociales sans valeur, enfin que tout est nécessaire dans chaque détail de notre être, comme dans l'ensemble de l'univers? Quel conseil lui donner davantage pour l'avenir? Par quelles paroles empêcher que ce cerveau de vingt-deux ans fût ravagé d'orgueil et de sensualité, de curiosités malsaines et de dépravants paradoxes? Démontrerait-on à une vipère, si elle comprenait un raisonnement, qu'elle ne doit pas sécréter son venin? « Pourquoi suis-je une vipère?... » répondrait-elle. Cherchant à préciser sa pensée par d'autres images empruntées à ses propres souvenirs, Adrien Sixte comparait le mécanisme mental, démonté devant lui par Robert Greslou, aux montres dont il regardait, tout petit, aller et venir les rouages sur l'établi paternel. Un ressort marche, un mouvement suit, puis un autre, un autre encore. Les aiguilles bougent. Qui enlèverait, qui toucherait seulement une pièce, arrêterait toute la montre. Changer quoi que ce fût dans une âme, ce serait arrêter la vie. Ah! Si le mécanisme pouvait de lui-même modifier ses rouages et leur marche! Si l'horloger reprenait la montre pour en refaire les pièces! Il y a des créatures qui reviennent du mal au bien, qui tombent et se relèvent, qui déchoient et se reconstituent dans leur moralité. Oui, mais il y faut l'illusion du repentir qui suppose l'illusion de la liberté et celle d'un juge, d'un père céleste. Pouvait-il, lui, Adrien Sixte, écrire au jeune homme : « Repentez-vous, » quand, sous sa plume de négateur systématique, ce mot signifiait : « Cessez de croire à ce que je vous ai démontré comme vrai? » Et pourtant c'est affreux de voir une âme mourir sans rien essayer pour elle. Arrivé à ce point de sa méditation, le penseur se sentait acculé à l'insoluble problème, à cet inexpliqué de la vie de l'âme, aussi désespérant pour un psychologue que l'inexpliqué de la vie du corps pour un physiologiste. L'auteur du livre sur Dieu, et qui avait écrit cette phrase : « Il n'y a pas « de mystère, il n'y a que des ignorances..., » se refusait à cette contemplation de l'au-delà qui, montrant un abîme derrière toute réalité, amène la Science à s'incliner devant l'énigme et à dire un « je ne sais pas, je ne saurai jamais, » qui permet à la Religion d'intervenir. Il sentait son incapacité à rien faire pour cette âme en détresse, et qu'elle avait besoin d'un secours qui fût, pour tout dire, surnaturel. Mais de prononcer seulement une pareille formule lui semblait, d'après ses idées, aussi fou que de mentionner la quadrature du cercle ou d'attribuer trois angles droits à un triangle.

Un événement bien simple acheva de rendre cette lutte intime plus tragique en imposant à ce philosophe une action immédiate. Une main anonyme lui envoya un journal qui contenait un article d'une violence extrême contre lui et contre son influence, à propos de Robert Greslou. Le chroniqueur, évidemment inspiré par quelque parent ou quelque ami des Jussat, flétrissait la philosophie moderne et ses doctrines, incarnées dans Adrien Sixte et plusieurs autres savants. Puis il réclamait un exemple. Dans un paragraphe final, improvisé à la moderne, avec ce réalisme d'images qui est la rhétorique d'aujourd'hui, comme le poétisme de la métaphore fut la rhétorique d'autrefois, il montrait l'assassin de Mlle de Jussat montant à l'échafaud, et toute une génération de jeunes décadents corrigés du pessimisme par cet exemple. En toute autre circonstance, le grand psychologue aurait souri de cette déclamation. Il eût pensé que l'envoi venait de son ennemi Dumoulin, et repris des travaux commencés avec la tranquillité d'Archimède traçant ses figures de géométrie sur le sable pendant le sac de la ville. Mais à la lecture de cette chronique griffonnée sans doute sur un coin de table, au café Tortoni, par un moraliste du boulevard, il aperçut nettement un fait auquel il n'avait pas songé, tant la folie de l'abstraction égarait ce spéculatif hors du monde social : à savoir, que ce drame moral se doublait d'un drame réel. Dans quelques semaines, quelques jours peut-être, celui de l'innocence duquel il possédait une preuve allait être jugé. Or, pour la justice des hommes, le séducteur de Mlle de Jussat était innocent ; et si ce mémoire ne constituait pas un témoignage décisif, il présentait un indiscutable caractère de véracité qui suffisait à sauver une tête. Allait-il la laisser tomber, cette tête, lui, le confident des misères, des hontes, des perfidies du jeune homme, mais qui savait aussi que ce scélérat intellectuel n'était pas un meurtrier ? Sans doute il était lié par l'engagement tacite contracté en ouvrant le manuscrit. Mais cet engagement-là était-il valable devant la mort ? Il y avait, dans ce solitaire assailli depuis un mois par la tourmente morale, un tel besoin physique d'échapper au rongement inefficace et stérile de sa pensée par une volonté positive, qu'il éprouva comme une détente lorsqu'il se fut enfin fixé à un parti. D'autres journaux, consultés anxieusement, lui apprirent que l'affaire Greslou passait aux assises de Riom, le vendredi 11 mars. Le 10, il donnait à Mariette cet ordre de préparer sa valise qui avait tant surpris la servante, et le soir même il prenait le train après avoir jeté à la poste une lettre adressée à M. le comte André de Jussat, capitaine de dragons, en garnison à Lunéville. Cette lettre, non signée, contenait simplement ces lignes : « Monsieur le comte de Jussat a en mains une lettre de sa sœur qui contient la preuve de l'innocence de Robert Greslou. Permettra-t-il que l'on condamne un innocent ? » Le psychologue nihiliste n'avait pas pu écrire les mots *droit* et *devoir*. Mais sa résolution était prise. Il attendrait que le procès fût fini pour parler, et si M. de Jussat se taisait jusqu'au bout, si Greslou était condamné, il déposerait le mémoire entre les mains du président, sur l'heure même.

— « Il a pris son billet pour Riom, » dit Mlle Trapenard au père Carbonnet en revenant de la gare où elle avait accompagné son maître, presque malgré lui, « mais cette idée de s'en aller là-bas, seul, par ce froid, lui qui est si bien ici !... »

— « Soyez tranquille, mam'zelle Mariette, » lui répondait l'astucieux portier. « Nous saurons tout ça un jour... Mais rien ne m'ôtera de l'idée qu'il y a quéque fils illégitime là-dessous... » Et comme il était en train de prendre une infusion de menthe que Mme Carbonnet lui préparait chaque soir, il dit encore : « Voyez, j'ai l'estomac si *déblatéré* qu'il me faut des *fortifications* à toutes les minutes, » puis il dégusta une gorgée : « Passe donc, nanan, gourmand t'attend, » pendant que le coq usait son bec à déchiqueter un morceau de sucre que son maître avait détaché pour lui donner. « Allons, Ferdinand, » continua-t-il, « vous ne suivriez pas vos coqueriaux comme M. Sixte, vous..., vous auriez trop à faire, *grand débardé.* »

VI

LE COMTE ANDRÉ

Au moment où arrivait à Lunéville le billet jeté à la poste par Adrien Sixte, celui à qui le philosophe adressait ce suprême appel, ce comte André de qui dépendait en ce moment le sort de Robert Greslou, était lui-même à Riom. Le hasard voulut que ces deux hommes ne se rencontrassent pas, car le célèbre écrivain, en descendant du train, prit place à l'aventure dans l'omnibus de l'hôtel du Commerce, tandis que le comte avait son appartement à l'hôtel de l'Univers. Là, dans un salon meublé de vieux meubles, tendu d'un papier fané, avec des rideaux passés et un tapis rapiécé, et par ce matin de ce vendredi 11 mars 1887, où s'ouvraient les débats de l'affaire Greslou, le frère de la pauvre Charlotte se promenait de long en large. Midi allait sonner à la pendule de cuivre doré, à sujet mythologique, dont s'ornait cette pièce que chauffait à grand'-peine un feu allumé dans une cheminée qui fumait. Au dehors, c'était sur la ville une pesée d'un ciel de neige, un de ces ciels d'Auvergne où passe par instants le vent glacial des montagnes. L'ordonnance du comte, un dragon à la physionomie joviale, avait mis un peu d'ordre militaire dans ce salon loué de la veille, et, après avoir remonté cette pendule, allumé ce feu, il achevait de préparer deux couverts sur la table du milieu. De temps à autre il regardait aller et venir son capitaine qui, tirant sa moustache d'une main nerveuse, mordant sa lèvre, fronçant ses sourcils, portait sur son mâle visage l'expression de l'anxiété la plus douloureuse. Mais Joseph Pourat, c'était le nom de l'ordonnance, s'expliquait trop bien dans sa simple cervelle que le comte fût à peine maître de soi pendant qu'on jugeait l'assassin de sa sœur. Pour lui, comme pour toutes les personnes qui de près ou de loin touchaient aux Jussat-Randon et qui avaient connu Charlotte, la culpabilité de Robert Greslou ne faisait pas doute. Ce que le fidèle soldat comprenait moins, connaissant l'énergie de son officier, c'est qu'il eût laissé le vieux marquis se rendre seul à l'audience. « Cela me ferait trop mal, » avait dit le comte, et Pourat, qui disposait les assiettes et les fourchettes, après les avoir essuyées au préalable, par une juste défiance pour la propreté du service de l'hôtel, pensait levant la visible angoisse de son maître : « C'est un bon cœur tout de même, quoiqu'il soit si brusque... Comme il l'aimait !... »

André de Jussat, lui, ne semblait même pas se douter qu'il y eût quelqu'un dans la chambre. Ses yeux bruns rapprochés du nez, qui avaient autrefois étonné, presque gêné Robert Greslou, par leur ressemblance avec ceux d'un oiseau de proie, ne lançaient plus ce regard fier qui va droit sur l'objet, si l'on peut dire, et qui s'en empare. Non, il y avait dans ces prunelles une espèce d'inexplicable reploiement de l'être, presque une honte, comme une peur de montrer la souffrance intime. Enfin c'étaient les yeux d'un homme que l'idée fixe obsède et que l'aiguillon d'une peine intolérable touche sans cesse à la portion la plus sensible de son âme. Cette peine datait du jour où il avait reçu la terrible lettre par laquelle sa sœur lui révélait son projet de suicide. Une dépêche était arrivée presque en même temps, lui annonçant la mort de Charlotte, et il avait pris, lui, le train pour l'Auvergne, précipitamment, sans savoir de quelle manière il apprendrait à son père l'affreuse vérité, mais décidé à tirer de Greslou une juste vengeance. Et le marquis l'avait accueilli par ces mots :

— « Tu as reçu ma dépêche?... Nous le tenons, l'assassin... »

Le comte n'avait rien dit, comprenant que c'était entre son père et lui un malentendu ; et le marquis avait précisé en racontant les soupçons qui pesaient sur le précepteur, et que ce garçon allait être arrêté comme meurtrier. Tout de suite cette idée s'était imposée au frère affolé de douleur : que la destinée lui offrait cette vengeance, objet unique de sa pensée depuis qu'il avait lu, — avec quel serrement de tout son cœur ! — la confession de la morte et le détail de sa misère, de ses égarements, de ses résistances, de sa déception atroce, de sa funeste résolution. Il n'avait qu'à ne pas montrer la lettre qu'il tenait là dans son portefeuille, et le lâche séducteur de la jeune fille était accusé, emprisonné, condamné sans doute. L'honneur du nom de Charlotte était sauvé, car Robert Greslou ne pouvait pas démontrer ses relations avec la jeune fille. Le marquis et la marquise, ce père et cette mère si confiants, si pénétrés de l'amour le plus vrai envers le souvenir de leur pauvre enfant, ignoreraient du moins la faute de cette enfant, qui devait leur être un désespoir nouveau par-dessus l'autre... Et le comte André s'était tu.

Il s'était tu, — non sans un effort violent sur

lui-même. Cet homme courageux qui possédait, par nature et par volonté, les vraies vertus d'un vrai soldat, détestait la perfidie, les compromis de conscience, tous les biais et toutes les lâchetés. Il avait senti que son devoir était de parler, de ne pas laisser accuser un innocent. Il avait eu beau se dire que ce Greslou était l'assassin moral de Charlotte, et que cet assassinat méritait un châtiment comme l'autre; ce sophisme de sa haine n'avait pas dominé tout à fait l'autre voix, celle qui nous défend de nous faire les complices d'une iniquité, et la condamnation de Greslou comme empoisonneur était inique. Une circonstance inattendue, et pour lui presque monstrueuse, avait achevé de bouleverser André de Jussat : le silence de l'accusé. Si Greslou avait parlé, racontant ses amours, défendant sa tête au prix de l'honneur de sa victime, le comte n'aurait pas eu pour lui assez de mépris. Mais non. Par un contraste de caractère qui devait paraître plus inexplicable encore à un esprit simple, cet infâme déployait soudain une générosité de gentilhomme à ne pas prononcer un mot dont fût souillée la mémoire de celle qu'il avait attirée dans un si détestable guet-apens. Ce coquin se retrouvait brave devant la justice, héroïque à sa manière. En tout cas, il cessait d'être uniquement digne de dégoût. André se disait bien que c'était là une tactique de cour d'assises, un procédé pour obtenir un acquittement par l'absence de preuves. Mais, d'autre part, il savait, par la lettre de sa sœur, l'existence du journal où le détail de la séduction était consigné heure par heure. Ce journal diminuait singulièrement les chances d'une condamnation, et Greslou ne le produisait pas. L'officier n'aurait pas su expliquer pourquoi cette dignité d'attitude chez son ennemi l'affolait d'une colère qui lui donnait un frénétique désir de courir chez le magistrat chargé d'instruire l'affaire, afin que la vérité parût au jour, et que la morte ne dût rien, non, rien, pas un atome de son honneur posthume à ce drôle qui l'avait perdue. Quand il se représentait sa sœur, la douce créature qu'il avait aimée, lui, d'une si virile et noble affection, celle du frère aîné pour une enfant fragile et fine, possédée par ce manant, par ce précepteur de hasard, cela lui faisait l'impression d'un outrage si abject infligé à sa race qu'il en rugissait de fureur, comme autrefois, quand il lui avait fallu, pendant la guerre, assister à la capitulation de Metz et rendre ses armes. Il éprouvait alors un soulagement à penser que le banc d'infamie où s'assoient les faussaires, les escrocs et les meurtriers, attendait cet homme, et ensuite l'échafaud ou le bagne... Et il étouffait la voix qui lui disait : « Tu dois parler... » Mon Dieu ! quelle agonie pour lui que ces trois mois durant lesquels il n'était pas demeuré cinq minutes sans se débattre entre ces sentiments contradictoires! Au champ de manœuvre, — car il avait repris son service; — à cheval et galopant sur les chemins de Lorraine; dans sa chambre et travaillant sous la lampe, cette question s'était posée devant lui : « qu'allait-il faire? » Il avait laissé passer des semaines sans y répondre, mais l'instant était venu où il fallait agir et se décider, puisque dans deux jours, — les débats devaient occuper quatre séances, — Greslou serait jugé et condamné. Il y aurait bien du temps encore après cette condamnation. Mais quoi! le même débat intime serait à recommencer alors. Lui, l'homme d'action et pour qui l'incertitude était un malaise intolérable, il en était là, après trois mois, à n'avoir pas pris parti, car, en descendant au fond, bien au fond de lui-même, il sentait que son silence actuel n'était encore qu'une résolution momentanée. Il n'avait pas accepté de se taire jusqu'à la fin. Il remettait de parler, mais il ne s'était pas serré la main et donné sa parole qu'il ne parlerait pas. C'était la raison pour laquelle il lui avait été physiquement impossible d'accompagner son père au Palais de Justice pendant cette première séance, dont il allait avoir le compte rendu, — puisque midi sonnait maintenant à la pendule, douze coups très grêles suivis aussitôt d'un carillon dans le clocher d'une église voisine. Le vieux Jussat ne pouvait tarder à revenir.

— « Mon capitaine, voilà M. le marquis, » dit l'ordonnance qui avait entendu le roulement d'une voiture puis son arrêt devant l'hôtel, après un regard jeté par la fenêtre.

— « Hé bien, mon père? » demanda André anxieusement sitôt que le marquis fut entré.

— « Hé bien! nous avons le jury pour nous, » répondit le nouvel arrivant. M. de Jussat n'était plus le maniaque brisé dont Greslou s'était moqué si amèrement dans son mémoire. Il avait les yeux brillants, de la jeunesse dans la voix et dans les gestes. La passion de la vengeance, au lieu de l'abattre, le soutenait. Il en oubliait son hypocondrie, et sa parole s'était faite vive, impérieuse et nette. « On a tiré au sort ce matin... Sur les douze jurés... J'ai pris leurs noms, » et il consulta ses papiers, « sur les douze jurés il y a trois cultivateurs, deux officiers retraités, un médecin d'Aygueperse, deux boutiquiers, deux propriétaires, un manufacturier, un professeur, tous des braves gens, des hommes de famille et qui voudront un exemple... Le procureur général est sûr d'une condamnation... Ah! le scélérat! que j'ai eu un bon moment, le seul depuis trois mois, à le voir qui arrivait entre deux gendarmes, et de sentir qu'il était pris!... On ne s'échappe pas de ces poignes-là... Mais quelle audace! Il a regardé dans la salle. J'étais au premier banc... Il m'a vu... Le croirais-tu? il n'a pas détourné les yeux... Il m'a regardé fixement, comme pour me braver... Va! C'est sa tête qu'il nous faut, et nous l'aurons. »

Le vieillard avait parlé avec un sauvage accent et il n'avait pas remarqué la douloureuse expression que son discours avait éveillée sur le visage du comte. Ce dernier, à l'image de son ennemi ainsi vaincu par la force publique, saisi par les gendarmes, comme broyé dans le formidable engrenage de cette anonyme et invincible machine de la justice, avait frissonné d'un frisson de honte, — la honte d'un homme qui a chargé des *bravi* d'une besogne de mort. Ces gendarmes et ces magistrats, il les employait comme des *bravi* en effet, comme les ouvriers d'une action qu'il eût tant aimé à exécuter lui-même, de ses mains et sous sa responsabilité!... Décidément, oui, c'était lâche de n'avoir pas parlé. Et puis ce regard lancé par Greslou au marquis de Jussat, que signifiait-il? Savait-il que Charlotte avait écrit sa lettre d'aveux à la veille de son suicide? Et s'il le savait, que pensait-il? La seule idée que ce jeune homme pût soupçonner la vérité et les mépriser, le marquis et lui, de leur silence, alluma la fièvre dans le sang du comte.

— « Non, » se dit-il quand le marquis fut parti pour la reprise de la séance après un déjeuner mangé à la hâte et presque sans échanger un mot, « je ne peux pas me taire. Je parlerai, ou j'écrirai... »

Il s'assit à la table et il commença de tracer machinalement ces mots en tête d'une feuille : « Monsieur le président... » Le soir tombait, que cet homme malheureux était encore à cette place, le front dans sa main, et n'ayant pas écrit la première ligne de cette lettre. Il attendait les nouvelles de la seconde séance, et ce fut avec un saisissement qu'il entendit son père en raconter le détail :

— « Ah ! mon bon André ! Que tu as eu raison de ne pas venir ! Quelle infamie...! Ah ! quelle infamie !... Greslou a été interrogé... Il continue son système et refuse de parler... Ce n'est rien... Mais les experts sont venus rapporter les résultats de leur analyse. Notre brave docteur d'abord... Sa voix tremblait, le cher homme, quand il a décrit son impression devant notre pauvre Charlotte, tu sais, à son entrée dans la chambre... Et puis le professeur Armand ; tu n'aurais pas supporté cette horrible chose, cette autopsie de notre ange, étalée là, devant cette salle où il y avait bien cinq cents personnes... Et puis le chimiste de Paris. S'il restait encore un doute, après cela !... La fiole dont il s'est servi, ce monstre, était sur la table, je l'ai vue... Et puis... Comment a-t-on osé ? Son avocat, un avocat d'office pourtant, et qui n'a pas l'excuse d'être l'ami de son client... Son avocat... Mais comment te dire ?... Il a demandé si Charlotte était morte vierge, si on l'avait examinée... Il y a eu un murmure de dégoût dans la salle, une indignation de tous... Elle, mon enfant, si pure, si noble, une sainte!... Je l'aurais souffleté, cet homme... Même l'assassin en a été remué, lui que rien ne touche... Je l'ai vu. A ce moment il a pris sa tête dans ses mains et il a pleuré... Réponds, est-ce que cela ne devrait pas être défendu par la loi, de parler ainsi d'une victime en plein tribunal?... Que croyait-il donc, ce drôle, qu'elle avait eu un amant?... Un amant! Elle, un amant! »

L'indignation du vieillard était si forte que soudain il fondit en larmes. Le fils, en présence de cette touchante douleur, sentit, lui aussi, son cœur se fondre et les larmes lui venir, et les deux hommes s'embrassèrent sans se dire un mot. « Vois-tu, » reprit le père quand il put parler, « c'est là le côté affreux de ces débats, cette discussion en public sur tant de choses intimes, elle qui avait tant de pudeur pour ses moindres sentiments. Je te l'ai dit... Je suis sûr qu'elle a été malheureuse tout l'hiver par l'absence de Maxime. Elle l'aimait, crois-moi, sans vouloir le montrer... C'est bien cela qui a exaspéré la jalousie de ce Greslou... Quand il est arrivé dans la maison, qu'il l'a trouvée si gracieuse, si simple, il a cru pouvoir la séduire, l'épouser. Comment s'en serait-elle doutée, quand moi-même, qui ai tant l'habitude des hommes, je n'ai rien deviné, rien vu?... » Et, lancé sur cette route, durant tout le dîner, puis durant toute la soirée, le marquis parla, parla. Il goûtait cette consolation, la seule possible dans certaines crises, de se souvenir à haute voix, et ce culte religieux que leur malheureux père gardait pour la morte était pour le fils, qui écoutait sans répondre, quelque chose de tragique en ce moment où il se préparait... à quoi? Allait-il vraiment porter ce coup terrible au vieillard? Retiré dans sa chambre, avec ce grand silence d'une ville de province autour de sa méditation, il reprit la lettre de sa sœur, et il la relut, quoiqu'il en sût par cœur toutes les phrases. Il sortait de ces pages, tracées par cette main aujourd'hui à jamais immobile, un soupir si désespéré, un souffle d'agonie si triste et si navrant! L'illusion de la jeune fille avait été si folle, ses luttes si sincères, son réveil si amer, que le comte sentit de nouveau les larmes couler le long de ses joues. C'était la seconde fois qu'il pleurait de la journée, lui qui, depuis la mort de Charlotte, avait gardé ses yeux secs et comme brûlés par la haine. Il se dit: « Greslou a tout mérité... » Il resta immobile quelques minutes, et, marchant vers la cheminée, où le feu achevait de s'éteindre, il posa sur la bûche à demi consumée les feuillets de la lettre. Il fit craquer une allumette et la glissa sous le papier. Il vit la ligne de flamme se développer tout autour, puis gagner la frêle écriture, puis transformer cette unique preuve du misérable amour et du suicide de la jeune fille en un débris noirâtre. Le frère acheva de mélanger ce débris aux cendres à coups de pincettes. Il se coucha en disant tout haut : « C'est fait, » et il s'endormit, comme au soir de sa première bataille, du sommeil assommé qui succède, chez les hommes d'action, aux grandes dépenses de volonté, pour n'ouvrir les yeux, lui si matinal d'ordinaire, qu'à neuf heures le lendemain.

— « M. le marquis a défendu qu'on éveillât mon capitaine, » répondit Pourat quand, appelé par son maître, il ouvrit les volets. Le soleil entra, un gai soleil de fin d'hiver au lieu du ciel triste et bas de la veille. « Il est parti voilà une heure... Mon capitaine sait qu'aujourd'hui on a dû amener l'accusé par le souterrain, tant le monde est exalté contre lui... »

— « Quel souterrain? » demanda André.

— « Celui qui va de la maison d'arrêt au Palais de Justice... Il paraît qu'on l'emploie pour les grands criminels, ceux qui pourraient être écharpés. Ma foi, mon capitaine, si je le voyais passer, celui-là, je crois bien que j'aurais un peu l'envie de lui tomber dessus... Les chiens enragés, ça ne se juge pas, ça s'abat... Bon, » continua-t-il, « j'ai oublié les lettres de ce matin dans le salon. »

Il revint après une minute, ayant à la main

trois enveloppes. André, qui jeta un regard sur les deux premières, devina tout de suite, à l'adresse, de qui elles venaient. La troisième portait une suscription d'une écriture inconnue. Elle avait été adressée à Lunéville, de Paris, puis dirigée sur Riom. Le comte la décacheta et lut les trois lignes que Sixte avait griffonnées avant de prendre le train pour Riom. Les mains de cet officier si brave et qui ne savait pas le sens du mot peur, se mirent à trembler. Il devint pâle comme la feuille qu'il tenait dans ces mains frémissantes, si pâle que Pourat lui demanda lui-même avec épouvante :

— « Mon capitaine est malade ? »

— « Laisse-moi, » dit brusquement le comte, « je m'habillerai seul. »

Il avait besoin en effet de se remettre du coup subit qui venait de le frapper. Il se trouvait donc quelqu'un au monde pour posséder le terrible secret, quelqu'un qui connaissait le mystère de la mort de Charlotte et qui n'était pas Robert Greslou, — car il avait vu des pages de la main du jeune homme et ce n'était pas son écriture. Ce fut une secousse de terreur comme les hommes les plus courageux peuvent en ressentir devant un fait si absolument inattendu qu'il en prend un caractère surnaturel. Le frère de Charlotte aurait vu sa sœur, là devant lui, vivante, qu'il n'aurait pas été terrassé d'un étonnement plus effrayé. Quelqu'un savait le suicide de la jeune fille, et la lettre écrite par elle avant de mourir, et le reste peut-être... Et ce quelqu'un, ce témoin mystérieux de la vérité, que pensait-il de lui ? L'interrogation par laquelle se terminait le billet anonyme le disait assez. Subitement, le comte se souvint de ce qu'il avait osé cette nuit. Il se rappela cette lettre jetée au feu, et la pourpre de la honte lui vint aux joues... Cette résolution, prise la veille, et sur laquelle il avait dormi, il ne pouvait plus la tenir. Qu'un homme eût le droit de dire : « Le comte de Jussat a commis une lâcheté, » cela dépassait, pour ce gentilhomme affamé d'honneur, ce qu'il était capable de supporter. Son trouble de la veille, qu'il avait cru fini, se réveilla de nouveau, rendu plus intolérable par le retour de son père qui lui dit :

— « On a entendu les témoins... J'ai déposé... Mais ce qui a été dur, ç'a été de me trouver dans la petite salle, avant l'audience, avec la mère de Greslou... C'est une chance encore qu'elle ne soit pas descendue ici... Elle est à l'hôtel du Commerce, où elle a osé me supplier de venir pour causer avec elle, dans cette scène qu'elle m'a faite. Ah ! quelle scène !... C'est une figure à ne pas l'oublier..., une face sévère, avec des yeux noirs qui ont comme un feu sombre dans les larmes... Elle a marché sur moi et elle m'a parlé... Elle m'a adjuré de dire que son fils était innocent, que je le savais, que je n'avais pas le droit de déposer contre lui. Oui, la terrible scène, et que le gendarme a dû interrompre!... La malheureuse! Je ne peux pas lui en vouloir... C'est son fils... Quelle étrange chose qu'un scélérat comme celui-là puisse encore avoir au monde un cœur qui l'aime ainsi, comme j'aimais Charlotte, comme je t'aime?... Hélas!... » continua le cruel vieillard. « Il est une heure... Le procureur général va parler... Puis la défense... Entre cinq et six heures, nous aurons le verdict... Que cela me rassasiera le cœur de le regarder pendant l'énoncé de la sentence!... Hé! Ce n'est que juste... Il a tué. Il doit mourir... »

Entre cinq et six heures!... Quand le comte André se trouva seul, il recommença de se promener de long en large, — comme la veille, — tandis que Pourat desservait la table avec le valet de chambre de M. de Jussat. Ces deux hommes ont raconté que jamais leur maître ne leur avait paru plus violemment inquiet que pendant les quelque trente minutes qu'ils étaient demeurés à faire ce service. Leur stupeur fut grande lorsqu'il demanda qu'on lui préparât ses vêtements d'uniforme. En un quart d'heure il fut prêt et il quittait l'hôtel, lui qui avait refusé de sortir depuis les trois jours qu'il était arrivé à Riom. Un détail fit frémir le brave Pourat. Il constata que l'officier avait pris avec lui son revolver, posé depuis deux jours sur la table de nuit. Le soldat communiqua ses craintes à son compagnon.

— « Si ce Greslou est acquitté, » dit-il, « le capitaine est homme à lui brûler la cervelle, là, sur place... »

— « Nous devrions le suivre peut-être ?... » répondit le valet de chambre.

Tandis que les deux domestiques délibéraient, le comte suivait la grande rue qui conduit au Palais de Justice. Il la connaissait, pour être venu souvent à Riom dans son enfance. Cette vieille ville parlementaire, avec ses grands hôtels aux hautes fenêtres, bâtis en pierre noire de Volvic, semblait plus vide, plus silencieuse, plus morte encore que d'habitude, tandis que le frère de Charlotte marchait vers la Cour. Puis brusquement, aux abords du Palais, c'était une foule serrée et qui remplissait l'étroite ruelle Saint-Louis par où l'on accède à la salle des assises. L'affaire Greslou avait attiré tous ceux qui pouvaient disposer seulement d'une heure. André eut de la peine à fendre les groupes, composés de paysans arrivés de la campagne et de petits boutiquiers qui discutaient avec une animation passionnée. Il arriva devant les deux marches qui mènent au vestibule. Deux soldats s'y tenaient, chargés de contenir le peuple. Le comte sembla hésiter, puis au lieu d'entrer il poussa jusqu'au bout de la ruelle. Il se trouva devant une terrasse plantée d'arbres nus, et qui, jetée entre les murs sinistres de la maison centrale et la masse sombre du Palais, domine la plaine immense de la Limagne. Une fontaine en charme d'ordinaire le silence avec le bruit de son eau, et ce bruit restait perceptible encore malgré la rumeur de la foule pressée dans la rue voisine. André s'assit sur un banc, près de cette fontaine. Depuis, il n'a jamais su expliquer pourquoi il était resté là plus d'une demi-heure, ni quelle raison précise l'avait fait se lever, marcher vers l'entrée du palais, écrire son nom et quelques mots sur sa carte, donner cette carte à un soldat pour être portée par l'huissier au président. Il avait la sensation très nette d'agir presque malgré lui, et comme dans un songe. Sa résolution néanmoins était prise et il sentait qu'elle ne faiblirait plus, quoiqu'il appréhendât avec une angoisse horrible de se retrouver en face de son père, qui était là, par delà ces gens dont il apercevait les têtes penchées, les nuques immobiles, les épaules voûtées. Il éprouva dans cette agonie qu'il traversait, le seul soulagement qu'il pût ressentir, quand l'huissier vint le prendre. Car au lieu de l'introduire droit dans la salle, cet homme le conduisit par un couloir jusqu'à une petite pièce qui était sans doute le cabinet du président. Des dossiers y traînaient sur une table. Un pardessus et un chapeau étaient pendus à une patère. Arrivés là, son guide lui dit :

— « M. le président va vous entendre aussitôt que M. le procureur général aura fini... » Quelle consolation inattendue dans sa peine! Le supplice de déposer en public et devant son père lui serait donc épargné! Cette espérance fut de courte durée. L'officier n'était pas depuis dix minutes dans le cabinet du président que ce dernier entrait : un grand vieillard à la face bistrée de bile avec des cheveux gris que l'opposition du rouge de la robe faisait paraître verdâtres. Dès les premiers mots et devant l'affirmation du comte qu'il apportait la preuve de l'innocence de l'accusé :

— « Dans ces conditions, monsieur, » dit le magistrat, « je ne peux recevoir vos confidences... L'audience va être reprise et vous allez être entendu comme témoin, pourvu que ni l'accusation ni la défense ne s'y opposent. »

Ainsi aucune des étapes de son calvaire ne serait évitée au frère de Charlotte? Il venait se heurter à cette machine impassible de la Justice qui ne tient pas, qui ne peut pas tenir compte de la sensibilité humaine. Il lui fallut s'asseoir dans la chambre des témoins, et se souvenir de la scène qui s'y était passée, — si peu d'heures auparavant? — entre son père et la mère de Greslou, puis entrer de là dans la salle des assises. Il vit le mur nu avec l'image du crucifié qui dominait cette salle, les têtes tournées vers lui dans une attention suprême, le président de nouveau entre ses assesseurs, le procureur général et l'avocat général assis dans leurs robes rouges; les jurés à gauche du tribunal. Robert Greslou se tenait à droite sur le banc des prévenus, les bras croisés, livide, mais impassible, et du monde se pressait partout, derrière les magistrats, dans les tribunes. Au banc des témoins André reconnut son père et ses cheveux blancs. Ah! que cette vue lui serra le cœur, — son cœur qui pourtant ne défaillit pas quand le président, après avoir demandé au défenseur et au procureur général s'ils ne s'opposaient pas à l'audition du témoin, lui fit décliner ses noms et qualités et prêter serment suivant la formule. Les magistrats qui ont assisté à cette scène, sont unanimes à dire qu'aucune émotion d'assises ne fut jamais comparable à celle qui saisit toute la salle et qui les saisit eux-mêmes quand cet homme, dont tous connaissaient le passé héroïque par les articles des journaux publiés à l'occasion du procès, commença, d'une voix pourtant ferme, mais où l'on devinait l'atroce douleur :

— « Messieurs les jurés, je n'ai que deux mots à dire. Ma sœur n'a pas été assassinée, elle s'est tuée. La veille de sa mort, j'ai reçu une lettre d'elle où elle m'annonçait sa résolution de mourir, et pourquoi... Messieurs, j'ai cru avoir le droit de cacher ce suicide, j'ai brûlé cette lettre... Si l'homme que vous avez devant vous, » — et il montra Greslou de sa main gauche en se tournant à demi vers l'accusé, — « n'a pas versé le poison, il a fait pire... Mais ce n'est pas de votre justice qu'il relève, et il ne doit pas être condamné comme assassin... Il est innocent... A défaut d'une preuve matérielle que je ne peux plus vous donner de cette innocence, je vous apporte ma parole. »

Ces phrases tombaient une à une, dans une espèce d'angoisse de toute la salle. On entendit un cri suivi d'un gémissement :

— « Il est fou, » disait une voix, « il est fou, ne l'écoutez pas. »

— « Non, mon père, » reprit le comte André qui reconnut l'accent du marquis, et qui se tourna vers le vieillard comme écroulé sur son banc. « Je ne suis pas fou... J'ai fait ce que l'honneur exigeait... J'espère, monsieur le président, que l'on m'épargnera d'en dire davantage. »

Il avait une supplication dans la voix, cet homme si fier, en disant cette dernière phrase, et elle fut si bien sentie qu'un murmure passa dans la foule quand le président lui répondit :

— « A mon grand regret, monsieur, je ne peux vous accorder ce que vous demandez... L'extrême gravité de la déposition que vous venez de faire ne permet pas à la Justice d'en rester sur des indications que notre devoir, — un douloureux devoir, mais un devoir, — est de vous forcer à préciser... »

— « C'est bien, monsieur, je ferai, moi aussi, mon devoir jusqu'au bout... » Il y eut dans l'accent avec lequel le témoin jeta cette phrase une telle résolution, que le murmure de la foule céda tout d'un coup la place au silence, et on entendit le président reprendre :

— « Vous avez parlé d'une lettre, monsieur, que vous aurait écrite mademoiselle votre sœur... Permettez-moi de dire qu'il est au moins extraordinaire que votre première idée n'ait pas été d'éclairer la Justice en la lui communiquant... »

— « Elle contenait, » dit le comte, « un secret que j'aurais voulu cacher au prix de mon sang... »

Il a raconté depuis à l'ami qui resta si parfait jusqu'à la fin de ce drame, à ce Maxime de Plane choisi par lui pour frère, que ç'avait été là le moment le plus terrible de son sacrifice, — mais qu'à partir de cette minute, l'émotion fut comme supprimée en lui par son excès même. Tous les détails de la lettre de la morte, il dut les donner, — et raconter ses propres sensations, et tout confesser de ses agonies. Quant à ce qui suivit, il a déclaré lui-même qu'il s'en rappelait seulement quelques détails matériels, — et les plus inattendus : — le froid sous sa main d'une colonne de fer contre laquelle il s'appuya quand il dut s'asseoir au banc des témoins d'où l'on venait d'emporter son père, qui s'était évanoui aux derniers mots de sa déposition... Il a dit avoir remarqué aussi le traînant accent lorrain du procureur général qui se leva pour abandonner l'accusation... Combien de temps s'écoula-t-il entre cette phrase du procureur, le discours de l'avocat de Greslou, la sortie du jury et sa rentrée avec un verdict négatif? Il n'a jamais pu s'en rendre compte, non plus que de l'emploi de sa soirée, quand, la salle une fois vidée, le gardien fut venu l'inviter de sortir à son tour. Il se souvient avoir marché devant lui très vite et très loin. Des bourgeois de Combronde qui rentraient après les assises le rencontrèrent sur la route de ce village. Il sortait d'une auberge où il avait écrit quelques lettres adressées l'une à son père, l'autre à sa mère, une troisième à son colonel, une dernière à Maxime de Plane. A neuf heures, il frappait à la porte de l'hôtel du Commerce, où son père lui avait dit que la mère de l'acquitté était descendue, et il demandait au concierge si M. Greslou était là. Ce garçon avait entendu le récit de la dramatique audience. Il devina, rien qu'à l'uniforme du capitaine, qui se trouvait devant lui, et il eut le bon sens de répondre que M. Robert Greslou n'avait point paru. Malheureusement, il crut bien faire de monter aussitôt chez le jeune homme, qui, sorti de prison depuis une heure, se trouvait en effet avec sa mère et M. Adrien Sixte. Ce dernier n'avait pu résister aux supplications éperdues de la veuve qui, l'ayant rencontré dans le corridor de l'hôtel, l'avait conjuré de l'aider à raffermir son fils.

— « Monsieur, » dit cet homme à Robert après avoir demandé la permission de lui parler à part, « prenez garde, M. le comte de Jussat vous cherche. »

— « Où est-il ? » interrogea fiévreusement Greslou.

— « Il ne doit pas avoir quitté la rue, » répondit le concierge, « mais je lui ai dit que l'on ne vous avait pas vu ici. »

— « Vous avez eu tort, » répliqua Greslou. Et, prenant son chapeau, il se précipita vers l'escalier.

— « Où vas-tu ? » implora sa mère.

Le jeune homme ne répondit pas. Peut-être n'entendit-il même pas ce cri, tant il avait mis de vitesse à descendre les marches de l'escalier. L'idée que le comte André le croyait assez lâche pour se cacher de lui le bouleversait. Il n'eut pas longtemps à chercher son ennemi. Le comte était de l'autre côté de la rue, qui surveillait la porte. Robert le reconnut et marcha droit sur lui.

— « Vous avez à me parler, monsieur ? » lui demanda-t-il fièrement.

— « Oui, » dit le comte.

— « Je suis à vos ordres, » continua Greslou, « pour telle réparation qu'il vous conviendra d'exiger de moi... Je ne quitterai pas Riom, je vous en donne ma parole. »

— « Non, monsieur, » répondit André de Jussat, « on ne se bat pas avec les hommes comme vous, on les exécute. »

Il tira son revolver de sa poche, et comme l'autre, au lieu de fuir, se tenait devant lui et semblait lui dire : « Osez, » il lui logea une balle dans la tête. On entendit, à la fois, de l'hôtel, le bruit de la détonation, un cri d'agonie, et quand on accourut, on trouva le comte André debout contre le mur, qui jeta son arme et, croisant les bras, dit simplement, en montrant le corps de l'amant de sa sœur à ses pieds :

— « J'ai fait justice. »

Et il se laissa arrêter sans résistance.

. . . .

. . . .

Durant la nuit qui suivit cette scène tragique, certes, les admirateurs de la *Psychologie de Dieu*, de la *Théorie des passions*, de l'*Anatomie de la volonté*, eussent été bien étonnés s'ils avaient pu voir ce qui se passait dans la chambre numéro 3 de l'hôtel du Commerce, et lire dans la pensée de leur implacable et puissant Maître. Au pied du lit où reposait un mort, le front bandé, se tenait agenouillée la mère de Robert Greslou. Le grand négateur, assis sur une chaise, regardait cette femme prier, tour à tour, et ce mort qui avait été son disciple dormir du sommeil dont dormait aussi Charlotte de Jussat; et, pour la première fois, sentant sa pensée impuissante à le soutenir, cet analyste presque inhumain à force de logique s'humiliait, s'inclinait, s'abîmait devant le mystère impénétrable de la destinée. Les mots de la seule oraison qu'il se rappelât de sa lointaine enfance : « Notre Père qui êtes aux cieux... » lui revenaient au cœur. Certes, il ne les prononçait pas. Peut-être ne les prononcerait-il jamais. Mais s'il existe, ce Père Céleste vers lequel grands et petits se tournent aux heures affreuses comme vers le seul recours, n'est-ce pas la plus touchante des prières que ce besoin de prier? Et si ce Père Céleste n'existait pas, aurions-nous cette faim et cette soif de lui dans ces heures-là? — « Tu ne me chercherais pas si tu ne m'avais pas trouvé!... » A cette minute même et grâce à cette lucidité de pensée qui accompagne les savants dans toutes les crises, Adrien Sixte se rappela cette phrase admirable de Pascal dans son *Mystère de Jésus*, — et quand la mère se releva, elle put le voir qui pleurait!

Paris, septembre 1888. — Clermont-Ferrand, mai 1889.

TABLE

TABLE